最會說書的哲學家，帶你從《理想國》到《正義論》，輕鬆吸收2000年偉大思想精華，享受暢快淋漓的哲學辯證

Philosophy : The Classics

Fourth Edition

哲學經典的32堂領讀課

by Nigel Warburton

Routledge
Taylor & Francis Group

奈傑爾・沃伯頓 著
吳妍儀 譯

目錄

前言……005

01
《理想國》
柏拉圖……009

02
《尼各馬科倫理學》
亞里斯多德……029

03
《哲學的慰藉》
波愛修斯……045

04
《君王論》
馬基維利……053

05
《隨筆集》
蒙田……065

06
《沉思錄》
笛卡兒……075

07
《巨靈論》
霍布斯……093

08
《倫理學》
史賓諾莎……105

09
《人類悟性論》
洛克……115

10
〈政府論之二〉
洛克……131

11《人類理解研究》休謨……143
12《自然宗教對話錄》休謨……157
13《社會契約論》盧梭……169
14《純粹理性批判》康德……179
15《道德形上學的基礎》康德……189
16《人的權利》佩恩……201
17《意志與表象的世界》叔本華……211
18《論自由》彌爾……223
19《效益主義》彌爾……237
20《非此即彼》齊克果……247
21《德意志意識形態》，第一部 馬克思與恩格斯……259
22《超越善惡》尼采……269

23 《道德系譜學》尼采……279

24 《哲學問題》羅素……291

25 《語言、真理與邏輯》艾耶爾……303

26 《藝術原理》柯靈烏……319

27 《存在與虛無》沙特……329

28 《存在主義與人本主義》沙特……345

29 《開放社會及其敵人》波普……359

30 《哲學研究》維根斯坦……367

31 《科學革命的結構》孔恩……379

32 《正義論》羅爾斯……389

前言

這本書包含三十二章，每一章都聚焦在某部偉大的哲學著作。我的寫作重點在於介紹每一本書，呈現出其中最重要的主題。本書討論到的這些著作到現今仍值得一讀，是因為當中提到的哲學問題依舊值得討論，也因為這些書還繼續提供種種洞見。除此之外，其中許多書本身也是偉大的文學作品。

在理想狀況下，閱讀本書應該會是一種刺激，讓你去讀（或者重讀）裡頭談到的這些哲學著作；但並不是每個人都有這種時間或精力去重讀經典。至少我希望此書能夠指引你，在這三十二本書中找到對你而言最值回票價的，並且給你一些建議，讓你知道或許可以怎麼樣批判性地閱讀這些書。我已經設法避免推薦晦澀含糊到沒必要的書。這讓我省略了一些公認的大師之作，像是黑格爾的《精神現象學》與《法哲學原理》，還有海德格的《存在與時間》，對此我並不打算致歉。在每一章的結尾，我會提供進階閱讀指南。

我對這些著作做出的選擇，在某些方面來說具爭議性，我懷疑問題大致出在我沒選的書，而不是我選中的書。我的做法是，著重在那些我相信到今日閱讀仍會有回報的書，而且承受得起用幾千字的篇幅處理。這是充滿個人性質的前三十二名哲學經典；其他哲學家，雖然他們的選擇肯定會跟我的選擇有所重疊，卻會提出不同的前三十二名。

我加進簡短的哲學家年表，但沒有空間加入詳細的歷史背景。我的主要目標是介紹哲學著作，而不是思想史上的種種運動。這並不表示我鼓勵讀者對這些文本的解讀完全脫離歷史。然而我確實相信，在一開始接近這些著作時，最佳的做法就是先通盤了解其中重要的主題與側重之處。想要得知更多關於文本脈絡的資訊，可以在推薦進階閱讀中找到。

不必害怕沒有照順序閱讀章節。我寫的每一章都可以獨自成立，並不預設要對前面的章節有任何知識。

進階閱讀

我的兩本書，《哲學入門》（*Philosophy: The Basics*）與《從A到Z的思考》（*Thinking from A to Z*）可以與本書互補。第一本是以主題為基礎寫成的哲學核心領域導論；第二本是按照字母順序安排的批判思考及論證技巧導論，這兩者是哲學方法的核心。我也編輯了一本哲學讀物選集，《哲學基礎》（*Philosophy: Basic Readings*），還有一本哲學研究技巧導論：《哲學：基本研究指南》（*Philosophy: The Essential Study Guide*）。

以下是你可能會發現很有用的其他哲學普及讀物：

約翰・卡丁漢（John Cottingham）編選的《西方哲學文選》（*Western Philosophy: An Anthology*）

愛德華・克雷格（Edward Craig）編撰的《Routledge簡明哲學百科》（*The Shorter Routledge Encyclopedia of Philosophy*）

我與大衛・愛德蒙茲（David Edmonds）的共同著作《27位哲學家談哲學家》（*Philosophy Bites Back*）

安東尼・傅盧（Antony Flew）的《哲學辭典》（*A Dictionary of Philosophy*）

洪德睿奇（Ted Honderich）編撰的《牛津哲學指南》（*The Oxford Companion to Philosophy*）

安東尼・肯尼（Anthony Kenny）的《新西方哲學史》（*A New History of Western Philosophy*）

布萊安・麥奇（Bryan Magee）的《當代哲學對話錄》（*The Great Philosophers*，台灣商務出版）

阿蘭・賴恩（Alan Ryan）的《論政治》（*On Politics: A History of Political Thought from Herodotus to the Present*）

羅傑・史庫頓（Roger Scruton）《現代哲學簡史》（*A Short History of Modern Philosophy*）

烏姆森（J. O. Urmson）與強納生・雷（Jonathan Rée）合著的《西方哲學簡明百科》（*The Concise Encyclopedia of Western Philosophy and Philosophers*）

我的《哲學的40堂公開課》（*A Little History of Philosophy*，吳妍儀譯，漫遊者文化出版）

瓦諾克（Mary Warnock）編撰的《女哲學家》（*Women Philosophers*）

推薦網站

The Stanford Encyclopedia of Philosophy 是可靠的資源。

http://plato.stanford.edu/

Philosophy Bites：當代哲學家的訪談（聲音檔），其中許多訪問是關於往昔哲學家的思想。

http://www.philosophybites.com

Early Modern Texts：許多重要哲學文本的釋義重述，設計來幫助讀者處理原典中偶爾出現的難解文字。

http://www.earlymoderntexts.com/

In Our Time：討論哲學的同名 BBC 第四電台節目資料庫。

http://www.bbc.co.uk/radio4/features/in-our-time/archive/philosophy/all

· 1 ·

《理想國》

柏拉圖

Plato *The Republic*

・洞窟

想像有一個洞窟。囚犯被鎖鍊鍊住，面向洞窟尾端的牆壁。他們一輩子都被鍊在那裡，腦袋也被固定住，除了洞窟的牆壁以外，他們什麼別的都看不到。在他們背後有一爐火，在火焰與他們的背後之間有一條路。路上有各式各樣的人走過，影子投射在洞窟的牆壁上；其中一些人拿著動物的模型，同樣投射出陰影。洞窟裡面的囚犯只看得到那些陰影。他們相信陰影是真實的東西，因為他們沒有更清楚的認識。但他們其實從未見過真正的人。

有一天，其中一位囚犯被釋放了，獲准朝著火焰的方向看。起初火焰讓他眼花撩亂，但他漸漸開始分辨出周遭的世界。然後他被帶出洞窟之外，走進普照的陽光之中，陽光再度讓他目眩。他慢慢領悟到他過往的生活多麼貧乏：本來陰影的世界就能讓他滿足，然而他背後卻有一片明亮而富饒的真實世界。既然他的眼睛現在適應了日光，就能夠看出他的其他囚犯夥伴錯過了什麼，也為他們感到遺憾。到最後，他變得極其習慣光線，甚至可以直視太陽。

然後，他被帶回原本在洞窟裡的位置。他的眼睛不再習慣這種陰暗朦朧的存在方式了。他再也無法像囚犯同伴那樣，輕輕鬆鬆分辨出那些陰影之間的細微差異。從他們的角度來看，他的視力已經被洞窟之外的旅程給毀了。他已經見過真實世界；他們則仍然滿足於表象的世界，就算可以離開洞窟，也不會離開的。

這則洞窟裡的囚犯寓言，出現在柏拉圖的巨作《理想國》一半篇幅之處。這則寓言為他的理型論提供了一個讓人難忘的意象，這是他對現實本質所做的說明。根據他的說法，大半的人類就像那些囚犯，區區表象的世界就能滿足。只有哲學家能走一趟離開洞窟的路，學習體驗種種事物的真實面；只有他們才能得到真正的知識。日常感知的世界一直變動不定，並不完美。不過哲學家得以企及的理型世界，卻是不變而完美的，這個世界無法以五感去感知，任何人都只能透過思維來體驗理型。

・柏拉圖與蘇格拉底

導師蘇格拉底的生與死，對於柏拉圖的哲學來說具有最主要的影響。蘇格拉底是個很有領袖魅力的人物，他吸引了一群年輕富有的雅典人聚集在身邊。沒有留下任何書面文字，卻透過他在市集裡的對話發揮他的影響力。他聲稱沒有任何要傳授的信條，寧願透過一連串意有所指的問題，彰顯出他的對談者對於虔誠、正義或道德等等事物的本質，實際上所知甚少。在柏拉圖還是個年輕人的時候，蘇格拉底就被處死了，罪名是令這個城市中的青年腐化，又不信神明。蘇格拉底喝下毒堇汁，這是處死雅典公民的傳統方法。

柏拉圖用對話錄，讓蘇格拉底有了某種死後生命。然而柏拉圖作品裡那個叫做「蘇格拉底」的角色觀點，可能跟真的蘇格拉底頗有出入。柏拉圖的寫法，好像是在替真正發生過的對話做記錄；可是等到他寫《理想國》的時候，柏拉圖的蘇格拉底已經變成他個人觀點的傳聲筒了。

《理想國》混合了柏拉圖的兩種招牌寫作方法。在第一部裡，蘇格拉底與某些朋友之間有一場對話，這可以當成是一齣戲的第一景：我們得知某些背景，還有不同角色的反應。但在稍後的章節裡，雖然柏拉圖繼續以對話錄形式書寫，重點其實都在蘇格拉底的聲音裡，其他配角只是對他的看法表示認同而已。

・瑟拉西馬卡斯與葛勞孔

《理想國》的主體，是回應瑟拉西馬卡斯與葛勞孔所提出的挑戰。瑟拉西馬卡斯主張，任何打著「正義」旗號的事物，不過是為最強者的利益服務的東西。要讓某件事物變成對的，靠權力就行。正義只是遵從最強者所樹立的自肥規則。在個人行為的層次，不正義得到的回報比正義來得多：那些幫自己掙到超出公平份量的人，比那些正義的人更快樂。

葛勞孔更進一步發揮，指出行為合乎正義的人之所以這麼做，只因為這是某種形式的自保。任何人如果像神話人物蓋吉斯一樣，找到一枚能夠讓他們隱形的戒指，都會失去讓行為合乎正義的任何動機；因為他們做出任何犯罪、引誘或欺騙的行為，都保證可以逃過制裁。葛勞孔想像出一種狀況：一個恪遵正義的人，被所有人認為是不正義的。他被酷刑折磨後遭到處決：他的人生似乎沒有什麼值得一提的優勢。把這樣的人生，拿來跟一個狡猾邪惡男子的人生相比，這個惡人設法裝出正義的樣子，但只要不會被別人逮到，就完全不講道德。看來他過著快樂的生活，而且大家認為他是可敬的楷模，儘管除去偽裝後，他是全然邪惡的。這表示正義得不到回報，或者至少並不總是得到回報。這也顯示出如果蘇格拉底想要捍衛合乎正義的生活，他就必須證明先前描述的狀況並非全部。事實上，在書中的其餘部分，蘇格拉底設法要做的就是這件事；他設法要證明正義確實有回報，而且除此之外，正義在本質上就很值得。正義本身及其後果兩者都是好的。

・個人與國家

雖然《理想國》通常被認為是一部政治哲學作品，儘管事實上大多數內容都聚焦在一個問題上：柏拉圖的烏托邦國家應該怎麼運作，對國家的討論之所以被引進，只是被當成一種進一步釐清個人道德的方法而已。柏拉圖主要關注的是回應這個問題：「什麼是正義，它值得追求嗎？」在此用「正義」一詞有點怪，不過這是希臘字 dikaiosune 最貼切的翻譯了：這個字大致上的意思是，做正確的事。柏拉圖主要關注的問題是，一個人活著最好的方式是什麼。他之所以會去注意國家組成方式，理由在於他相信國家就等同放大版的個人；最好的進行方式，就是研究國家中的正義，然後把我們的發現轉換到個人身上。就像近視的人會發現要讀大字母比較容易，要在國家的尺度上觀察正義，會比在較小尺度的個人生活上來得容易。

• 勞務區分

人類無法輕易地獨自過活。合作與社群生活有許多好處。只要人類聚集成群，根據不同人的技能來分工就很合理：讓製造工具的工匠全年都製造工具、農夫全年都耕田，勝過讓農夫在舊工具耗損的時候，停下來製造新工具。工匠會比農夫更擅長製造工具。對於所有其他牽涉到技能的職業來說，道理也一樣：技能需要練習。

隨著國家逐步成長，工作變得更加專門化，以全職軍隊捍衛國家、抵抗攻擊的需求，變得很明顯。根據柏拉圖的說法，國家的衛士必須強壯又勇敢，就像好的看門狗一樣。不過他們也必須有哲學氣質。柏拉圖對這些衛士的訓練計畫表，占了《理想國》中很重要的部分。

• 統治者、助手與勞工

柏拉圖把衛士階級一分為二：統治者與助手。統治者是那些具備政治力量的人，他們負責做所有重要的決定；助手幫助統治者，提供防禦好抵抗外侮。第三個群體是勞工，正如他們的職稱，負責工作，並提供所有公民生活的必需品。柏拉圖對於勞工的生活不怎麼感興趣：大半的《理想國》，都把焦點集中在衛士身上。

被挑選出來的統治者，是最有可能奉獻一輩子，去做出他們判斷對社會最有利之事的人。為了拔除不合適的候選人，柏拉圖建議在潛在統治者的教育過程中，應該給予各種考驗，以便看出他們是否可能被追求個人樂趣所惑：他們對誘惑的反應，會受到嚴密的監控，只有那些對社稷福祉展現出全然奉獻熱忱的人，才會被選出來統治眾人。統治者的數量非常少。

衛士不被容許擁有個人財產，就連他們的小孩也得一視同仁禁止私產。事實上，柏拉圖對家庭提出一種極端的解決方案：他要禁絕家庭，以國家育幼院取而代之，孩子們會在育幼院裡受到照顧，不知道自己的父母是誰。這樣理論上會增進人對國家的忠誠，因為用這種方式帶大的孩童，不會對家人產生讓人迷惑的忠誠。

就連性交都受到規範：公民只能在特定節慶性交，這時候他們是用抽籤配對——至少參與者在引導之下是這麼相信的。事實上統治者操縱了配對抽籤的結果，所以只有那些有優良生殖血統的人才獲准生育子女。所以柏拉圖的理想國有自己的一套優生學，設計來製造出強壯勇敢的小孩。一出生所有小孩就從母親身邊帶走，交給特別聘任的官員來扶養。較差的衛士所生的小孩，以及任何勞工的「有缺陷」後代，都會被處分掉。

・女性的角色

柏拉圖在《理想國》裡的提案，並不都像菁英育種與殺嬰計畫這樣冒犯人。他跟大多數同時代的人想法不同，他認為女性應該接受和男性一樣的教育，應該獲准跟男性並肩作戰，如果展示出衛士的傾向，也可以成為衛士。的確，他還是相信男人會在每一種活動中勝過女性。就算如此，他的提議在當時很激進，那時候已婚的中層階級女性，實際上是自己家中的囚犯。

・金屬神話

國家的成功仰賴的是公民對土地與彼此的忠誠。為了確保這種忠誠，柏拉圖建議鼓勵所有社會階級都相信一種關於自身起源的神話。這個「偉大的神話」或「高貴的謊言」（有時候是這麼翻譯的）如下所述：每個人都是完全成形以後，從土地裡迸出，成長與教育的記憶只是一場夢。事實上，所有公民都是兄弟姊妹，因為他們全都是大地母親的兒女。這應該讓他們對土地（他們的母親）與彼此（他們的兄弟姊妹）保持忠誠。

這個神話還有另一個面向。神在創造每一個人的時候，都在他們的組成成分裡加了金屬。他在統治者身上加了金；助手身上加了銀；勞工身上則加了銅與鐵。神指示統治者觀察兒童性格中的金屬混合成分。如果一個由黃金父母生下的孩子，組成成分裡有銅，那麼他們必須硬起心腸，讓他或她去過勞工的生活；如果一個勞工的孩子體內有金或銀，那麼這個孩子就應該適才適所，以統治者或駐守的身分被養大。這個神話的意圖在於製造出不但忠誠，還對自身生活地位感到滿意的人。你所屬的階級，是由你控制之外的因素決定的。

・正義的國家與正義的個人

因為柏拉圖描述中的理想國家是完美的，他相信這個國家一定具備智慧、勇氣、自律與正義的屬性。他認為這是任何完美國家都理所當然具備的四種主要美德。智慧是來自統治者的知識，這些知識讓他們能夠為了國家的利益做出聰明的決定；勇氣則是由助手來展現，所受的訓練讓他們勇敢無畏地保衛國家；自律則是來自三個階級之間的和諧，大多數人難以控制的欲望，在統治者聰慧的決定之下得以克制；最後一項美德是正義，很明顯的，正義是國家中每個人各盡其職，做他們天生適合做的事所導致的結果。任何嘗試造成社會流動的人，都是國家穩定性的潛在威脅。

理想國展示出四種主要美德，是因為它分成三個階級，也因為各階級被指定的角色之間有和諧的平衡。柏拉圖堅持，同理可推，每個人都由三個部分組成，而智慧、勇氣、自律與正義的特質，全都仰仗個體這三個部分的和諧交互作用。

・靈魂的三個部分

「靈魂」這個詞彙，指的是某種偏向性靈面到超出恰當程度的東西：雖然柏拉圖相信靈魂的不朽，他在《理想國》裡面寫到的靈魂三部分，主要指的不是靈魂可以跟肉體分離，甚至也不是靈魂與肉體之間截然有別。他指出的靈魂三部分是理性、精神與欲望。

理性呼應了理想國家中統治者的角色。就像統治者，理性可以為整體的利益而做計畫：不像靈魂的其他部分，理性並不是自私自利的。理性有能力計畫怎麼樣用最佳方式達成某些目的；不過也包括對真理的愛。

精神是人格中提供行為情緒動機的部分，有憤怒、義憤等等表現形式。在適當訓練的支配之下，精神是勇氣與膽量的來源。精神呼應著助手的角色。

欲望則是對像食物、飲料或性等特定事物的純粹胃口。欲望可以直接對抗理性。的確，人的欲望與自知對自己最好的事物之間有衝突，這種事例正是柏拉圖用來支持靈魂分成三部分的證據。欲望呼應了勞工的角色。

智慧、勇氣、自律與正義的四大美德，全都可以從個人與國家之中發現：柏拉圖用靈魂的各部分來解釋這些美德。一個有智慧的人，會在理性的支配下做決定；一個勇敢的人則是在面對危險時，得到來自精神的動機而行動，精神在此是理性的盟友；一個自律的人則遵循理性的指示，控制住欲望。

最重要的是，一個合乎正義之人，在靈魂各部分處於和諧狀態的時候行動：每個部分的功能都適得其所，由理性來統御。所以個人之中的正義，就是一種精神上的和諧。就是這一點讓正義成為一種本身就具備內在價值的情境。

・哲學家國王

雖然柏拉圖討論國家正義的託詞，是要藉此闡明關於個人的問題，但他顯然也深切關注他創造的烏托邦理想國。他談到這樣一個政治體系如何產生，並且得到唯一的希望是把權力放在哲學家手中的結論。柏拉圖用另一個寓言來為這個驚人的提議辯護。想像有一艘船，船主近視、有點耳背，對航海技術不是很在行。船員們爭執著誰該掌舵。他們沒有一個人花時間研究航海學，而實際上他們根本不相信這門學問是可以傳授的。各個小團體彼此爭奪船的掌控權，而在這樣做的同時，他們享用了船上的貨物，讓這趟航程變成某種醉醺醺的快樂遊輪之旅。他們沒有一個人領悟到，一個航海家必須研究天氣還有星星的方位。他們把任何具備相關技藝的人看成無用的空想家。

現有形式的國家，就像在一群不熟練的船員操持之下，搖搖晃晃前進的船。只有在一位熟練航海家手中，這艘船才會維持控制：而可能會遭人厭惡的哲學家，是唯一具備領導國家所需知識的人。柏拉圖的理型論解釋了為什麼哲學家對統治早有準備。

・理型論

我在這一章開端提到的洞窟寓言，以讓人難忘的方式闡明了柏拉圖對人類處境所勾勒出的畫面。大多數人類滿足於表象，就等於洞窟牆壁上閃動的影子。然而哲學家因為對真理的愛好，會尋求對實在的知識：他們離開洞窟，並且取得了解理型的管道。

理型論，雖然在《理想國》裡由蘇格拉底這個角色提出，通常被認為是柏拉圖自己對哲學做出的貢獻。在大家講到柏拉圖主義的時候，通常講的是他著作中的這個面向。要了解柏拉圖的「理型」是什麼意思，最簡單的方式就是考慮他的一個例子。

有許多床鋪存在。有些是雙人床，有些是單人床，有些是四柱大床……凡此等等。然而有某種它們都具備的東西，讓它們是「床」。它們共享的是一種跟理想床鋪——床的「理型」——之間的關係。這個理型實際上存在，它是唯一真正的床。所有其他的床都是「床的理型」不完美的複製品，屬於表象的世界，不屬於實在界。所以我們只能擁有對於「床的理型」的真正知識：任何對於實際床鋪的資訊都是一種意見，不算是知識。我們居住的日常世界一直在變化；理型界則是永恆不變的。熱愛智慧的哲學家，透過思維取得通往理型界的管道，並因此有可能獲得知識；感知則把我們局限在表象界的流變之中。

雖然柏拉圖並沒有精確細說世間的哪些事物有相應的理型，他確實主張存在善的理型。在哲學家對知識的追求之中，善是最終目標。他以太陽為喻來解釋這個觀念。太陽讓視覺有可能產生，也是成長的源頭；善的理型則容許心靈之眼「看見」，並且了解現實的本質。少了善的理型所提供的啟發，我們就注定活在一個由表象與意見構成的朦朧世界裡；在善的光芒之下，我們可以擷取如何生活的知識。

・不正義的例子

在證明了一個正義的國家是各個不同階級都實踐各自適當角色的國家，一個正義的人則是讓不同動機都處於和諧狀態的人之後，柏拉圖就轉而說明國家與個人不正義的一些例子。他考量了四種不正義國家，以及各自呼應的個人類型。這四種國家是榮譽政權、寡頭政權、民主政權與專制政權。榮譽政權國家是像斯巴達那樣的國家，受到追求軍事榮譽的驅力所宰制；在寡頭政權之下，財富就是優點的標記；民主政權是由人民整體來統治；專制政權裡，統治者有絕對的權力。

柏拉圖再度利用了國家與個人之間所謂的對稱性。舉例來說，在他對民主政權的討論裡，他聲稱國家民主政權無視於統治的訓練原則，他先前已經證明這對正義國家來說極為根本。一位民主統治者的唯一先決條件，就是公開宣稱他是人民之友。相應的民主式個人，就像一個民主國家一樣，享受各式各樣的廣泛樂趣，卻沒有把那些奠基於良善欲望的樂趣，跟源於邪惡的樂趣區分開來。結果是精神上的不和諧，民主式的個人不容許理性統御其他不合宜的欲望。漫無目的的一時奇想可能會處於宰制地位；不正義是免不了的。

・反對藝術

在對於衛士階級的教育之中，柏拉圖論證說各類型的詩歌都應該接受審查過濾。任何對眾神或英雄們作出虛假呈現的文章，或者讓學生大聲朗讀時，會導致他們過度認同不正義角色的文學，都會被禁。在《理想國》的第十章裡，他回到這個主題：藝術及其在理想社會中的地位。他集中火力攻擊模仿式的藝術，也就是意在表徵現實的那種藝術。他的結論是，這樣的藝術在他的理想國裡不該有任何位置。這個處置有兩大理由。第一個理由是，那種藝術只可能是一種表象的副本，所以傾向於讓我們遠離理型界。第二個理由是，這種藝術訴諸於我們靈魂中不理性的部分，所以傾向於破壞對正義來說必要的精神和諧。

為了解釋第一種批評，柏拉圖以一位描繪床鋪的畫家為例。神造出床的理型；木匠造出那個理型的一個虛幻副本；一位藝術家則畫出木匠那個副本的副本。所以，藝術家阻礙而非增進了我們對實在的知識。藝術家對於床的真正本質一無所知，滿足於複製某張特定床鋪的外表。柏拉圖認為，詩人的作為多多少少就跟畫家一樣，所以他的不贊同也延伸到詩歌藝術裡。

然而柏拉圖也承認，模仿性藝術家的作品還是有其誘惑力。這種藝術不是訴諸於理性，而是訴諸靈魂中較低賤的部分，藝術家描繪邪惡而非良善衝動的傾向，又讓這種效果變本加厲。模仿藝術家可能讓粗心大意的人遠離知識之道。所以，在理想國裡沒有他們的位置。

• 對理想國的批評

國家／個人的類比

柏拉圖在《理想國》中的整體規畫，仰賴的是在國家的正義與個人的正義極為相似這點。如果兩者的相似性其實不高，那麼從關於正義國家的結論中衍生出來的個人正義結論，就會跟著弱化。柏拉圖認為，他從國家到個人的推論很顯然是合理的。然而，這一步是否正當合理，至少值得一問。

只有統治者才能是正義的

更進一步來說，柏拉圖的理論似乎會導出只有統治者才合乎正義的結果。正義被定義為精神的和諧，而理想國內的階級則是由他們的主導動機來源來做界定，接下來很明顯的是，只有那些以理性為最高主宰的人，舉止才合乎正義。統治者是唯一處於這種地位的階級。所以看來順理成章的是，只有統治者能夠合乎正義。柏拉圖可能沒把這點看成對他理論的嚴重反駁，反而認為這是一種很有啟發性的結果；然而對今日的大多數讀者來說，這帶出了柏拉圖思想中固有的堅定菁英主義。

模稜兩可的「正義」

柏拉圖告訴我們，正義其實是一種精神健康，這種狀態下靈魂的三個部分功能運作和諧，這時候他似乎已經拋棄了「正義」的一般意義了。他似乎獨斷地重新定義了這個詞彙，以便符合他自己的目的，或者至少可以說是在兩種意義下使用這個詞彙。為什麼會有人想用這種方式來談論「正義」呢？

對於這種批評，柏拉圖無疑會回答說，他的正義觀念確實闡明了我們一般所謂的正義。柏拉圖的正義個人不會偷竊或者拿超出個人應得份量的東西，因為那樣會牽涉到讓理性屈服於較低等的欲望。然而，這樣似乎留下一種可能性：我們可能會想要依據某些人的行為，為他們貼上「正義」的標籤，但這些人卻無法通過柏拉圖的測試，因為他們的行為可能是源於並不怎麼和諧的精神運作。他們可能只是有一股欲望要做出合乎正義的行為，理性能力卻發育不全。

涉及欺騙

在柏拉圖的論證中，他曾在好幾個關鍵論點上鼓吹說謊，以便保有對國家與同胞的忠誠之心。舉例來說，所謂的「高貴的謊言」、關於金屬的神話，還有關於配對抽籤的謊言。許多人都覺得無法接受，一個理想國家不該奠基於欺騙之上。然而柏拉圖似乎不關心這件事。他的興趣在於最終結果，還有達成這個結果的最佳方法，而不是這個最終成果如何達成的道德問題。

理型論不太可能為真

柏拉圖的理型論，為他對理想國的論證提供了一個重要的基礎。然而對大多數今日的哲學家來說，這個理論在直覺上幾乎不可能為真。或許最難下嚥的部分是：理型確實存在，而被觀察的世界實際上只是一個影子般的副本。

如果我們拋棄理型論，那麼柏拉圖的許多提議就失去形上學的立足點了。舉例來說，少了哲學家特別善於取得真實知識的概念，就沒有明顯的正當理由讓他們掌管理想國了。也不會有明顯的理由，要查禁理想國中的模仿性藝術。

合理化極權主義

然而對於柏拉圖的《理想國》，最重要的評論或許是它提供了炮製極權主義的方法。藉由優生學計畫、「高貴的謊言」、把家庭視為非法、審查藝術，國家闖入生活的每一個領域。柏拉圖世界裡的個人一定要順從國家的要求，還被期待要為了這個目的犧牲一切個人自由的元素。我們之中重視個體自由還有選擇自由的人，會發現柏拉圖眼中所見的景象肯定很不吸引人。

重要年表

- **西元前四二七年** 在雅典貴族家庭中出生。
- **西元前三九九年** 導師蘇格拉底服毒。
- **西元前三九九年** 寫下二十篇以上的對話錄。
- **西元前三四七年** 去世。

重要字彙

- **助手（Ausiliaries）**：協助統治者，並抵禦外侮的衛士。
- **民主政體（democracy）**：由人民統治的國家。
- **dikaiosune**：通常譯為「正義」，這個詞彙有「做道德正確之事」的意思。
- **理型（Forms）**：有時候寫成 Ideas。理型界是完美實體的真實世界；我們大多數人在大多數時候居住的表象世界，是由理型的不完美副本所組成。
- **衛士（Guardians）**：保護並統治國家的公民階級。由統治者跟助手組成。
- **模仿（mimesis）**：模擬。柏拉圖用這個詞彙，來描述他認定的藝術嘗試本質：模仿自然。
- **寡頭政權（oligarchy）**：由富裕菁英階級統治的國家。
- **哲學家國王（philosopher kings）**：柏拉圖理想社會裡的統治者。哲學家之所以被賦予這種角色，是因為他們有能力察知理型。

- **統治者（Rulers）**：在柏拉圖理想國裡掌握權力的哲學家國王。
- **榮譽政權（timocracy）**：一個軍事榮耀最為重要的國家。
- **極權國家（totalitarian state）**：一切都受到控制，個人自由範圍極小或全無的國家。
- **專制政權（tyranny）**：由權力極大的領袖統治的國家。
- **烏托邦式的（utopian）**：呈現出對理想社會的一種展望。

進階閱讀

本那・威廉斯（Bernard Williams）的《柏拉圖》（*Plato*，何畫瑰譯，麥田出版）。這本簡要小書提供了目前柏拉圖作品的最佳導讀，包括一些關於《理想國》的討論。

茱莉亞・安娜斯（Julia Annas）的《柏拉圖理想國導論》（*An Introduction to Plato's Republic*）與尼可拉斯・帕帕斯（Nicholas Pappas）的《柏拉圖與「理想國」》（*Plato and The Republic*，朱清華譯，五南出版），這兩本都是優秀的評註。

卡爾・波普（Karl Popper）的《開放社會及其敵人》（*The Open Society and its Enemies*）對於柏拉圖理想國提出很有說服力的反駁，論證說這種國家將是極權主義夢魘。對於柏拉圖學者之間的普遍傾向——給予他的政治提案一種超出應有程度的同情對待，這可說是一帖解毒劑。我在第二十九章會討論到《開放社會及其敵人》。

· 2 ·

《尼各馬科倫理學》

亞里斯多德

Aristotle *Nicomachean Ethics*

亞里斯多德是個實際的人。雖然受教於柏拉圖，卻不接受老師的觀念——實在處於日常世界之外的理型領域裡，也不相信洞窟神話。在拉斐爾的畫作《雅典學園》裡，柏拉圖手指著天空中的理型；亞里斯多德則相反，把手伸向世界。他的研究遠超過現在視為哲學的範圍，舉例來說，他是最早期的偉大生物學家之一。在哲學領域，亞里斯多德的興趣很廣泛，包括形上學、倫理學、政治學與美學。

儘管他的《尼各馬科倫理學》其實只是演講筆記合集，風格不一致，有些地方還含糊不清，本來肯定無意出版，此書仍舊是倫理學史上數一數二的重要典籍。亞里斯多德在此提出對所有人類來說都很基本的一個問題：「我們應該怎麼活？」這個問題是古代倫理學討論的核心，但很可悲地被二十世紀哲學家忽略了。他的答案雖然複雜，在某些地方還很怪異，卻很重要，不只是文明史上的里程碑，在現今哲學辯論中仍具重要影響力。

《尼各馬科倫理學》是內容緊密複雜的作品，學者之間對於本書的確切詮釋爭論不休；雖然如此，其核心主題倒是簡單到很容易跟上。亞里斯多德使用的某些關鍵詞彙無法輕易地轉譯成英語。事實上，大多數討論亞里斯多德的哲學家已經發現，使用幾個希臘字母的音譯，會比仰賴讓人困惑的英語近似詞更直接了當。這類詞彙之中最重要的一個就是eudainonia。

‧Eudaimonia‧：快樂的人生

Eudaimonia 通常被翻譯成「快樂」，不過這個翻譯有可能造成很大的誤導。這個詞彙有時候也翻譯成「繁榮興盛」，雖然這個講法有點笨拙，卻比較適切，舉例來說，這個詞彙指出植物生長茂盛與人類興盛的類比。亞里斯多德相信我們全都想要 eudaimonia，他的意思是，我們全都想要讓人生過得很美好。一個 eudaimon 人生，就是成功的人生。要是我們辦得到，都會想要這種人生；這也是我們希望所愛之人能夠擁有的人生。Eudaimonia 總是被當成一種目的來追求，從來不是達成某種目的的手段。舉例來說，我們可能會追尋金錢，因為金錢提供一種購買昂貴衣物的手段，而我們可能會買昂貴的衣服，是因為相信這些衣服，能讓我們在想要吸引的對象面前更有吸引力；我們想要吸引那些人，是因為相信這些人能夠讓我們的人生過得好。不過，問為什麼想要我們的人生過得好，是沒有任何意義的。Eudaimonia 無法為任何目的而服務：這種解釋因果鍊到此結束。去問「為何追求 eudaimonia」是沒有意義的，因為對亞里斯多德來說，這是個概念上的真理：所有人類都是這樣做。Eudaimonia 並不是唯一一個本身被當成目的來追求的東西；舉例來說，我們可能會聽音樂，或者花時間跟我們的孩子相處，這不是因為我們期待從這些活動裡得到任何進一步的東西，而是因為我們就是想要如此度過時光。然而在這種狀況下，我們追求這些事物，是因為我們（正確或錯誤地）相信，這些事物是幸福人生裡的成分。

《尼各馬科倫理學》的目的之一，是闡明對 eudaimonia 的追求。如果對於我們在追求的是什麼有更多了解，還有一般來說是怎麼達成的，那麼我們就更有可能靠一己之力達成——就算如同亞里斯多德所相信的，到頭來早期的訓練與現有的物質環境，對我們追隨正確途徑的能力影響深遠。亞里斯多德跟後來許多道德哲學家不同，對於無法掌控的事件如何影響我們的人生是否成功，他的看法很實際。他認為一定數量的金錢、合理程度的外表、良好的先祖與兒女，是真正幸福人生的先決條件。少了這些資產的裨益，可能無法達成 eudaimonia 的最佳狀態，但我們應該修正行為，來配合自己所面對的特定處境。亞里斯多德心目中的「活得好」，與其說是把普遍規則應用到特定例子裡，還不如說是讓我們的行為適應人生的特定處境。

亞里斯多德說，只追求工作領域的那種精確，是一種聰明才智的標記。對於如何生活所做的種種判斷，只在大部分的狀況下為真；這些判斷並不是在每種狀況下對每個人都為真，所以並沒有不變的規則。倫理學並非數學那麼精確的學科。木匠對直角的興趣是實用性的；跟幾何學家對直角的興趣很不一樣。不把倫理學看成具有自身普遍性標準的實用學科，是一種錯誤。而且，作為實用學科，倫理學的目標在於向我們展示怎麼樣變成好人，而不只是能夠更理論性地了解，美好人生等於什麼。

儘管相信我們全都追求、也應該追求 eudaimonia，亞里斯多德卻遠非鼓吹感官逸樂人生的快樂主義者。他認為那些只想要享受飲食男女歡愉的人，把自己貶低到了牛馬牲畜的層次。Eudaimonia 不是至福的心理狀態。反而是一種活動，一種生活方式，本身就帶來歡愉，卻無法從特定行動中來評價。在我們蓋棺論定，說某個人達到 eudaimonia 以前，必須考慮此人的整體人生。如同亞里斯多德令人難忘的說法，一隻燕子不代表夏天，快樂的一天不保證快樂的一生。人生尾聲發生的悲劇，會讓你的整個人生是否過得很好，偏向完全不同的方向。所以，直到人死後才能說一個人的人生幸福，這個概念有幾分道理。亞里斯多德甚至考慮過，死後的事件有可能以某些方式，影響你的人生過得好不好的評判；他的答案是，你的後代在你死後的運氣好壞，可以對你的 eudaimonia 造成某種限度以內的影響。

・人類的功能

亞里斯多德認為人類擁有一種獨具特色的功能或活動（一種 ergon）。換句話說，就像我們可以從木匠獨特的活動裡（用木頭製造物件）辨認出他們，人類整體也有一種讓人之所以為人的獨特活動。「功能」一詞，暗示人類是為了某種特定目的而被設計出來的，不過這並不是亞里斯多德想表達的。他並不是主張有個聰明的神祇存在，創造出人類，而是把注意力引向我們具備的獨特力量——這股力量讓我們成為我們，而不是別的東西。這種人類的 ergon 不可能是身體的成長，因為這是人跟植物共有的。光是身體成長，無法區分人類跟天竺葵的差別。也不可能是知覺能力，因為其他動物也有知覺能力：舉例來說，馬兒就有。人類的 ergon 是理性能力；這是我們作為人類的最核心部分。

良善的人類在這種獨特活動中表現超凡。身為優秀的人類，意味著充滿美德的行為。亞里斯多德的結論是，人類的良善生活是充滿理性美德活動的生活。有潛力做出有美德的行為還不夠。奧林匹克競賽的贏家，是從參與競爭的選手之間選出來的，而不包含那些如果得以參賽可能跑得更快的人。同樣的，只有採取行動的人會贏得人生中的獎賞。而人生中的獎賞就是真正的快樂。玫瑰在好好施肥的土壤裡生長茂盛，長得強壯又開出大量花朵；人類則是在過著理性道德生活的時候，生命欣欣向榮。《尼各馬科倫理學》的許多部分，都在清楚說明這樣的人生可能像是什麼樣子，你需要哪種性格才能過良善的生活。這一切的核心，是對美德的分析，還有如何獲致美德。

・美德

美德是個人性格的一種特徵：在相關情境下以某種方式行動的傾向。很重要的是，我們要理解「美德」這個詞彙在今日的用法，是有道德蘊含的：說某個人充滿美德，是對他們的道德性格作出正面的評價。不過對亞里斯多德來說，ethikai aretai 這個詞彙雖然被翻譯成「美德」，意思卻只是「性格的優越性」，並沒有我們的「道德」一詞裡那種道德蘊含。照他的用法，有美德的意思只是具備優越性格，並且依此行動，其中某些性格可能跟你的道德價值判斷完全無關。事實上，某些評論者甚至質疑《尼各馬科倫理學》到底在何種程度上，才能算是在我們今日理解的「道德」意義下的哲學作品。通常我們認為，道德意味著對他人的利益至少有某種程度上的關心：根據現代人理解的「道德」，「我發展出完全自私的私人道德觀」是根本沒有意義的說法。然而亞里斯多德的主要興趣，不在於我們對其他人的關懷，而在於做什麼才能讓你擁有成功人生。從某些方面來說，《尼各馬科倫理學》就像一本在現代經理人之間很流行的那種實用手冊，教人如何自我發展、讓自己變得更有效率。

亞里斯多德描述了好幾種關鍵美德。舉例來說，一個勇敢的人絕對不會被恐懼壓垮到無法做出正確行為的地步。一位勇敢的士兵會冒著生命危險，去拯救他的同袍，而且不會被恐懼削弱到無法行動；一個勇敢的異議份子會挺身對抗政府的壓迫，直言他的信念，就算這樣做肯定會入獄，可能還會被酷刑折磨，或者喪命。慷慨的人則會樂意把金錢或時間交給有需要的人。

亞里斯多德區別兩種類型的美德：道德的，以及知性的。道德的美德，像是節制，是透過早年的訓練獲得的，而且在強化之下變成一種習慣，而不是有意識的決定；另一方面來說，知性的美德，像是智能，是可以教的。道德的美德是由個人的非理性元素形塑出來的；知性的美德則是理性元素形塑出來的。亞里斯多德識別出所有美德的一個共通結構：它們全都落在兩種極端之間。這個結構是他的「中庸之道」的基礎。

・中庸之道

對於亞里斯多德的中庸概念，最容易的理解方式是去考量他的一部分範例。勇氣的美德介於兩種惡之間：缺乏勇氣是懦弱，過多勇氣則是魯莽。機智的美德介於粗野與插科打諢之間；謙遜介於羞怯與無恥之間。請注意，機智跟謙遜通常不會被認為是道德上的美德，雖然勇氣可能算是。

對於中庸原則，有一種常見的錯誤詮釋是，這是一種要人節制的忠告。因為中庸總是介於兩種極端行為之間，亞里斯多德看起來像是在鼓吹對所有事情都要有所節制。然而，就算中庸是介於反應過度與反應不及之間，並不是就可以跟著推論說：具備美德之人總是以溫和節制的方式行事。舉例來說，如果你看到有人攻擊一個孩子，溫和節制的反應顯然並不恰當。不過亞里斯多德的理論，可能會支持在這種狀況下積極介入。這種行為會是介於漠不關心與復仇式暴力的極端之間。

有美德的行動，一直是有實用智慧的人（phronimos）會選擇的一種手段。他們對於特定情境很敏感，善於判斷該如何行為舉止。

・行動與罪責

亞里斯多德特別有興趣的是採取行動，而不只是做出行為。人類可以說是採取行動而不只是做出行為，因為在生活的許多領域裡，我們都有能力選擇；相對來說，一隻螞蟻就只是做出行為，因為牠不可能思索牠可不可以做什麼事。我們通常只會認為獨立的個人要為自己的行為負責；如果他們無法克制自己的行為，那麼因此責備他們就不太對勁。亞里斯多德區別了刻意的行動，還有另外兩種行為：非出於本意的（involuntary）行為，以及無關意願的（non-voluntary）行為。

非出於本意的行為，要不是衝動就是無知的後果。舉例來說，如果某人把你推到窗外去，你不太可能要為打破玻璃負責，尤其是在你並不想打破那片玻璃的狀況下。如果你出於無知，不小心吃了毒菇，還以為那是蘑菇，這也是非出於本意的行為。在兩種狀況下，你可能都會對後果感到懊悔，不過你也都沒有辦法直接控制事情發生。這些事情的發生違反你的意願，要是你可以阻止自己不去做，你就不會去做了。不過某些受迫行為是不一樣的，這些行為還是讓你有某種選擇。舉例來說，如果在強風中拯救一艘船的唯一辦法是拋棄貨物，那麼在船長下達命令的時候，他的行為看起來似乎是自願的，因為他選擇這樣做。然而在另一種意義上，這是受到極端的情境逼迫。在不同的脈絡下，把貨物丟到船外去的行動會是該受譴責的，不過在特定情境下，這是由於其他事件逼迫才做的。

亞里斯多德思考後，否定了這個概念：你可能被追求歡愉的欲望所迫，做出某些特定的行為舉止；舉例來說，欲望可能會迫使你變成一個連續誘拐者，因此除去了你該對自身行為負的責任。如果你採取這個論證路線，那麼就像亞里斯多德指出的一樣，根據一致性的要求，你做出好的行為也不該被讚揚，因為這些行為如果出自欲望，無論好壞都是超出你的控制之外。

無關意願或者無意向性的行為，跟非出於本意或者無意中的行為之間的差異，在於你不會為此後悔。對於無意中作出的行為後果感到後悔，顯示出如果你有完整的控制權，就不會做那件事，不會讓自己被推出窗外；或者如果你有完整的知識，絕對不會吃掉一顆毒菇。只是外部因素導致你去做了那件事。如果我是在非刻意的狀況下踩到你的腳趾頭，卻沒有對我的行為感到後悔，那麼我的行為就是無關意願的。

・Akrasia・・意志薄弱

Akrasia 通常被譯為「失禁」，這個詞彙對大多數現代讀者來說，指的是一種特定的身體失控，而且通常很令人尷尬；不過亞里斯多德用到這個詞彙的時候，指的是更普遍性的事。這是很常見的處境：你知道你該做什麼，怎麼樣會讓你的人生更成功，然而卻固執地選擇了你知道比較糟糕的選擇。不像醫學意義上的失禁，這是一種自願的行動。舉例來說，你可能知道不忠於婚姻會損害你的eudaimonia。然而在面對一個迷人又有意願的通姦者時，你可能會被滿足即時歡愉的欲望壓倒，屈服於誘惑，雖然你很清楚，通姦會傷害到你 eudaimonia 的未來指望，而你就像所有人類一樣，在尋求eudaimonia。你選擇了你知道對自己比較不好的東西。你可能真的知道最佳行動是什麼，卻沒有這樣選擇——受到柏拉圖影響的亞里斯多德，看出這個概念裡有問題。對柏拉圖來說，如果你真的知道什麼是善，也就是說，擁有有這個理型的知識，那麼你會自動做出符合善的行為。根據柏拉圖的說法，真正的 akrasia 不可能存在：任何明顯存在的例子，實際上必定都是對善的無知。相對來說，亞里斯多德就主張 akrasia 現象實際上是會發生的。那些苦於這種現象的人，原則上知道某些類型的行動對他們不好，不會讓他們興旺繁榮。他們甚至可能口頭上承認，自己在某個特定狀況下做的事情是錯的；不過在他們這麼說的時候，並不真正有這種感覺，就只是在背誦熟悉的台詞而已。他們敗給自己的胃口，屈服於立即歡愉的誘惑，而不是用有助於長期興盛的方式行事。就算在某種程度上，知道什麼對他們是好的，卻沒有這樣選擇，因為他們沒有從整體原則推論到特例上。

・思維的生活

在《尼各馬科倫理學》的結尾處，亞里斯多德描述了在他心目中的美好人生裡，最重要的元素是理論性或者思維性的活動。儘管他這本書大半篇幅是奉獻給實用美德的問題，同時強調會帶來興盛繁榮的種種行為，他揭露了反省自己所知的事物，是人類可能做到的最重要活動。他的推論如下：既然人類的特有活動是理性活動，既然任何事物的優越性都是由於它實現了自己的獨特功能，那麼人類的優越性是透過理性活動達成的，這點必定為真。然而，只有神能夠過著無間斷的哲學思維生活；對人類來說，這樣的思維是極為重要的成分，卻無法構成美好生活的全體。雖然如此，在我們可以選擇的活動裡，這種活動是最佳的。

・對《尼各馬科倫理學》的批評

人性

亞里斯多德對於人類優越性與性格的整體討論，都是奠基於這個觀念：有種叫做人類本性的東西，而對人性來說，最主要的就是理性能力。不過有多種不同的方式，可以挑戰亞里斯多德對於人性的假設。

有一條激進的路線是，否認有任何該被稱為「人類本性」的東西。這是某些存在主義哲學家的觀點，像是沙特，他認為任何企圖宣稱人類必然是什麼的，都註定要失敗，因為我們是透過我們的選擇來創造自己，而不是順應某種既有的模板。

要挑戰亞里斯多德這個面向的第二種辦法是：批評他提出之後又藉此推演出其他結論的人性說。真的是理性能力，使得我們有別於其他動物嗎？為什麼不是使用武器彼此殘殺的能力？或者，也許是彈奏樂器的能力？

價值之間無可比較

對亞里斯多德來說，最高形式的人生是思維的人生，這種人生可以與其他人生做比較，而且會發現它是較為優越的。不過有這麼明顯嗎？某些哲學家論證，人類重視的許多事物是無法比較的，也就是說，絕對沒有辦法去比較這些東西，沒有一種測量形式能讓我們比對判斷。從這種觀點來看，思維的人生可能是一種有價值的生活方式；但積極參與日常事務的人生，可能是另一種。沒有一個地方可以讓我們坐下來，評判兩種人生中可以比較的優點，也沒有共通的價值貨幣，可以用來測量兩者。

自我中心

對亞里斯多德倫理學的進一步批評是，這只是為個人的 eudaimonia 提供處方，卻沒表現出對他人福祉的任何關懷。這是一種自我中心的方法，教導讀者們怎麼樣追求自己的最佳利益。

對於這種批評的一種回應是，這不過是沒有體會到古代希臘人對倫理學的理解。個人性格發展正是希臘倫理學的焦點所在。另一種回應是，如果要讓社會繁榮興盛，在大半狀況下，亞里斯多德推崇的美德正是社會中的個人所需要的。

美德看似獨斷

從我們的觀點來看，亞里斯多德在《尼各馬科倫理學》裡湊出來特定的那一組美德，可以被視為他身處環境的產物。亞里斯多德沒有挑戰現狀，反而是以哲學論文的形式，把他的社會裡既有的價值奉為神聖。舉例來說，他認為奴隸制度是可以接受的習慣。他的倫理學，是為古雅典貴族遵從的價值所做的辯護。然而在他的呈現之下，顯然這些價值似乎屬於人性的一部分，而不只是古雅典人本性的一部分。他把這些價值視為人類處境的普遍特徵，但適用於特定情境。

然而這些美德與缺陷的選擇與省略，在許多讀者眼中顯得很獨斷。舉例來說，為什麼他對憐憫或利他主義不置一詞？他對於合乎美德的活動所做的描述，看起來局限於一地。而如果他的描述是局限於一地的，與現代道德論述的相關性就一定會被削弱。

菁英主義

更進一步來看，亞里斯多德的理論在許多方面都毫不害臊地表現出菁英主義。首先，eudaimonia 不是人人都可以得到的：你要有良好的外表、兒女、不錯的收入跟一定程度的幸運。不像許多道德理論，在亞里斯多德的理論裡，沒有那種你可以光靠意志力就達到最高境界的假定。外在因素決定了你是否過著美好的人生。其次，如果我們要認真考慮這個建議──美好人生是由哲學思維主宰的人生，那麼很顯然，只有那些運氣夠好、有時間放手參與這種思維的人，可以過著超級美好的人生。

菁英主義的指控不會對亞里斯多德造成困擾。這在他的理論中是很重要的一項特徵，也有必要加以闡明。許多現代讀者會覺得，因為其中的菁英主義元素作梗，這個理論沒有捕捉到道德本質中的某種重要之處。

模糊性

對於一個明確打算幫助我們變成更好的人的理論，最生動有力的批評或許是，這個理論對於我們到底該如何舉止含糊其詞。中庸原則並沒有提供多少指引。說我們應該照著 phronimos 的做法來行動，並沒有提供任何有用的資訊，除非身邊剛好有個 phronimos，可以問他在這些情境下會怎麼做。就算是理論本身似乎也有矛盾：我們應該獻身於充滿美德舉止的人生（《尼各馬科倫理學》大部分章節裡表達的觀點），還是要把目標放在包含實質哲學思維的人生，在這本書接近結尾時認可的那種人生？學者們設法要協調這些顯然相悖的觀點，但無可否認的是，亞里斯多德顯然沒有提供如何過生活的清楚指南。

重要年表

- **西元前三八四年**　出生於史塔吉拉。
  在雅典成為柏拉圖的學生。
  亞歷山大大帝的導師。
  出版包括政治學、悲劇與生物學在內種種題材的著作。
- **西元前三二二年**　死於卡爾奇斯。

重要字彙

- **akrasia**：意志薄弱：知道怎麼樣是最好的，卻還是選擇了別的東西。亞里斯多德跟柏拉圖不同，他相信意志薄弱是真的有可能發生的。
- **利己主義**（Egoism）：只關心自己的利益。利他主義的對立面。
- **ergon**：任何事物的特有功能。
- **eudaimonia**：幸福快樂。對亞里斯多德來說，這不是一種瞬息即逝的至福心理狀態，而是整個人生過程裡的興盛繁榮。

- **中庸之道（Golden Mean）**：亞里斯多德的信條：正確的行為是處於兩個極端之間。
- **無可比較（Incommensurability）**：兩件事物無法相比，因為缺乏可以做比較的通用衡量值。
- **失禁（Incontinence）**：akrasia，或者意志薄弱。
- **Phronimos**：有實用智慧或深謀遠慮之人，對於特殊情境很敏感，善於判斷怎麼做。
- **美德（virtue）**：傾向以一種會讓你成為好人的行為舉止。

進階閱讀

亞克瑞爾（J. L. Ackrill）的《哲學家亞里斯多德》（*Aristotle the Philosopher*）是亞里斯多德哲學的優良整體導讀。

烏姆森（J. O. Urmson）的《亞里斯多德倫理學》（*Aristotle's Ethics*）是對《尼各馬科倫理學》很清楚又非常有用的評註。

羅蒂（Amelie O. Rorty）編選的《亞里斯多德倫理學文選》（*Essays on Aristotle's Ethics*）是關於此書的優秀論文選集。

· 3 ·

《哲學的慰藉》

波愛修斯

Boethius *The Consolation of Philosophy*

在《哲學的慰藉》的開頭，波愛修斯人在一間牢房裡哀嘆他的處境。他想要一死了之。他沒有別的指望了。命運賜給他財富與自由，又把這兩者都奪走了。然後，在他寫詩抒發悲傷時，察覺到有個女人站著俯視他。她的高度似乎在一般身高與高得無可度量之間擺盪。衣服摺邊底部繡著希臘字母 pi；在頂端則繡著字母 theta；兩者之間則繡著一把梯子。她的衣服的某些地方破了；她帶著一些書還有一根權杖。這個女人是哲學的人形化身。字母 pi 代表實用哲學（包括倫理學），字母 theta 代表思維哲學（形上學與科學）。

哲學指責波愛修斯背棄了她。透過她跟波愛修斯的對話，她把他所尋求的安慰帶給他。雖然他被不公正地判處死刑，失去了大量財富、名譽，還有自由帶來的舒適，她卻指出她——哲學，能夠給他內在力量。她診斷出他的絕望，以理性的形式提供了撫慰的良藥。以這種形式出現的哲學是一種自助手段，對心靈的一種慰藉。波愛修斯有時候把哲學說成是他的保母。

就我們所知，《哲學的慰藉》是在大約西元五二四年寫下的，當時波愛修斯被囚禁在巴維亞，因為陰謀背叛東哥德王國皇帝希奧多里克的嫌疑而即將被處決。這是戲劇化的暴落，波愛修斯曾經是希奧多里克政府中最受尊敬推崇的成員。波愛修斯後來被酷刑折磨，然後被亂棍打死——他這種地位的市民，可能都希望避免以這樣不名譽的方式死去。

雖然他發表過其他書籍（範圍很廣，也包括音樂），還把不少亞里斯多德的著作翻譯成拉丁文，現在大家對他的記憶是來自他最後的作品《哲學的慰藉》。這本書很具說服力，混合了散文、詩歌與對話。在中世紀與文藝復興時期，是最廣為閱讀的書籍之一；喬叟與伊莉莎白一世都翻譯過這本書。書中的哲學內容不完全是原創的，但這些觀念的傳達方式，讓這本書讀起來既具娛樂性，也發人深省。

・哲學

以女性形象出現的哲學，如同我們先前看到的，來到波愛修斯的牢房探望他。不過波愛修斯所謂的哲學是什麼？他是個新柏拉圖主義者，也就是說，他對哲學的觀點深受柏拉圖觀點影響。尤其是他追隨柏拉圖，相信哲學思維帶著我們遠離具誤導性的表象世界，導向對實在的真實經驗。他反覆使用這個意象：影子般的表象界，跟真理之光是相對的。這是間接暗示柏拉圖的意象，在柏拉圖的《理想國》中提到的洞窟寓言裡，太陽象徵善的理型。

哲學教導波愛修斯——或者更確切地說，是提醒他——身為哲學家，他應該不受幸運或惡運的影響。哲學喚醒波愛修斯的記憶，這可能是再次暗指柏拉圖的一個信條：「知識是一種回憶」。

・機緣與快樂

一個真正的哲學家不會受到機緣影響。命運之輪免不了會轉動，而那些在輪子頂端的人，很快就會發現自己沉到底部。這就是命運的本質：變化無常。哲學告訴他，事實上，命運就是在對人不利的時候，才對人最有好處。幸運愚弄我們，因為它給我們真正快樂的錯覺；不過在命運脫下她的面具，讓我們看到她是多麼變化莫測的時候，我們學到的會最多。橫逆教導我們，財富、名聲與樂趣能激發的那種快樂有多脆弱；還讓我們知道，哪些朋友才是真正的朋友。

波愛修斯確實有天賜幸運：他的兩個兒子在同一天被任命為執政官，以此公開表達對他管理國政貢獻卓著的感激。然而他的下獄把這些快樂奪走了。哲學告訴他，這樣很愚蠢，真正的快樂不可能受制於財富或名譽這種機緣巧合之物，快樂一定是來自內在。波愛修斯在此受到斯多噶派的許多面向影響，這種哲學強調面對外在困難的時候，必須鎮定以對。對於斯多噶派門徒來說，快樂是來自內在泉源，對機緣與不幸的影響免疫。

・邪惡與回報

波愛修斯哀嘆著這個事實：世間似乎沒有正義。邪惡的人常常繁盛興旺，同時善良有美德的人則受苦。哲學的回應裡主張，真正得到回報的是具有美德之人，因為他們有力量可以透過對善的追求，達成最終目的——真正的快樂。惡人只是表面上繁盛興旺；事實上，他們拋棄了理性，因此變得低於人類，更應該加以憐憫、給予矯正待遇，而不是報復性的懲罰。

・神與自由意志

哲學提醒了波愛修斯，每個人都尋求的真實快樂，是來自哲學省思，而不是來自名譽、幸運或樂趣，而儘管表面如此，邪惡之人卻不可能真正繁盛興旺，接著哲學又跟他進行一場關於神與自由意志的辯論。在這個地方，本書變成柏拉圖對話錄風格的嚴肅哲學對話錄。波愛修斯擔任發問者的角色，哲學則向他解釋神的本質，在理性的協助下引導他遠離區區表象，到一個純粹與光明的世界去。

許多討論都聚焦於這個問題：人類怎麼可能有自由意志，即有能力真正選擇要做什麼，然而同時又可以有個神事前確切知道他們實際上會做什麼。少了自由意志，就不可能有理性的行動；然而如果神可以看到我們會做什麼，我們到底在什麼意義上算是真正有自由可以做選擇，就變得不清不楚了。

哲學對這個難題的答案，有一部分是訴諸於命定與預知之間的差別。相信命定的人論證說，神已經導致某些事件在未來免不了會發生；預知只是事先知道會發生什麼事。哲學則論證說，神知道人會有某些決定，並不導致那些事情發生——人類還是可以做出選擇。所以神聖的預知跟人類真正的選擇是相容的，因為知道會發生什麼事，並沒有預先決定這件事會發生。

然而如果神事先知道我們會選擇什麼，看來我們表面上的選擇可能只是一種錯覺，不是真正的自由意志，只是對自由意志的幻想。哲學對這種批評的回應是，我們對於預知的看法是種可以理解的錯誤，源自人類對時間的經驗。不過神在許多重要方面，跟我們並不相像。尤其是神是處於時間之外，活在永恆的現在之中。因為神立足於時間之外，祂的預知和我們關於現在的知識一致；過去、現在與未來對祂來說，全都是一體。我們對現在發生之事的知覺，並沒有導致正在發生的事情發生。所以說神的預知，也沒有徹底抹去我們所作所為是出於自由選擇的可能性。我們的錯誤在於認為神與時間的關係，就像我們與時間的關係一樣。神察覺到的是已經發生、正在發生與將會發生的一切。

在這本書的尾聲，哲學勸戒波愛修斯追求美德，因為他活在一位立足於時間之外、又知曉一切的裁判的目光之下。所以在《哲學的慰藉》裡，波愛修斯的知性之旅回溯了柏拉圖《理想國》中的哲學家之路。波愛修斯把表象的影子世界——洞窟牆壁上那些閃爍黑影的等價物——拋諸腦後，得到關於善的理型的知識，最終還得到關於神的知識。

・對《哲學的慰藉》的批評

合理化？

波愛修斯讚頌一切不受機緣影響的東西，這可以視為一種合理化行為。既然他身陷囹圄，面對酷刑跟幾乎可以確定的處決，沒有希望重新取回過去的財富與公眾的尊敬，他會把理性活動讚頌得超乎一切之上，有什麼好驚訝的嗎？他什麼別的都沒有了。或許他拒絕把財富跟名聲看成美好人生的重要元素，只是一個絕望之人利己的論證。

就算真的就像這種批評所說的，波愛修斯看出理性思維凌駕一切的價值，是因為他沒剩下多少別的東西，他也不見得就是錯的。這個論點的真實性，獨立於他相信這點的動機之外。另一種詮釋是，波愛修斯原本認為很有價值的東西都被奪走以後，把他從自滿的狀態裡驚醒了。直到這時候，他才能了解（或者更確切地說，是回憶起來）哲學傳遞的有力訊息；直到那時，他才能回歸哲學所教導的簡樸看法——自足的幸福。這種詮釋有來自文本的支持：哲學堅持說逆境可以把人引回善的真正道路，成功的外表反而可能誘使他們相信，他們已經達到真正的幸福了。

所以，就算波愛修斯之所以相信哲學女神的教誨，背後的動機可疑，卻無法推導出她的訊息有誤。然而對於哲學的信條來說具有毀滅性的是，發現財富、名聲跟其他世間俗物，其實是幸福的關鍵。舉例來說，亞里斯多德就相信，一定程度的富有以及擁有自己的孩子，是幸福的重要成分。如果他是對的，那麼波愛修斯嘗試光從哲學本身得到真正的慰藉，註定是要失敗的。

重要年表

- **西元四八〇年**　生於羅馬。
- **西元五二四年**　寫下《哲學的慰藉》，然後被處死。

重要字彙

- **預知（foreknowledge）**：事先知道會發生什麼事。
- **自由意志（Free will）**：有能力做出真正的選擇；這通常與決定論相對，決定論觀點如下：我們所有的思維與行動，都是在我們無法選擇怎麼想、怎麼做的狀況下導致的。
- **新柏拉圖主義（Neo-Platonism）**：柏拉圖哲學的修正版。
- **斯多噶主義（Stoicism）**：古希臘哲學學派，強調不該為了榮譽與財富本身的緣故而去追求這兩者；幸福可以透過消除激情來獲致。

進階閱讀

惠特（V. E. Watt）為自己的譯作《哲學的慰藉》（*The Consolation of Philosophy*）所寫的導讀，清楚地說明了波愛修斯的人生與作品。

C. S. 路易斯（C. S. Lewis）《被丟棄的意象》（*The Discarded Image*）中包含關於《哲學的慰藉》的有趣討論。

· 4 ·

《君王論》

馬基維利

Niccolò Machiavelli *The Prince*

《君王論》的大多數讀者，都預期這是本給殘酷無情之人的自助指南。不過這本書遠比這種想像還要更細緻微妙得多。雖然馬基維利確實鼓吹有時候要虛偽殘忍，他卻把讚美保留給知道如何適時使用武力跟狡計的人。他解釋了一個強大又有效的統治者，怎麼樣做出最符合國家利益的事。他的建議本來就不是要給任何人用的；這是給君王的建議——自身行為會決定子民命運的那些統治者。他指出這樣的人不該太神經質。他們必須迅速又有效地採取行動，做最好的決定。而對國家最好的決定，可能要忽視傳統道德。

馬基維利在家鄉佛羅倫斯的政治生涯相當成功。然而在一五一三年，他被指控陰謀反對強大的梅蒂奇家族。他被囚禁、酷刑折磨，然後被流放到城外。寫下《君王論》，似乎是要藉此展現他有多適合成為新君王們的策士。這算是某種名片，打算幫助他重新進入政治生活的緊張戰場。在這方面，這個做法失敗了。他沒有得到期望的位置。一五三二年，在馬基維利死後不久，《君王論》首度出版，此後一直是一本具爭議性的書。在今日，此書在討論政治中據說免不了的「骯髒手段」時，經常被引用，而「馬基維利式的」這個形容詞，經常被拿來形容狡猾地追求個人利益，這個說法相當誤導。

《君王論》是以「君王寶鑑」（mirrors for princes）體裁寫成，這是用來建議並激勵統治者的短文。這種短文在文藝復興時期很受歡迎。一般來說，這些文章會提及勇氣與憐憫這些美德。馬基維利完全相反，他的建議是，成功的君王需要學習何為不善，在必要的時候採取迅速、有時候甚至是殘酷的行動。成功的君王只會在合乎目的的時候實現他的話——雖然維持看似誠實的外表，通常會對他有利。

他的行動必須像狐狸一樣，這樣才能辨識出其他人設下的陷阱，並且加以躲避，但有時候也要像獅子一樣，嚇走身邊環伺的狼群。主旨就是，一位君王必須知道怎麼樣像猛獸一樣地行動：這是對人本主義傳統的挑戰，在這種傳統下，君王背負要成為人民道德楷模的期待。

・人類本性

馬基維利對人性的看法很糟。根據他的觀察，還有對佛羅倫斯歷史及古典文獻的知識，他宣稱人類是以可預測的惡劣方式行動。他們變化無常，他們說謊，他們閃避危險，而且很貪婪。在這些狀況下，一位君王需要利用恐懼來達成有效的統治；受人愛戴並不是可靠的權力來源，因為人在合乎個人利益的時候，就會切斷感激造成的羈絆。如果你有選擇，最好同時受到愛戴與畏懼；但如果你必須兩者擇一，就該選擇為人所懼。

比起人應該如何行為舉止，馬基維利對於人實際上如何行為舉止更有興趣。他的論點是，除非一位君王認識到人類其實有多麼善變、而且會一直如此，他很有可能以失敗告終。如果人實際上有可能會打破承諾，信任他們會遵守承諾是沒有用的。而在有勇無謀的狀況下，君王不該覺得自己必須遵守承諾。馬基維利論證說，成功的君王應該遵守的信條，跟傳統道德——無論是來自古典典籍還是基督教典籍——所鼓吹的那些非常不一樣。

對君王來說，表象就是一切。人民只對表面上展現的人格特質有反應，而鮮少有人能看穿君王的真實面目。所以一位君王必須操縱他的表象，就算在面具之下的他，其實是很不一樣的人。

• Virtù

理解《君王論》的關鍵概念是義大利文的 virtù，通常被翻譯為「英勇無畏」。雖然這個字是來自美德的拉丁文（virtus），對馬基維利來說，這個詞彙卻有個非常不同的意義。在整本書裡，馬基維利的目標都是解釋一位君王如何能夠展現出 virtù 這種性質。Virtù 指的是能夠迅速有效地做出任何鞏固國家安全與持續繁盛之事。這可能表示要做出虛假的承諾、謀殺威脅你的人，甚至在必要的時候殘殺你的支持者。

Virtù 會增加一個人身為統治者的成功機率，不過一個統治者就算能展現出 virtù，也不必然事業興旺。馬基維利相信，人生有一半是受制於我們無法控制的隨機事件：不管一位君王準備得多周全，他的計畫還是可能被不幸阻撓。命運就像是一條氾濫越過堤岸的河流，一旦滿溢氾濫，就無法加以控制。不過這並不會阻止我們在河流氾濫之前採取行動，這樣一來氾濫造成的災害就沒那麼嚴重。在沒有採取任何預警措施的狀況下，機緣巧合的事件通常會導致最大損害。然而馬基維利確實相信，命運偏愛年輕大膽的人。一個讓人不舒服的譬喻是，命運就像一個女人，會對毆打強迫她就範的大膽年輕男子有反應。Virtù 就是用來制伏她的男性化特質。

馬基維利心目中展現出 virtù 的模範君主，就是切薩雷・波吉亞（Cesare Borgia）。他的英勇無畏之舉，包括計誘歐西尼家族到賽尼加利亞，然後命人暗殺他們。然而馬基維利似乎最欣賞的，是波吉亞用來對付一位屬下的招數。波吉亞一拿下義大利北部的羅馬涅，就安排一位殘酷的親信羅米洛・德・歐可掌管，歐可也很快就透過暴行平定了這個地區。波吉亞認定這樣的殘酷行為可能會讓人難以忍受，為了除去開始針對他本人的仇恨，波吉亞命人謀害羅米洛・德・歐可，他的屍體被劈成兩半扔在一個公共廣場上。就靠這個殘暴的示眾場面，他同時安撫又嚇壞了羅馬涅的人民。馬基維利讚美波吉亞很有技巧地利用了殘酷行為。他把波吉亞的做法拿來和無情暴君阿加托克利斯比較，後者跟惡棍差不多，行為沒有表現出 virtù。

・切薩雷・波吉亞與阿加托克利斯

阿加托克利斯是透過犯罪成為敘拉古國王：他屠殺敘拉古的元老院議員以及最富裕階級的公民，奪取了權力。他統治並且保衛國家，但手段卻殘酷沒人性。在馬基維利眼中，不該把他的行動跟 virtù 混為一談。是什麼讓波吉亞有別於阿加托克利斯？馬基維利並沒有徹底說清楚；然而最可能為真的解釋是，他們兩個人都簡潔有效地利用暴行，然而波吉亞的行動要是達成目的，就會帶來對公眾有利的情況（儘管幾乎可以肯定，他的行動是權力欲激發出來的）。相對來說，阿加托克利斯卻是個野蠻暴君，他的行動讓敘拉古陷入比過去更糟的處境，他的行動就只是罪行罷了。所以波吉亞展現出 virtù，阿加托克利斯則否。

馬基維利譴責阿加托克利斯的行為，這個事實應該可以平息聲稱馬基維利就是贊同不道德行為的說法。的確，他贊同某些傳統道德會視為「不道德」的行為，像是波吉亞對羅米洛・德・歐可的處置；而同樣肯定為真的是，他對於我們現在視為基本人權的東西完全沒有任何尊重。描述殺人事件的時候，他甚至顯得挺愉快的。然而是有些行為，像是阿加托克利斯的作為，他並不贊同。

・《君王論》的詮釋

具諷刺性？

某些評論家發現馬基維利的政治主張實在太極端，假定他一定是在諷刺暴君似的君王。他們論證說，他當然不可能認真地抬舉切薩雷・波吉亞是個模範好君王。他們聲稱，藉由反諷性地擁護一位無情君王的不道德行為，他其實是在批評而非認可暴君的治國之道。這似乎是盧梭對《君王論》的看法。

鮮少有證據支持這種詮釋，除了馬基維利在後來的著作《論李維》裡，揭露了他對共和制度的同情，這個事實可能支持他基本上反對佛羅倫斯應由君王統治的觀點。然而批評者一致認為，馬基維利是真心誠意寫下《君王論》的，也解釋了為什麼這部作品這樣有挑戰性。

不道德？

對於《君王論》的另一個詮釋是，馬基維利是在指點那些想要維持權力、又一點都不在乎道德的人。從這種詮釋來看，馬基維利沒有道德感，完全處於道德範圍之外，就只是在指引準備像精神病態者那樣行事的人。這種詮釋不太可能為真。如同切薩雷・波吉亞與阿加托克利斯的對比所顯示的，馬基維利並不贊同完全出於自私動機、又不會為國家帶來正面影響的無上限殘酷行為。這本書也不是一本不做批判的操作指南。在馬基維利的討論中，殘酷行為總是有個理由，一種道德上的理由：這是為了防止以後採取更多殘酷的行為，這是為了共同的善。所以，《君王論》遠非一本毫無道德感的書。此書可能鼓吹傳統標準下的不道德政策，但這些政策本身卻有道德與政治上的正當性。所以，此書遠非一本技術手冊，提供技巧讓肆無忌憚的人可以變得有權有勢。

馬基維利的原創性

思想史家以撒・柏林為馬基維利對政治思想的貢獻，提供了一個細緻得多的圖像。在他的詮釋之下，馬基維利偉大的原創性與吸引力，是基於馬基維利體認到，將古典與基督教道德應用在君王面對的情境中有其缺陷。一位展現出像是誠實與同情等傳統美德的君王，很有可能正中敵人下懷，他們不太可能這麼一絲不苟。以撒・柏林的觀點是，馬基維利遠非沒有道德感，他或許是在無意中引進這個概念：可能存在超過一種道德觀，而且這些不同道德觀可能彼此不相容。這並不是說有一種道德觀是真的，其他全部是假的。更確切地說，有各種互不相容的道德觀，而這些道德觀本身都是內在融貫的。以撒・柏林辯護的是一種稱為「價值多元論」的立場，指的是可以存在許多互不相容的道德體系，卻沒有原則可以在這些體系之間選擇（雖然可以看得出來，有些體系比其他體系更優越）。他在馬基維利的著作裡，找到自己這個觀點的先聲。

政治領域裡的骯髒手段

馬基維利的觀念仍然出現在今日的辯論的其中一個面向，在於政治「骯髒手段」的領域。這個觀念指的是，某些顯然不道德的行為，是身為政治領袖免不了的後果。馬基維利在《君王論》裡的描述，似乎暗示任何有效的統治者必然要學會殘忍，而且偶爾還要直接違反傳統道德的律令。這並不是說馬基維利真的認為政治領袖以人民利益為重時，做出說謊或真假參半、毀棄諾言等等的行為，真的是不道德的。就馬基維里的說法，君王必須遵循一種跟其他人類不同，而且（對他們）更適當的道德法則。

・對《君王論》的批評

鼓吹不道德行為

馬基維利對於我們現在稱為人權的權利毫不尊重。對他來說，為了國家利益，在適切的狀況下，個人確實是可以犧牲的。國家執行的拷打折磨與謀殺，有時候是必要的；的確，馬基維利指出如果有個統治者在情況需要的時候，不願意迅速有效地運用這些方法，那麼在某種意義上就是個壞君主，因為他的軟弱神經質，很有可能導致日後更大規模的流血事件。

晚近的歷史已經顯示，放縱暴君對付沒有一絲疑心的群眾會帶來什麼樣的危險。讓這樣的暴君有個看似知性的合理說詞來解釋他們的行為，後果很有可能包括讓部分臣民承受嚴重的苦難。以人類自欺的能力，很容易想像這種領導人會告訴自己，他們的作為是讓國家強盛的真正必要之舉。事實上，這番說法可能是針對駭人暴力的自私合理化說詞，為了政治穩定而付出的代價太高了。對於這種批評，馬基維利的反應會是，這種暴力的有效性總是要從結果來判斷：國家變得更富有、更穩定、更強大了，或者沒有？對他來說，別無其他相關考量。

太過犬儒

馬基維利對人類的動機評價非常低。或許他看錯這一點了。對於人類關懷彼此困境的潛能，許多人的看法都比他要樂觀得多。如果他錯看了人類的善變程度，那麼靠著恐懼與客觀上具備效果的殘酷行為來統治，可能就沒有必要了。然而如果他是對的，堅持傳統美德的政治領袖，可能會害人民陷入險境。

重要年表

- **西元一四六九年** 生於義大利佛羅倫斯。
- **西元一五一三年** 被酷刑折磨，後遭流放。開始寫《君王論》。
- **西元一五二七年** 死於佛羅倫斯。
- **西元一五三二年** 《君王論》在他死後出版。

重要字彙

- **無道德感的（amoral）**：完全處於道德領域之外。
- **命運（fortune）**：機緣或運氣。馬基維利相信在所有人類事務之中，有一半是受制於機緣。
- **不道德的（immoral）**：違反既有道德體系。不道德行為一直都被拿來跟道德理想或原則做對比。
- **Virtù**：馬基維利的關鍵概念，通常翻譯成「英勇無畏」。不要把這個詞彙跟傳統意義上的「美德」（virtue）混為一談。對馬基維利來說，展現virtù可能牽涉到欺騙，或者迅速有效地利用流血手段。

進階閱讀

昆丁・史金納（Quentin Skinner）《簡說馬基維利》（*A Very Short Introduction to Machiavelli*）對於任何

有興趣更深入了解馬基維利生平與思想的人來說，都是重要的基本讀物。

以撒・柏林（Isaiah Berlin）的經典論文〈馬基維利的原創性〉（The Originality of Machiavelli），這篇論文也重新收錄在亨利・哈迪（Henry Hardy）所編的文集《人類正確研究》（*The Proper Study of Mankind*）中。

我、馬特爾（Derek Matravers）及強納森・派克（Jonathan Pike）編選的《政治哲學選集：從馬基維利到彌爾》（*Reading Political Philosophy: Machiavelli to Mill*），包括對《君王論》的討論，還有昆丁・史金納、以撒・柏林及其他人關於馬基維利的文章。

葛拉奇亞（Sebastian de Grazia）的《馬基維利傳記》（*Machiavelli in Hell*）是榮獲普立茲獎的馬基維利傳記。更近期的傳記有維羅利（Maurizio Viroli）的《尼科洛的微笑》（*Niccolò's Smile*），提供一幅人格肖像，把馬基維利豐富的人生連結到他的思想上。

· 5 ·

《隨筆集》

蒙田

Michel Eyquem de Montaigne *Essays*

蒙田發明了隨筆。或者更精確地說，他發明了「essai」這種文體——這個法文詞彙的意思，跟它的英語型態（essay）稍有不同。在法文中，這指的是試試看某件事，是一種嘗試，一種試驗；而在英語中（至少對大多數的學生而言），essay（論說文）是一篇文章，有表達清楚的結論與論證，還有支持結論的證據。通常這樣的文章是為了評估的目的而寫，測試你知道什麼，還有你能夠把這些材料組織到多好的程度。對蒙田來說正好相反，這種文體是一種實驗性的形式，不必然要有結論。他寫這些文章是為了探索觀念，把針對古典作者的參考文獻，連結到他日常生活中古怪面向的描述。跟大多數寫論說文的學生不同，他很樂意揭露自己所知的事情是那麼地少，也會誠實到讓人發窘地描述他那個年代的人鮮少公開分享的個人生活特色，包括他的性生活。這些隨筆中流傳至今的一百零七篇，題材多樣化，從死亡、懷疑主義到食人行為無所不包。某些隨筆有得出結論，其他的隨筆則迂迴曲折還偏離主題。

蒙田與後來的哲學家康德相反——康德在他的名作《純粹理性批判》（見第十四章）裡，以極其系統化的方式安排觀念，並稱這個方法是他的「知識體系」——他心胸開放地看待他那本書缺乏計畫的怪異安排。這樣井井有條，既沒有反映出人生是怎麼過的，也不是蒙田的思想風格。如果你想要了解並且頌揚生命的混亂、細節的累積與看似無關的種種事件，那麼很有可能被蒙田吸引。康德表現出他就是知道答案的人，還能用多少算是客觀的方式告訴你這些答案，然而蒙田的隨筆卻開了一扇窗，讓人看見一個不同凡響的人追尋答案、把玩問題、揭露自身存在中種種看似瑣碎的面向，他並不總是尋求結論，也不過度關心這件事。

蒙田的隨筆包括離題的文字、許多引文（特別是拉丁文）與參考文獻，有時候甚至就在一篇文章之內，似乎還暗示了完全相反的論點。這些隨筆通常專注於跟主題相當不同的某件事情上，這樣的離題可能慢慢發展到主要論題上。雖然如此，這些隨筆啟發了世世代代的讀者，大多數人覺得，就算在蒙田死後好幾個世紀才讀到他的文章，他卻透過自己的作品，幾乎是現身在讀者們的生活裡了。他開誠布公又別有洞見的自我揭露，無論有多麼特殊，都直指人類處境的深刻真相，到現在猶有共鳴。在那個時代，自傳還不是得到認可的流行形式，他的隨筆是帶有自傳性質的——照理說，你不會這樣寫哲學文章。蒙田認為在某種意義上，他的隨筆就是他，這些隨筆揭露他是什麼人，而且處於他在寫作過程中發現自己所在的位置。寫作之舉，其中牽涉到的自我觀察，讓他活得不一樣，而且他認為自己活得更好。他變得更關注他周遭發生的事，反省也更多。

蒙田在直接討論哲學的時候，並不是特別具有原創性，他實際上運用的是古代的斯多噶主義與懷疑論，大半時候引用羅馬時代的作家，像是普魯塔克（Plutarch）與賽內加（Seneca），這些思想家本身就大量借鑑早他們數百年的希臘哲學家。蒙田的原創性在於他獨特的風格，他敏銳的評論，他對自傳體的運用，尤其是他將大多數人保持秘密的生活面向開誠布公，像是他的性癖好，還有他提到的事實：國王、哲學家跟女士們全都會拉屎。說到底，他全心投入追尋「身為人是什麼意義」這個問題的欲望，驅策他寫作。就像蘇格拉底認真看待古代的訓諭「認識你自己」，而且認真思索著怎麼生活，還有怎麼為死亡做準備。

・誰是蒙田？

蒙田是十六世紀的法國貴族，住在南法靠近波爾多的地方。他來自擁有廣大葡萄園的富裕家庭，住在一個巨大的城堡裡。他從公職退休以後，大多數的時間都在這個城堡的塔樓裡寫作並思考。他確實把寫作當成專注於思考的一種方法。

・懷疑主義

受到皮羅（Phyrro）影響，蒙田擁抱懷疑主義，相信唯一確定之事就是什麼都不確定，就連理性本身都可能不可靠。他最喜歡的一句話是：「我知道什麼？」暗示的答案是：「幾乎一無所知，或者有可能什麼都不知道。」人類所知甚少，或者根本無知。在想像中，他採取了他的貓的觀點：「我跟我的貓玩耍時，我怎麼知道我的貓不是在玩我？」他問道。他設法去理解，要是他變成他的狗，也具備狗強化的嗅覺以後，透過這些動物不同的觀點來思考蒙田體驗到的「現實」，會是什麼樣的感覺。所以，蒙田的觀點是一種不確定的觀點，而他不像笛卡兒（見第六章），雖然支持懷疑主義的論證，卻被逼著去找到某樣確定之物，蒙田全新擁護確定性的缺乏，他相信這是人類處境的特色。

・斯多噶主義

如果說這個世界抗拒人類的控制，他征服自己的欲望，反映了他取自斯多噶主義的想法。這種哲學立場，強調我們能夠決定如何看待發生在我們身上的不幸，還有一個真正的哲學家在任何環境條件下，面對多數人在狀況不妙時都會感覺到的痛苦與混亂，都能夠抽離出來，保持平靜的心靈。對一個斯多噶派來說，最嚴厲的測驗就是：如何對付死亡，還有通常伴隨垂死過程而來的痛苦。這是讓蒙田煩惱的主題，而且在他的隨筆中反覆出現。

・論死亡

蒙田的五個孩子裡有四個在孩提時代死去，他最要好的朋友死於黑死病，他的弟弟則死於意外，一顆網球砸中後腦勺，幾小時後死去。蒙田本人有過一次非常嚴重的墜馬意外，他跟一位騎在馬背上全速前進的僕人相撞，這一撞差點讓他送命。死亡這個主題在他的隨筆中出現過幾次，從古代哲學家的信念說起——哲學思維意味著學習如何面對死亡，或者至少讓個人注意力分散到足以不再擔憂免不了會來的結局。隨筆的核心重點是，「研究哲學就是學習死亡」。

雖然蒙田承認對死亡的恐懼，也苦於這種恐懼，他的經驗卻讓他能夠比較不擔心死亡。他覺得死亡是一種自然現象，要是時候到了，自然就會接手。與其不願面對死亡的事實，反而應該常常想到此事，我們應該反省生命的短暫、還有自知死之將至的困難，以及對於死亡將採取何種型態的不確定感。蒙田讚許地引述古埃及的習慣：在宴席高潮的時候帶進來一個乾燥的骷髏，當成一種對死亡的提醒。蒙田並不是公開的無神論者，然而他寫得就好像死亡就一切告終了。呼應賽內加的說法，他宣稱重要的不是你活了多久，而是你身為人類時做了些什麼。他指出，要處理我們對自身死亡的恐懼，最佳辦法之一是每天都想到死亡。他相信反省自身隨時會死亡的可能性這個過程，能讓我們準備好面對生活，並且享受運氣好還活著的時光。他也描述自己的瀕死經驗，然後反省對死亡本身的恐懼，在死亡似乎逼近的時候，實際上比死亡似乎不太可能的時候還來得少。

・其他主題

蒙田的隨筆涵蓋的題材範圍極廣，包括懦弱、恐懼、食人行為、祈禱、孤獨、酒醉、殘酷行為以及父子之間的相似性，因此無法簡單地概括。貫穿全部文章的共通思路，是蒙田本人的存在：他樂意從古代作者的引文與自身經驗取經，誠實探索此刻探討的主題。

・對蒙田《隨筆集》的批評

太過主觀

蒙田並不總是出現在哲學課程的課表上，他的隨筆比較可能放在法國文學研究的閱讀清單上。理由之一是，比起像是休謨或是羅素等人，他的文章總是極其主觀：他從自己的立場、還有實際生存狀態的枝微末節出發。他會改變觀點，有時候甚至在同一篇隨筆裡就變了，在考慮到這個事實的時候，他這麼說：「我有可能自相矛盾，但我絕對不會牴觸真理。」這樣強調對他自身人生的經驗特殊性保持真實，再加上他對明顯瑣碎細節的古怪專注，可能導致某些人把他的隨筆當成娛樂性的趣味讀物略過，而不認為其中具有任何重要的真正哲學性。這種批評錯過了重點，是從一種狹隘的觀點延伸而來的——把哲學視為一種類科學領域，總是把目標放在普遍性與客觀性之上。

缺乏哲學原創性

對蒙田的另一種批評是，他的文章裡鮮少有其他哲學家以前沒講過的內容。蒙田大量從斯多噶派學者與懷疑論者的作品中取材，他的文章裡到處有拉丁文引文做點綴。他的許多觀念，像是對懷疑論與死亡的觀點，都是從古代哲學裡直接推導出來的。因此他的作品可能看似缺乏哲學原創性。然而，他獨特的思維風格，他用個人生活經驗做範例來闡明思維的意願，還有他坦承開放的風格，全都極為與眾不同，又具原創性。他真正的原創性，在於把自己這個個體的存在與經驗當成探究的主題，從中衍生出人類生活的整體圖像，以及哪些事情事關重大。就像他在這本書的附註「致讀者」中闡明的，他的主要論題就是蒙田本人。

重要年表

- **西元一五三三年** 生於法國亞奎丹區。
- **西元一五七一年** 從公眾生活中退隱，轉而思考並寫作。
- **西元一五八〇年** 他的《隨筆集》第一卷出版。
- **西元一五九二年** 去世。

重要字彙

- **隨筆（essay）**：法文 essai 的翻譯，這個詞彙有「嘗試」的含義。對蒙田來說，隨筆是一種解釋性的文學形式，是找出他思考的事物是什麼的一種方法。
- **懷疑主義（scepticism）**：提出懷疑的哲學立場，像是懷疑感官經驗可靠性。皮羅式的懷疑主義者甚至懷疑理性的可靠性。

進階閱讀

莎拉・貝克威爾（Sarah Bakewell）的《閱讀蒙田，是為了生活》（*How to Live: Or A Life of Montaigne in One Question and Twenty Attempts at an Answer*，黃煜文譯，商周出版）是秉持著蒙田及其隨筆的精神而寫成極佳導讀書。作者的網站 www.sarahbakewell.com 提供了好幾個關於蒙田的進階資源連結。

索爾・弗蘭普頓（Saul Frampton）的《觸摸生活：蒙田寫作隨筆的日子》（*When I Am Playing With My Cat, How Do I Know She is Not Playing With Me?: Montaigne and Being in Touch With Life*）是關於這位不尋常思想家的另一本書，有趣而且涵蓋範圍廣闊。

德瑞斯・凱伍（Terence Cave）《如何閱讀蒙田》（*How to Read Montaigne*）作為蒙田主要的初步指南也很實用。

· 6 ·

《沉思錄》

笛卡兒

René Descartes *Meditations*

笛卡兒《沉思錄》是一本設計來讓你思索的書。這是用第一人稱寫成，看似發生在六天內的思維自傳。然而這其實是極精巧的設計，用以鼓勵讀者跟上論證的種種轉折。要照著這本書的寫作精神來讀它，牽涉到積極參與書中的想法，而不只是被動的吸收。你受邀成為文本中的「我」，經歷一連串的懷疑與啟發階段。作為哲學文獻，《沉思錄》一直是無人能超越的，書中披露的許多觀念支配了後來的哲學家。笛卡兒被視為現代哲學之父。

在《沉思錄》中，笛卡兒著手要確立的是，我們能夠知道的到底是什麼。因此，他在書中主要關注的是知識論。確立知識的極限，並不只是一種學術活動。他相信如果可以消除思考中的錯誤，發現獲致真實信念的健全原則，這個原則就會提供他一個岩床，對於這個世界、還有我們在世界中的位置所形成的科學理解體系，就可以建築在這個岩床上。一六四〇年，在笛卡兒寫《沉思錄》時，法國的主流觀點是天主教教會的觀點，在許多方面都對科學很有敵意。笛卡兒也在奮力對抗哲學中的經院哲學傳統，這種傳統傾向於提倡辯論技巧勝過對真理的追求。笛卡兒在這種狀況下跨出的極端一步，是回歸第一原則，拋棄接收到的成見。

在他開始進行這項工作的建設性階段以前，笛卡兒相信，他這一生需要有一次拋下過去所有的信念，因為他察覺到其中有許多是假的。他認為，明智的做法是一次剔除先前所有信念，然後一一考慮可能的替代品，而不是嘗試零碎地修補信念架構。在回應他作品的一位批評家時，他透過類比來解釋這種進路：如果你擔憂一個桶子裡有爛蘋果，你會很明智地把所有蘋果倒出來，逐一檢視以後才放回桶子裡去。只有在你確定，你在考慮的那顆「蘋果」很健全的時候，你才應該把它擺回桶子裡去，因為光是一顆爛蘋果就可以污染其他所有蘋果。這個類比解釋了他的徹底懷疑方法，通常被稱為「笛卡兒式懷疑」。

・笛卡兒式懷疑

懷疑方法意味著要把你先前的所有信念都當成假的。你應該只相信你完全確定為真的事情：對於這件事的真實性如果有任何一絲懷疑，就足以拒斥此事。你可以懷疑它的真實，並不證明它就是假的；結果它可能是真的。然而光是懷疑此事可能為假，就足以讓這件事不適合當成知識體系的基礎。基礎必須建立在無可置疑的知識上。顯然這並不是日常生活中的實用方法，笛卡兒自己也承認；他主張這是一生一次的行動。這個方法的重要性，在於笛卡兒可能因此發現某些信念不受懷疑侵擾，所以可以當成基礎，讓他在健全的原則上重建知識。在最糟的狀況下，這個做法會讓他發現一切都可以被懷疑；沒有一件事情是可以確定的。

・感官的證據

在〈第一沉思〉中，笛卡兒引進這種「懷疑方法」，並且嚴格應用到他先前的信念上，先從透過五感獲得的信念開始。他的感官有時候會欺騙他。舉例來說，對於自己能在遠處看到什麼，他曾經犯過錯誤。明智的做法是，絕對不要相信一度欺騙過你的東西——根據這個原則，他決心不信任感官提出的證據。不過，儘管有時候會被遠方的物體所欺騙，他當然不可能被透過感官獲知的某些事實所騙，像是正穿著一件睡袍坐在火爐前面，握著一張紙，對吧？

笛卡兒對此的反應是，正好相反，甚至像這麼明顯的事情也可能會弄錯。因為他以前曾經夢到自己坐在火爐邊，實際上卻是躺在床上睡覺，所以他不能確定現在不是在作夢。但就算在夢中出現了像是頭、手、眼睛等等物體，這些東西一定都是真實世界物件的相似之物。所以當然了，我們可以確定這些類型的物體存在。更抽象的概念，像是尺寸、形狀與延展性（他指的是占據空間的性質），其存在似乎還更加確定。不管你睡著了還是醒著，二加三等於五，而且一個四方形絕對不會有超過四個邊。這些事物看似真實。但笛卡兒證明這些全都只是看似確定。他利用關於惡魔的思想實驗來證明這一點。

・惡魔

要是有個強大又滿懷惡意的魔鬼，一直操控著你經驗與理解的事物會怎麼樣？每次你注視著世界上的一個物體，事實上可能是惡魔正在製造的一種幻覺經驗，你會把這經驗當真，實際上卻是他的創造物。如果你發現這很難想像，想想看要是有人在你不明就裡的狀況下，把你接上一個非常精緻的虛擬實境機器。現在，你每次把二跟二相加，就會變成五。不過你怎麼能夠確定這不是因為惡魔、或者虛擬實境機器操控者在欺騙你？或許惡魔已經在你的計算裡置入一個錯誤，所以總是得出錯誤的答案。這聽起來可能很扯，不過並沒有影響笛卡兒的論證。唯一重要的是你現在有可能正在受騙。如果用笛卡兒式的懷疑方法，你的信念有最微小的可能性為假，對你來說就夠可疑了，足以拒斥這個信念。當然，在日常生活中，我們要有更強得多的證據，證明一個基本信念有誤，才會毅然決然拋棄這個信念，而且本來就該這樣。不過我們在尋找一個不受懷疑影響的信念時，惡魔思想實驗就提供了一個非常強勁的測試方式。任何可以通過這個測試、你確定不是惡魔為了誤導而植入的信念，就一定是確實的了。

在《沉思錄》的這個階段，笛卡兒很想相信所有的事情都可以被懷疑。然而，在〈第二沉思〉裡揭露了他的懷疑帶有先發制人的性質。也就是說，他把懷疑論證推到最極限，以便展示出有些信念是不可能置疑的。另一種說法是，他著手在懷疑論者的主場上打敗他們：提出他能想像得到、形式最強大的懷疑論證，然後證明這無法阻止他建立起至少一項確定的事實。

他發現的確定事實，他哲學中的轉捩點，後來被稱為「我思」（Cogito），出自拉丁文 Cogito, ergo sum（「我思故我在」），雖說在《沉思錄》裡並不完全是寫成這個形式。在《沉思錄》裡他說的是：

「每次我表達或者在心中構思著我是、我存在的時候，這句話是必然為真的。」

‧「我思」（Cogito）

笛卡兒的論點是，就算惡魔真的存在，又一直欺騙他，還是有某件事情是惡魔無法欺騙的，也就是他自己的存在。對笛卡兒來說，他不可能懷疑自己的存在；笛卡兒相信他的讀者在經過反省之後，也會對自身的存在達成相同的結論。你的任何思緒都指出，你這個思想者是存在的。就算你完全搞混了你的思想內容，這也是真的。你可能會想你站在帝國大廈頂樓欣賞風景，但實際上你這時候是在英國西德卡普的車站月台上等車，不過這不重要：只要你有一個念頭，就表示你一定存在。

請注意，笛卡兒相信他已經證明只要他思考就存在的「我」，並不等同於他的身體。在這個階段，他還是可以對於他的身體是否存在、是不是以他認為的形式存在，提出他先前的所有懷疑。只有思考跟他的存在是無法分離的。他能從「我思」裡證明的，是他在本質上是個思想之物。

‧笛卡兒式二元論

笛卡兒相信，比起身體，他更能肯定自己身為思想之物的存在，這指出了心與身體之間的區隔。

心是真正的笛卡兒(或者任何一個人),而他的身體可能存在,也可能不存在。心靈可以活得比身體久。這種心靈與身體之間的壁壘分明,後來被稱為笛卡兒式二元論。笛卡兒相信心靈與身體雖然在原則上是分離的,卻會互相影響,所以他的觀點有時候也被稱為交感論。

・蠟的例子

笛卡兒描述一塊從蜂巢上取下的蜂蠟:還有一點微弱的蜂蜜味道,一些花香,而且是硬而冷的。在他將蜂蠟靠近火焰的時候,它的味道跟香氣都消失了,顏色、形狀與大小也全都改變了。它變成液態,而且摸起來熱熱的。這個例子的重點是要證明,雖然我們可能認為透過感官體驗了解什麼是蜂蠟,但事實上我們用這種方式得到的所有資訊都可能改變。然而儘管出現改變,這塊蜂蠟還是同一塊蠟。笛卡兒的解釋是,理解蠟的本質、是什麼讓它是這塊蜂蠟而非別的東西,牽涉到一種超越感官經驗的判斷。而這種判斷本身就是一種思維,再度向笛卡兒證明,比起物質世界的本質與存在,他更確定自己是作為思考之物的存在。這個例子揭露了笛卡兒的理性主義,也就是說,他相信我們可以光靠理性就獲得關於世界本質的知識,這個觀點與經驗主義產生鮮明的對比,最極致的經驗主義觀點是,我們對世界的所有知識,都必須透過感官獲得。

・神

「我思」是笛卡兒用他的懷疑方法摧毀知識體系以後，邁向重建的第一步。由此以後，他完全是建設性的。然而起初似乎無法從只要思考即存在、他在本質上就是思考之物的結論再往下推。比起在〈第一沉思〉結尾時他自覺被吸入的懷疑漩渦，這種立場也好不到哪裡去。

然而笛卡兒有個策略，可以避免被困在「我思」這一步。他動手證明神的存在，並且證明神不會欺騙我們。他用兩個論證來做到這件事，所謂的標記論證和存有論論證，分別出現在第三與第五沉思中。兩個論證都很有爭議性，就算在他的時代也是如此。

・標記論證

笛卡兒指出他心中有個關於神的觀念。這個觀念必定是來自某處，因為無中生有是不可能的。他還認為，任何結果的真實度，一定都像其原因一樣多。在目前的狀況下，觀念就是結果，原因則被推定是神。雖然笛卡兒沒有用到下面這個類比，但這個狀況就像是神在他的作品裡留下一個標記，揭露了祂的存在。有一個證明神存在的傳統論證，叫做宇宙論論證，標記論證就是它的變奏版。

笛卡兒對神的觀念是一個善意的存在，而這樣的神不會想用有系統的方法來欺瞞人類。欺瞞是惡意而非善意的標記。所以，笛卡兒做出結論：神存在，而且祂不是騙子。由此產生的結果是，笛卡兒有信心他清楚明確覺察到的任何事物，都一定是真的。神不會把我們創造成被誤導時還覺得很確定的樣子。他清楚明確覺察到的任何事物都一定是真的，這個概念在笛卡兒哲學的建設性階段裡，扮演了關鍵性的角色。

・存有論論證

在〈第五沉思〉裡，笛卡兒提出了所謂存有論論證的其中一種版本。這是對神存在所提出的先驗論證，這表示這個論證不是奠基於透過感官獲得的任何證據，而是透過分析神的概念而來。一個三角形的內角和是一百八十度。這個結論是從「三角形」的概念中依邏輯推導出來的。三角形的本質中有個面向是，它的內角和是一百八十度。同樣地，笛卡兒認為，從神是最完美存在物的概念裡，可以推導出祂存在。如果神不存在，那麼祂就不是最完美的存在物：依據笛卡兒的說法，存在是祂的完美特質之一。所以光從神的概念本身就可以推導出來，祂必然存在。

・毋庸置疑

笛卡兒一旦滿意地確定了神存在而且不是騙子，他就開始重建物質世界。他還是必須解釋五感偶爾會欺騙他的事實，並且說明他是否能夠確定自己不是在做夢的問題。他可以確定他自己，也就是他的心靈，密切地連結到一具特定的身體（他自己的身體），因為在他這樣清楚明確察知到某物存在的時候，神不會針對這一點欺騙他。但是他似乎看見、碰到、嘗到、聞到又聽到的物質世界又怎麼說？

他對世界的常識信念，全都是從他的觀念衍生出來的。舉例來說，他在遠處看到一座塔樓，並且把它看成圓形的時候，他有個對於圓形塔樓的觀念。在反省這一點以前，他假定世界上的那些物體是存在的，並且與物體所引發的觀念相似。然而，視覺上的幻覺釐清了這一點：他可能有關於某物體的觀念，而這個觀念賦予該物體不符實際狀況的不同屬性。舉例來說，那座塔樓實際上可能是方形的。笛卡兒在〈第六沉思〉中得到的結論是，不是騙子的神存在，就保證了在物質世界裡有物體，但如果就這樣接受所有來自感官的資訊，是很愚蠢的，因為感官顯然偶爾會騙人。然而一位善意的神不會把我們造就成有系統地受到欺瞞相信物體的存在。而且，祂肯定提供我們手段，對世界的本質做出精確的判斷。但不能就這樣順著推論說，世界上的物體就跟我們對這些物體的觀念一模一樣。對於物體的尺寸、形狀與顏色等性質，我們可能會犯錯。到頭來，如果我們想要理解這個世界真正的樣子，我們需要訴諸對世界的數學與幾何學分析。

在《沉思錄》的懷疑論階段，笛卡兒用過最強有力的論證之一，就是我們可能在作夢，而且無法認識到我們正在做夢。在〈第六沉思〉裡，他宣稱我們至少有兩種方法，可以分辨夢與清醒的生活。記憶永遠不可能把夢境一個個串連起來，像在清醒的時候一樣：我們生活中的不同階段會串成融貫的記憶，然而我們的夢中生活卻無法以同樣的方式融貫一致。第二種分辨夢境與清醒生活的方法，是不會發生在正常生活中，卻會在夢中出現的奇異現象。舉例來說，如果在跟某人說話時，他從我眼前消失在空氣中，那麼我會非常強烈地懷疑自己是在作夢。

・對《沉思錄》的批評

他懷疑了一切嗎？

雖然懷疑方法似乎對可能質疑的一切都提出質疑，目前討論的狀況卻不是這樣。舉例來說，笛卡兒仰賴他的記憶精確性，從沒有懷疑他做過的夢，或者感官曾經偶爾欺騙他；他不懷疑他連結到某些字詞上的意義，就跟他上次使用那個字詞時一模一樣。

然而，這對笛卡兒來說不是什麼嚴重問題。笛卡兒式懷疑仍舊是一種強大的懷疑論形式：他只是設法去懷疑對他來說有可能懷疑的東西。更強大的懷疑論形式，可能會損害到他做哲學的根本能力。

對「我思」的批評

對於笛卡兒的「我思」，特別是以「我思，故我在」這個形式出現的時候，有時會引來一種批評，就是這句話假定了這個普遍化陳述：「所有思想都有思考者」為真，笛卡兒從來沒有嘗試確立或者闡明這個假定。這個批評的基礎在於，笛卡兒把「我在」的結論呈現成下面這種邏輯有效推論的結果：

所有思想都有思考者，
現在有思想存在，
所以這些思想的思考者必定存在。

然而這個批評並不影響《沉思錄》裡呈現的「我思」，因為在書中並沒有暗示這是個邏輯推論；笛卡兒反倒看似在提倡讀者自行內省，挑戰自己去質疑「我是，我存在」這個肯定句的真實性。

笛卡兒循環

一旦笛卡兒藉著「我思」確立了自己身為思考之物的存在，他的整體重建計畫就仰賴兩個基礎：一個善神的存在，還有我們清楚明確相信的任何事都為真。這兩個基礎本身都是具爭議性的。然而，對於笛卡兒的策略，還有另一個更根本的攻擊經常被提起，就是在他論證神的存在時，他仰賴「清楚明確的觀念」;而在他論證「清楚明確的觀念」無誤的時候,他預設了神的存在。換句話說,他的論證是循環論證。神存在的標記論證與存有論論證,都預設笛卡兒所知的神的觀念是精確的,因為他清楚明確地覺察到:少了神的觀念,沒有一個論證可以開始。另一方面,清楚明確觀念的信條要為真,完全仰賴假定有個善神存在、所以不容我們有系統地受騙。所以這個論證是循環論證。

某些與笛卡兒同時代的人,注意到笛卡兒這個計畫核心出現的問題;這個問題後來通稱為「笛卡兒循環」。對於《沉思錄》裡的整個建設大業來說,這是個很有力的批評,笛卡兒也沒有明顯的辦法可以從中逃脫,除非找到另一種方法證成他對神的信念,或者找到另一個獨立的正當理由證成他的另一個信念:他清楚明確覺察到的任何事物都是真的。雖然如此,就算循環論證的指控站得住腳,他的懷疑論證與「我思」仍舊保有原本的全副力量。

神存在論證的批評

就算笛卡兒可以用某種辦法逃過循環論證的指控,他用來確立神存在的兩個論證,還是出了名的容易受到批評攻擊。

首先,兩個論證都仰賴這個假定:我們內在都有對神的觀念,不只是從早期的教育灌輸裡推導出來的。這個假定是可以被挑戰的。

其次,標記論證仰賴另一個進一步的假定,也就是說,某物的「起因」,一定至少有跟它的「結果」

一樣多的真實性。笛卡兒需要這個假定，才能從他對神的觀念推及神的真實性。不過這個假定也可以被挑戰。舉例來說，今日的科學家可以解釋生命如何從無生命物質中演化出來：我們不認為「生命的起因只能是生物」是很明顯的事。

存有論論證拿來做為神存在的證據，特別沒有說服力。這看似是一種邏輯上的詐術，把神定義成存在的一種嘗試。最嚴厲的批評是，這樣一來存在就像全能或善心一樣，只是一種屬性，但實際上，存在是一種具備這些屬性的狀態。存有論論證的進一步問題是，它似乎容許我們把所有類型的實體都變成存在之物。舉例來說，我心中有個完美哲學家的觀念；但要是因為我有完美哲學家的觀念，就（可以說是）根據「一個不存在的哲學家不可能是完美的」這個理由，來說這樣的哲學家一定存在，似乎很荒唐。

二元論是個錯誤

笛卡兒的身心二元論在現今哲學家之中找不到多少支持者。這個觀點引起的其中一個嚴重問題是，要怎麼解釋非物質的心靈跟物理性的身體之間如何交互影響。笛卡兒察覺到這個困難，甚至還指出腦中的一個部位——松果腺，認為身心交互影響就是發生在那裡。不過指出交流在哪裡發生，並沒有解決一個非物理性的東西怎麼能夠改變物理世界的難題。

整體來說，某種形式的一元論，就是只有一種實體（物理性的物質）的理論，引出的難題似乎比二元論（說有兩種實體的理論）來得少，雖然解釋人類意識本質的任務，仍然是很棘手的工作。

重要年表

- **西元一五九六年**　生於法國拉海（現在改名為笛卡兒鎮）。
- **西元一六四一年**　出版《沉思錄》。
- **西元一六四九年**　搬到瑞典的斯德哥爾摩，教導克莉絲汀娜女王。
- **西元一六五〇年**　死於斯德哥爾摩。

重要字彙

- **先驗（a priori）**：不靠感官知覺而可知的。
- **笛卡兒式（Cartesian）**：從笛卡兒衍生出來的形容詞。
- **笛卡兒循環（Cartesian Circle）**：有時候用來稱呼笛卡兒體系中某個特定難題的名詞。清楚明確的觀念是知識的可靠來源，因為這些觀念是一位不騙人的善神所恩賜的；但神的存在只有靠著來自清楚明確觀念得來的知識，才能加以證明。所以笛卡兒被逮到使用了循環論證。
- **笛卡兒式懷疑（Cartesian Doubt）**：笛卡兒的懷疑方法，為了論證的目的，他把任何他並不完全確定的信念都當成假的。
- **我思（Cogito）**：拉丁文的「我思」；「Cogito, ergo sum」的簡寫，整句話通常譯為「我思，故我在」。

然而根據笛卡兒之說，在他論證的這個階段，我只能在我實際上正在思考的時候確定我的存在，這句話可能翻成「我在思考，故我存在」比較好。

- **宇宙論論證（Cosmological Argument）**：企圖證明神存在的論證。這種論證通常採取以下形式：一切存在之物一定有個第一因；這個沒有其他原因的第一因，就是神。
- **二元論（dualism）**：根據這個觀點，世界上有兩種不同的基本實體：心靈或靈魂，還有身體或物質。
- **經驗主義（empiricism）**：根據這個觀點，對於世界的知識是來自感官吸收到的資訊，而不是與生俱來，光靠著理性就可以發掘的。
- **知識論（epistemology）**：哲學的一個分支，處理的是知識及其證成方式。
- **交感論（interactionism）**：根據這個觀點，心與身體彼此交互影響：心靈中的事件會導致身體上發生的事件，反之亦然。
- **一元論（monism）**：在宇宙中只有一種實體的觀點（這個觀點與二元論不相容）。
- **存有論論證（Ontological Argument）**：這個論證以神是完美存在者為基礎，企圖證明神的存在。一個完美的存在者如果不實際存在，就不會是徹底完美的；所以神一定存在。
- **理性主義（rationalism）**：一種哲學方法，與經驗主義相反。理性主義者相信關於現實本質的重要真理，可以光靠理性演繹出來，不需要觀察。
- **懷疑論（scepticism）**：哲學性的懷疑。
- **標記論證（Trademark Argument）**：笛卡兒用來嘗試證明神存在的論證。我們心中有神的觀念。但這個觀念是從哪來的？一定是由神植入的，作為一種標記。

進階閱讀

本那・威廉斯的訪談〈笛卡兒〉（Descartes），收錄在布萊安・麥奇的《當代哲學對話錄》，對於笛卡兒思想提供了一個簡短卻有啟發性的概述。這篇訪談在我編的選集《哲學基礎閱讀》（*Philosophy: Basic Readings*）裡重新刊載過。

約翰・卡丁漢的《笛卡兒》（*Descartes*，林雅萍譯，麥田出版），為笛卡兒的哲學作品提供了一個更細膩卻平易近人的導讀。

關於笛卡兒生平的資訊，請見史蒂芬・高克羅傑（Stephen Gaukroger）的《笛卡兒充滿智慧的一生》（*Descartes: An Intellectual Biography*）以及葛瑞林（Anthony Grayling）的《笛卡兒傳》（*Descartes*）。

· 7 ·

《巨靈論》

霍布斯

Thomas Hobbes *Leviathan*

霍布斯作品《巨靈論》的卷頭插畫，是少數將哲學觀念以圖畫形式呈現，仍令人印象深刻的例子。有一個巨人，身體由幾千個小人組成，矗立在下方井然有序的城市之上。比起這個戴著王冠、一手揮劍一手拿權杖的巨人，教堂的尖塔都嫌小。這就是巨靈利維坦，霍布斯描述的「壽命有限的神」。在舊約聖經中出現的海怪利維坦，是霍布斯想像中代表強大統治者的形象，在某種意義上來說，也是人民的具體化身：大批群眾以人造巨人的型態團結成一體。

在《巨靈論》中，霍布斯診斷出爭鬥衝突的普遍成因，並且提出一種特效藥。這本書的核心論證處理的是，為什麼個人同意接受強大統治者（可能是一個人或者一個議會）的支配，是種合理的做法。如果每個人都接受社會契約，才能達成和平。霍布斯對於這些主題的討論，是《巨靈論》的核心重點，不過這本書也觸及從心理學到宗教的許多其他主題。事實上，《巨靈論》有超過一半的篇幅都在詳細討論宗教與基督教聖典，這一半的內容現在鮮少有人讀了。在此我把重點放在這本書的主要論題，自由個體所訂立的契約，內容是放棄他們某些天然的自由以交換保護，避免來自彼此或者外部的攻擊。霍布斯分析如果沒有社會或政治實體存在，生命會是什麼樣子，以展開他對於這份契約的描述。

‧國家的本質

霍布斯沒有描述真實的社會，反倒是把社會分解成最基本的元素個體，在一個資源有限的世界裡，為生存而競爭。他邀請讀者想像自然狀態下的生活條件，如果國家保護全都去除，我們會發現自己的處境。在這個想像世界裡沒有對錯可言，因為這裡既沒有法律，也沒有最高權力來強制執行。這裡也不會有任何私產，每個人都有權得到他們有能力取得、又能持續占有的東西。對霍布斯來說，道德與正義是特定社會的產物，並沒有放諸四海皆準的絕對價值。對與錯，正義與不正義，取決於一國之內統治強權的價值，而不是透過某種方式在世間發現的既有之物。所以在自然狀態下，不會有什麼道德可言。

霍布斯對於自然狀態的描述是一種思想實驗，設計出來釐清政治責任的極限。如果你發現自然狀態很不吸引人，那麼就有絕佳理由做任何事來避免陷入這種狀態。自然狀態是種每個人彼此對抗的永恆戰爭狀態。既然沒有強力的立法者或執法者，個人之間的合作是不可能的。少了這種力量，沒有人有必要遵守他們許下的任何承諾，因為在合乎己意時打破承諾，總是對他們有利。假定你有強烈的求生欲望，在自然狀態下適時打破協議，只能說是深謀遠慮。如果你不趁還能得逞的時候攫取所需，你擁有的那一點點東西，就有被別人偷去的風險。在這種直接為了微薄的生存關鍵資源而競爭的情境下，先發動攻擊對付任何你覺得可能威脅安全的人是合理的。這是生存最有效的策略。霍布斯說，就算沒有任何對抗正在進行，這還是一種戰爭狀態，因為突然發生暴行的威脅永遠都在。

在自然狀態下，不可能有任何需要合作的人為計畫，像是大規模的農業或建築。就算最弱者也有潛力可能殺死最強者，所以沒有人是安全的，每個人都是潛在的威脅。霍布斯令人難忘地描述了自然狀態下的生命，「孤獨、貧窮、齷齪、粗暴又短暫」。如果你面臨這些人生的可能性，放棄某些自由，似乎是得到和平安全的小小代價。霍布斯解釋了自然狀態下的個人必須做什麼，才能逃避他們不妙的困境。對暴力死亡的恐懼，還有對和平利益的欲望，提供了這樣做的強烈動機。

在自然狀態下，每個人都有天然的權利要自我保存，而就算在社會契約中放棄了其他權利以後，自我保存的權利也還在。霍布斯把這種自然權利跟自然法拿來做對比。權利是某件你想做就可以做，卻沒有義務非做不可的事；法律則迫使你遵循法律的支配。

・自然法

就算在自然狀態下，也有自然法存在，這些是隨著理性運用而來的法律。這種法律，不像反對酒後駕車的現代法律：霍布斯用「人民法」這個詞，來指涉這種禁制（人民法的內容是由統治者，或者統治者的代理人來決定的）。相對來說，任何理性人都會受到自然法的約束。在自然狀態，每個人對一切都有權利。這一點免不了會導到我們已經看到的結果，缺乏安全與永恆交戰狀態。在這些狀況下，理性所賦予的自然法是，只要有可能就尋求和平。第二條自然法是，在其他人準備採取相同作法的時候，放棄你在自然狀態下擁有的權利，滿足於你願意給予他人、他人也願意給你的相同程度自由（這是宗教箴言要人怎樣待己，先怎樣待人的另一版本）。霍布斯建立了頗長的自然法列表，結果是只要其他人準備同樣照做，任何在自然狀態下的人放棄無限的自由來交換安全，都是合乎理性的。

• 社會契約

理性的行動是訂下社會契約，把自由讓給強大的統治者。這個統治者必須強大到足以執行任何已經許下的承諾，因為就如霍布斯所指出的，「沒有劍的盟約就只是空話，根本沒有力量可以保障一個人。」這個統治者的權力擔保人民會做他們答應要做的事，結果就是和平。

的確，某些像是蜜蜂跟螞蟻的動物，看似活在運作順暢、不需要上級強制指示的社會裡。霍布斯指出，人類的情況跟蜜蜂與螞蟻大不相同。人類為了榮譽與尊嚴一直在競爭，這導致嫉妒與憎恨，最後帶來戰爭；螞蟻與蜜蜂卻感受不到榮譽與尊嚴。人類有理性能力，能夠批評他們被管制的方式，逐漸帶來社會上的動盪；螞蟻與蜜蜂沒有這種理性能力。人類只會透過盟約的手段來形成社會；螞蟻與蜜蜂則有自然的協議。因此，人類需要武力威脅來確保他們不會破壞承諾，而螞蟻跟蜜蜂不必。

對霍布斯來說，社會契約是在自然狀態下跟其他個人訂定的契約，要放棄你的自然權利，以便交換保護。這種契約不需要有歷史真實性：霍布斯並不是聲稱每個國家歷史中都有個確切的時間點，當時人人都突然同意不值得浪費精力對抗，合作還比較有道理。解讀《巨靈論》的一種方法是，霍布斯表示，如果一個未曾言明的契約中的現有條件被移除了，那麼我們就會發現處於人人彼此對抗的自然狀態中。如果霍布斯的論證是健全的，他對自然狀態的描繪也是精確的，那麼《巨靈論》足以讓人信服，支持在強大元首的統治下維持和平。

・統治者

統治者，不管是個人還是議會，都變成了一個人造人。一旦全體的意志被社會契約約束在一起，統治者就是國家活生生的具體化身。雖然霍布斯容許統治議會存在的可能性（一個像是國會這樣的團體，而不是有無上權力的個人），他贊同的還是強大的君主政體。然而他對當時廣為流行的觀點「君權神授」沒什麼敬意；根據這種觀點，神認可了王位繼承權，並且把神聖的權利交給皇室繼承人。

社會契約並沒有去除個人在自然狀態下自我保護的自然權利。霍布斯甚至還說，就算是被統治者的代理人攻擊，每個人還是有自救的自然權利。死刑犯在被處決的路上，就算他曾經答應要遵守法律，也接受了公平的審判，如果他抵抗負責帶他上絞刑台的士兵，也不算是不正義的行為。然而無人有權介入去幫忙這種處境下的他人。你只能掙扎著自救。

・囚犯兩難

霍布斯作品的某些現代評註者，指出他對自然狀態的討論與所謂的囚犯兩難（一種想像情境，設計來說明與他人合作會產生的某些問題）有相似性。想像你跟你的犯罪同夥被捕了，但不是當場人贓俱獲；你們在相互隔絕的牢房裡被審問。你不知道你的同夥承認或否認了什麼。

現狀是，如果你們兩人都不招供，那麼兩個人都會重獲自由，因為警方沒有足夠證據定你們的罪。起初這似乎是最佳的做法。然而隱藏的困難是，如果你保持沉默，你的同夥卻招供了，並因此陷你入罪，他就會因為合作得到獎勵，也會得到自由，你則會得到很長的刑期。要是你招供他卻沒有，你同樣可以得到獎賞。如果你們兩個人都招供了，你們兩個都會得到較短的刑期。在這種狀況下，不管你的同夥怎麼做，你招供都很合理（假定你想要盡可能尋求自己的最大利益）。這是因為如果他不招供，你就會得到獎勵並獲釋；如果他真的招供了，那麼對你來說，坐牢一小段時間，遠比被他陷害入罪、坐很久的牢來得好。所以，如果你們兩個都要盡可能讓自己得到最多回饋與最少刑期，你們兩個都會招供。不幸的是，這會導致你們兩個都得到比同時保持沉默還糟糕的結果。

霍布斯的自然狀態與囚犯兩難的類似之處，在於自然狀態中如果你打破契約肯定有好處，那麼對你（以及任何別人）來說，這樣做總是合理的。遵守契約是有風險的，最糟的狀況是你遵守契約，別人卻打破了契約。如果其他人遵守契約，那麼你打破契約最有可能獲利。如果其他人打破契約，那麼你也應該打破契約，以減少損失。所以無論是哪種狀況，你都不該遵守契約。在這個狀況下，一個打算為自己爭取最佳結果的理性個體，缺乏遵守任何契約的誘因。這就是為什麼霍布斯必須引進統治者的概念，因為少了這樣強有力的契約執行者，人們就沒有誘因維持他們許下的承諾。與他人約好把你的權利讓渡給統治者，這種契約跟其他契約的不同在於，如果你打破這個契約，會因此受到懲罰，而且可能很嚴厲。所以在這種狀況下，你有強烈的誘因要遵守基本的社會契約。

・對《巨靈論》的批評

對人性看法錯誤？

對於霍布斯形容的自然狀態，一個常見的批評是：對於國家文明影響之外的人性，他描繪的景象過度陰沉。霍布斯相信我們在內心深處都是以自我為中心，一直尋求滿足自己的欲望。他是個嚴格的唯物論者，相信整個宇宙及其中的一切都可以用物質運動來解釋。人類就像是精密複雜的機器。他帶著幾分悲觀，認為扯掉文明外衣之後，人類免不了競爭互鬥，相對於這個看法，某些比較樂觀的哲學家聲稱，利他主義是相當常見的人類特徵，少了武力威脅，個體之間也有可能合作。

不過，在此為霍布斯說句公道話：他的理論確實似乎在描述國際關係之中，國家之間進行的種種對抗與侵略。如果不是因為相互不信任，就不會有必要囤積核武了。但如果霍布斯的理論確實適用於國家之內與國家之間，那麼未來又顯得更加陰暗，因為不可能出現一個足以強制執行國際盟約的主權，所以可以期待所有國家彼此對抗的永恆戰爭（這不是名符其實的戰爭，只是潛在衝突的狀態）。

社會寄生蟲

對於霍布斯的陳述，進一步的批評是：要是有人可以違背社會契約卻避開後果，對於這種人，霍布斯沒有提供任何繼續守約的理由。要是一個小偷確定不會被逮到，他為什麼要遵守統治者宣布的反竊盜人民法？如果就像霍布斯論證的，需要武力才能讓自然狀態下的人維持盟約，那麼可以假定，同樣一批人會需要被逼迫，才會遵從人民法。不過沒有一個國家可以隨時監視每個人，甚至連有閉路電視攝影機的國家都不行。

霍布斯回答這個批評的時候，可能會主張：你要是不接受遵守國家人民法的義務，就不該接受國家的保護，這是自然法。然而這個答案其實還有所不足。

自然狀態純屬虛構

對於霍布斯的方法學，一個基本的批評是自然狀態是一則沒有意義的虛構故事，跟歷史毫無關係，不過是讓他偷渡君主制偏見的安排，還好像這些見解是理性論辯的結論似的。

在第一點上，雖然他確實認為某些美國原住民的生活情況接近自然狀態，一般公認霍布斯並沒有打算讓他的陳述超過假設的範圍。他指出的是，沒有最高統治權、或者某個最高統治權被去除以後，生活會像是什麼樣子。然而如同我們所見，他對於那種狀態實際上會是什麼樣子的假設，是可以被挑戰的，就好像一個思想實驗如果跟實際上發生的事情太不相同，其價值也可以被挑戰。

在偷渡偏見的問題上，有趣之處在於霍布斯容許統治者可以是一個議會，而不只是一位君王。如果霍布斯就只是為了揭露他的君主制偏好，加進議會似乎就偏離了重點；當然，除非霍布斯是理性地在考慮他本人的自我保存（這跟他對人性的哲學觀點一致），不想公開認可太極端的君主制形式。

極權主義者

霍布斯就像之前的柏拉圖，在理想國家裡大量削減公民的自由，似乎讓他很滿意。舉例來說，他認為統治者有檢查制度是完全可以接受的，而且說實話還很值得嚮往。一本書的信條要是還沒經過檢查，提倡和平的傾向也沒有經過評估，就不該出版。這個共和國是一個不寬容的地方，個體的良知不被當成一回事。什麼是對的或錯的，是由統治者來宣布，個人不該嘗試做這種判斷。霍布斯對自然狀態提出的另一種選項，會讓我們許多人都覺得特別沒吸引力。就算霍布斯對於統治者為所欲為的力量做了限制，這些限制嚴厲的程度，不足以避免共和國變成一個十足的極權國家。

霍布斯對於這種批評可能的反應，出現在他一個章節的標題上：「比起缺乏統治權力，統治權力造成的傷害沒那麼大。」然而在某個轉捩點，就連自然狀態的嚴酷，似乎都比某些極權政權下的生活來得好。某些人可能會選擇孤獨、貧窮、齷齪、野蠻又短暫的生活，勝過實質上的奴隸生活。

重要年表

- **西元一五八八年**　出生於威爾特郡的瑪姆斯布里。
- **西元一六四一年**　寫下對笛卡兒《沉思錄》的反對意見。
- **西元一六五一年**　出版《巨靈論》。
- **西元一六七九年**　死於達比郡的哈德維克。

重要字彙

- **人民法**（**civil laws**）：由人類創造出來的規則（相對於自然法）。
- **共和國**（**commonwealth**）：因為社會契約聚集在一起的個人所形成的政治實體。
- **君權神授**（**divine right of kings**）：根據這種概念，統治者的傳承透過血統決定是神的旨意。
- **巨靈**（**Leviathan，也做利維坦**）：舊約聖經中的一種海怪，被霍布斯當成一種隱喻，指的是國家的巨大實體，是由透過社會契約聯合在一起的成員所組成。
- **自然法**（**natural laws**）：由理性賦予的規則，就算在自然狀態下也成立。任何理性人都受到這些法則束縛。其中包含這條法則：只要有可能就尋求和平。
- **囚犯兩難**（**prisoners' dilemma**）：思想實驗，設計來帶出合作與衝突情境中的重要特徵。其中牽涉到的概念是，兩位囚犯在分離的囚室裡，各自盤算著揭露另一方的罪行是否理性。
- **自然權利**（**right of nature**）：基本的權利，讓你有權在你想這樣做的時候據此行動。舉例來說，自我保存的權利也是種自然權利，只要身為人類都有這種權利，而社會建構的法律不能凌駕自然權利。
- **社會契約**（**social contract**）：放棄某些自由，以便交換統治者保護的協議。社會契約容許從自然狀態轉變到文明社會。
- **統治者**（**sovereign**）：強有力的個體，或許多個人形成的強有力團體，擔任的角色是為社會成員提供保護，以此交換這些成員放棄他們在自然狀態下擁有的某些自由。統治者執行社會成員之間訂下的契約。

- **自然狀態（state of nature）**：一種假設性的狀態，如果社會崩潰了，我們就會發現自己處於這種狀態。這是每個個體都準備好彼此攻擊的永恆戰爭狀態。

進階閱讀

塔克（Richard Tuck）的《霍布斯》（*Hobbes*）是很優秀的作品。塔克把霍布斯放進他的歷史脈絡裡，並且說明他作為哲學家的重要性。對於霍布斯政治理論的種種廣泛詮釋，也提供了有用的概述。

皮特斯（Richard Peters）的《霍布斯》（*Hobbes*）是一本寫得很好也很有趣的霍布斯思想簡述，也談到他在科學與宗教方面的作品。

馬蒂尼奇（A. P. Martinich）《霍布斯辭典》（*A Hobbes Dictionary*）是一本有用的參考書，包括霍布斯的簡短傳記。

· 8 ·

《倫理學》

史賓諾莎

Baruch de Spinoza *Ethics*

史賓諾莎的《倫理學》是一本奇怪的書。書中充滿了歐幾里德幾何學的術語：定義、公理、編了號的命題、推論與旁註。然而你要是跨越這些讓人望而生畏的技術配備，就會發現這是一種引人入勝、在某些地方還很深奧的嘗試，企圖了解我們在宇宙間的地位。

這本書完整的書名是《以幾何學方法證明的倫理學》。你可能會問，為什麼會有任何人嘗試要用幾何學教科書的形式來寫一篇哲學論文？其中一個答案是，歐幾里德根據他做的各種明確假設，合乎邏輯地推導出結論，這種方法讓史賓諾莎很佩服。結論無可改變地隨著前提而出現，而且是一目了然又被優雅地導出。史賓諾莎的結論，闡明了各種定義真正的蘊含是什麼。如果你接受他的前提，那麼只要推論是健全的，你就必須接受他的結論。

儘管這本書裡大量散布著幾何學術語，史賓諾莎的論證從來沒有真正達到幾何學論文裡的那種純粹性。然而在這本艱深書籍的字裡行間，充滿強而有力的哲學與心理學洞見。

史賓諾莎通常被描述成一位理性主義者。他相信關於我們在宇宙間地位的知識，可以光靠理性的力量獲得。在此他強調的重點，跟相信基本知識來源是經驗與觀察的經驗主義者大不相同。史賓諾莎不但相信理性能夠發現宇宙的本質，也相信這是因為宇宙是以合乎理性的秩序安排出來的。宇宙的結構並非偶然意外，而是必然如是。感官經驗是不完美的，永遠不可能給我們對宇宙的適切了解。這並不是說史賓諾莎詆毀科學研究，他自己就是靠磨透鏡維生，這種工作仰賴光學。他製作的透鏡，會被用在用來增進科學知識的儀器——顯微鏡跟望遠鏡上。

・書名

如同我們先前所見，形容這本書是「以幾何學方法證明的」書，是相當精確的。然而，並不是整本書的內容都在討論我們現在所謂的「倫理學」。這本書的第一部分，大半都在談實體與神，到頭來兩者是同一個東西。我們現在會把這番討論歸類成形上學。史賓諾莎的主題是宇宙與我們在其中的地位，也就是現實的本質。對他來說，形上學與倫理學是密不可分的。現實的本質決定了我們應該怎麼過生活。

・神與泛神論

在《倫理學》較前面的章節裡，史賓諾莎從他對實體的定義，著手證明只可能有一種實體（這種立場被稱為一元論），而這個實體就是神。這個證明的後果是，一切存在之物都以某種方式存在於神之中。神沒有創造自然，神就是自然。史賓諾莎寫到「神或自然」的時候，顯然把兩者等同了。思想與延展（占據物理空間的性質），就只是神的無限屬性中的兩個，是我們可以觸及的兩種屬性。史賓諾莎對於這個立場的論證很複雜。他的結論——一切都以某種方式存在於神之中——通常被視為一種泛神論。更細膩的詮釋者則強調，史賓諾莎只是說神的所有屬性都在這個世界上被表達出來了，而不是說神就只是這個世界而已。所以，如果史賓諾莎是個泛神論者，他的版本並不是宣稱世界就只是跟神同為一體的粗糙泛神論。

無論史賓諾莎的神學立場正確解釋為何，顯然非常偏離基督教與猶太教的神性正統詮釋。身為葡萄牙人後代的史賓諾莎，一六三二年生於阿姆斯特丹，以猶太人的身分被養大。他在一六五六年被開除教籍，因為他拋棄了正統猶太信念。很容易看出他為什麼只能在身後出版《倫理學》，還有與他同時代的某些人為什麼確信他根本不再信神了。

・心與物

對於解釋我們的存在之中，分別屬於心靈與物體的面向之間有什麼相互關係的心物問題，史賓諾莎有個有趣的解答。他熟知與他同世代的笛卡兒的作品，甚至出版了一本關於笛卡兒哲學的書。史賓諾莎的許多哲學作品，特別反對笛卡兒的觀點。不像笛卡兒，他論證說心與物是完全不同的，史賓諾莎堅持主張心靈與物質是同一個東西無可分離的兩個面向。心靈是跟身體一樣的東西。我們可以把這個東西想成是物質的，也可以想成是心靈的。心靈本身並不是一個實體，而是實體的一種模式。心靈與物質並不是以笛卡兒形容的方式互動：它們只是同一物的兩個面向。史賓諾莎也接受由這個觀點而來的結果：所有物體都可以有心靈面向。

・自由與人性枷鎖

自由的概念是史賓諾莎道德教誨的核心；然而他拒絕認為我們有可能從因果鎖鏈中得到解放。我們所有的行動，還有在這個宇宙中發生的所有事情，都是被前因所決定。你先前拿起這本書，現在正在讀，但是在史賓諾莎看來，你的決定是被更早的決定、種種物理事件等等所決定的。你的決定並不是憑空自動冒出來的，就算感覺上像是。只有神能夠真正自由，因為神的行動並沒有前因。

所以在處於因果鍊之外的意義上，人類的自由是沒有指望的。然而史賓諾莎確實論證說，我們可以把自己從激情的奴役中拯救出來。這樣會讓我們得到唯一可能的自由，出於內在而非外在原因而行動。道德行動是為自己而行動，而非受到激情的掌握。激情是把我們推向此處或彼處，讓我們變成無助受害者的力量。等到我們能夠解放自己，不再被動成為熱情的工具，開始了解到自己的行為時，我們就變得自由了。

人性枷鎖是對自身行動原因一無所知的人面臨的狀況。人在這種狀況下，只受到外在原因的驅動：他們無法在先前描述過的那種意義下自由行動。他們就像石頭，被不理解的力量拖著到處跑。只有對我們的行為起因形成一個適切的觀念以後，我們才能逃離這種枷鎖，讓行為起因成為內在而非外在的。一旦我們體認到一種情緒的起因以後，這種情緒就不再是一種掌握住我們的激情。《倫理學》有一部分是被設計來教育讀者得到這種動力，變成更完整的人。

所以在這方面，史賓諾莎的思想推薦了一種心理治療方法。要達到免於激情的自由，我們必須了解行為真正的起因。然而這並不表示自由的決定不再有起因。在我們能夠理解的時候，這些決定的起因就被內化了。這些起因被理解以後得到轉化，但它們激起的行動仍然是決定好的。所以在史賓諾莎看來，在這種特殊意義下的人類自由意志，與我們的行為在因果上早已被決定，兩者是相容的。

・神之愛

在《倫理學》後面的段落裡，對於明智的生活之道，史賓諾莎呈現的是一幅幾乎帶有神祕性的畫面。我們應該努力理解自身，還有在這個宇宙中的位置。那是通往智慧的途徑。在心靈變得更加活躍，達成更高程度的完美時，這也是通往喜悅的途徑。雖然史賓諾莎把神的知性之愛，當成他哲學中的一個核心面向，這裡講的卻不是關懷我們福祉的任何一種人格化神祇。老實說，在史賓諾莎的哲學之中，容不下傳統基督教與猶太教描述中的上帝：史賓諾莎的神，就跟他用來演繹出神的存在與範圍的那些幾何學論證一樣，不具備人格。

・對《倫理學》的批評

不需要神

一旦史賓諾莎打發掉人格化神祇的概念，並且（在他看來）證明了自然界以某種方式表現了神的屬性以後，他就可以更進一步，擁抱一種無神論哲學。他描述的神跟正統基督教與猶太教的神大異其趣，以至於幾乎根本配不上「神」這個名號了。的確，史賓諾莎的某些同代人相信，他的哲學就相當於無神論。然而他很確信他證明了神的存在，而好的人生就是表達神之愛的人生。

否認純粹的自由

史賓諾莎在《倫理學》中描繪的人性狀態，沒有留下任何空間給無起因選擇的自發性。某些哲學家，像是沙特，把這當成自由意志的本質。根據史賓諾莎，我們能達到的最佳狀態是，我們的行為是由內在而非外在起因所導致的。然而史賓諾莎對於人類自由提出的較灰暗描述是很有說服力的，而且可能更加精確。或許相信我們能夠對自己的思想與作為做出沒有起因的選擇，只是一廂情願的想法。史賓諾莎認為他揭露了自由意志只是錯覺。

對於理性過度樂觀

史賓諾莎，就像他前後的許多哲學家，把人類的理性能力視為通往智慧與幸福的道路。對神的知性沉思，在他看來是可能存在的最高形式幸福，而這種沉思本身就是一種報償。這聽起來像是個剛好在個人思維中找到慰藉的知識份子，所提出的方便結論。或許他對理性本身，還有它帶給我們幸福快樂的能力太過樂觀了。然而藉由了解我們心理狀態的某些起因，我們更能夠控制生活，在這方面他肯定是對的。

重要年表

- **西元一六三二年**　生於阿姆斯特丹。
- **西元一六七五年**　完成《倫理學》。
- **西元一六七七年**　死於海牙。《倫理學》在他死後出版。

重要字彙

- **一元論（monism）**：認為世界上只有一種實體的觀點。
- **泛神論（pantheism）**：認為神就是一切事物。史賓諾莎是否真是泛神論者，還在辯論中。
- **理性主義（rationalism）**：根據這種信念，知識可以透過理性推論的力量而獲得。與之相對的是經驗主義者的觀點：知識來自觀察。

進階閱讀

羅傑・史庫頓《史賓諾莎》（*Spinoza*，陳中和譯，麥田出版）對於《倫理學》的重大主題做了簡短而贊同的描述。她也寫了另一本篇幅較長、由牛津大學出版的《史賓諾莎》（*Spinoza*）。

對於《倫理學》種種詮釋的批判性概括論述，請見勞依德（Genevieve Lloyd）的《史賓諾莎與倫理學》（*Spinoza and the Ethics*）。

史蒂芬・納德勒（Steven Nadler）的《史賓諾莎的一生》（*Spinoza: A Life*）與顧蘭—烏爾（Margaret Gullan-Whur）的《理性之囿：史賓諾莎生平》（*Within Reason: A Life of Spinoza*）是兩本最近的傳記。

納德勒的《在地獄打造的書》（*A Book Forged in Hell*）是一本很容易閱讀的史賓諾莎生平，而且特別著重在史賓諾莎的《神學政治論》（*Theologico-Political Treatise*），這本書在出版時被認為是醜聞一樁。高度推薦此書。

· 9 ·

《人類悟性論》

洛克

John Locke

An Essay Concerning Human Understanding

新生兒的心靈是一塊白板嗎？或者我們來到這世界上的時候，就具備知識了？洛克在他的《人類悟性論》裡處理了這個問題。他的答案是，我們所有的知識追究到最後，都是衍生從五感接收到的資訊。我們來到這個世界的時候什麼都不知道。經驗把我們所知的一切教給我們。這個觀點通常被稱為經驗主義，這個說法與先天論（我們的某些知識是天生的）相反，也與理性主義相反（我們可以光靠理性的力量就獲得關於這個世界的知識）。在洛克寫作的十七世紀，對於我們的知識來源有過熱烈的辯論，而這個論戰以稍有改變的形式，一直持續到今天。

洛克的《人類悟性論》在一六八九年出版，很快變成哲學暢銷書。他在世時推出了四個版本，到一七三五年則出到第十一版。這是一本複雜又廣泛的作品；它的主要焦點是人類知識的起源與限制。我們能夠知道什麼？思想與現實之間的關係是什麼？這些是被稱為「知識論」的哲學分支中長期討論的問題。洛克對於這些問題的答覆，持續影響著這個學科的路線，而且有許多偉大的哲學家，其中包括巴克萊（George Berkeley）與萊布尼茲（Gottfried Leibniz），也都根據他們對這些問題的回答，來定義自己的立場。

洛克描述他的角色是一名清除概念混淆的「下級勞工」，這樣科學家，或者當時所謂的「自然哲學家」，就可以執行他們的重要工作：增加人類知識。這種稍微有點自我貶抑的評語，應該不至於讓我們看不出洛克自行擔起的任務有多困難，這項任務說穿了就是解釋人類知識的起源與本質。這意味著拒絕整個哲學傳統。這個哲學傳統建立在一個假設上：像是亞里斯多德這樣的權威人士，不管寫什麼一定都對。洛克很樂於推翻已被接納的見解，然後用理性推論出來的假設來取代。他的目標是闡明直到當時還含糊不清的事物。他的動機是來自對真理的愛，還有一個人自行思考某些我們可能問出的最深奧問題時，會得到的興奮快樂。對於任何一個討論的主題，他的話都不會是最後蓋棺論定之語，他對此毫無幻想。他對於整體的人類悟性，看法也不特別樂觀：他相信神已經給我們必要的工具，讓我們得到關於神、關於道德責任、還有過完人生所需要的一切知識，不過說到底，理性的力量是有限的。

・沒有先天原則

許多十七世紀哲學家相信有神賦予的先天原則，也就是說，每個人類都生而知之的原則。這些原則要不是洛克所說的推測性原則，像是明顯為真的陳述「凡是存在的，就是存在著」；就是實用性原則，像是下列的道德宣言「父母有責任照顧自己的子女」或者「每個人都應該遵守自己的承諾」。洛克用了一系列論證，證明沒有一種原則是先天的。這些論證大多數都仰賴他的基本假設：人類心智的內容，對於自身來說是透明的，也就是說，如果你正想著某個念頭，那麼一定能夠得知這個念頭的內容。洛克不相信你可以合理地說，某人可能有個想法，卻不知道那個念頭跟什麼有關。他把任何無意識思維的概念，都斥為無稽之談。

他用來支持沒有先天原則這個主張的一個論證是，對於所謂的先天原則可能是什麼，很顯然還沒有普世一致的看法。舉例來說，要是我們全都生來就知道「我們應該遵守自己的承諾」，那麼每個人應該都會把這個看成是基本原則。但就像洛克指出的，沒有這樣的全體協議。有些人看不出有任何義務要遵守他們的承諾。小孩子也不會立刻認清這些原則對他們是具有束縛力的；還不如說，原則是必須被教導與學習的。對於你想檢視的任何原則，無論是道德或其他方面的原則，也都同理可證。

更進一步來說，我們會期待這個據說是先天性的原則，在兒童身上的表現比在成人身上更明顯，因為兒童比較不受在地的習俗影響，對於這個世界的經驗也比較少。先天原則在他們身上應該顯而易見。但事實並非如此。

對洛克來說，存在全人類共享的先天道德原則，這樣的概念完全不實際，因為只要看一眼歷史，就會揭露出不同社會與個人所抱持的道德原則，歧異有多大。認為植入每個人心中的相同原則會導致這種狀況，根本就不合情理。

上述論證與其他論證，導致洛克拒絕了任何包含先天原則的觀點。然而，這留給他一個重擔：解釋人類的心靈如何可能有思想、信念與關於世界的知識。他的答案是，我們所有的觀念都是來自經驗。

・觀念

洛克用「觀念」一詞來表示任何人想到的任何東西。在你往家裡窗邊向外眺望的時候，你看到的可能是一棵樹，或者一隻麻雀，並不是樹或麻雀本身，而是這個東西的表徵，是一種觀念，就像是你腦袋裡的一幅圖畫。你看到的不只是外在世界的一個物品，也有一部分是你感官系統的創造。不過並不是所有的觀念，都是從世界的即時感官知覺中接收到的。某些觀念是經過反思而來的，就像我們推論、回憶或決心要做某件事的時候所產生的觀念。

洛克相信，我們所有的觀念到最後都是來自於經驗，所以我們的思想內容，就算是我們在反省而非覺察到的思想內容，都是來自於感官知覺。一個與世隔絕、感官經驗只局限於黑與白的孩子，對於緋紅與綠色不會有多少概念，就好像他要是沒嚐過牡蠣或鳳梨，就不會對這些東西的味道有任何概念。觀念可以用多種不同方式結合，所以一旦我們有了緋紅色跟外套的概念，就算我們沒有親眼見過緋紅色的外套，我們也能夠想像出一件來。但組建起複雜概念的那些簡單概念，全都是源於五感中的一個或更多個的感知。

・初性與次性

在我們說一顆雪球是灰白色的，而且又冷又圓，我們的意思是雪球能在我們心中製造出屬於這些性質的觀念。洛克區別了初性與次性，為兩者各自做出非常不同的描述。

初性跟物體本身是不可分離的。一顆雪球的初性會包括它的形狀與堅固性，卻不包括顏色與冰冷度。在此洛克深受他那個時代的科學影響，對他影響特別大的是波以耳（Robert Boyle）提倡的微粒說。波以耳提出的說法是，所有物質都是由微小的粒子，或稱「微粒」所組成，這些粒子用不同的方式被分組聚集在一起。獨自處在宇宙中的單一微粒，仍然具備形狀、大小與硬度等初性。洛克相信，我們對一個物體的初性所具備的觀念，就類似這些性質本身。舉個例來說，如果一顆雪球有圓的性質，還有一個特定的大小，那麼我們對這些特徵的觀念，就近似實際雪球的這些面向，這些觀念就是性質的精確表徵。

次性是製造出觀念的力量。不過次性跟它們附著的對象並不相似，反而是組成物體的微粒質地（換句話說，就是微結構）、這些性質被感知到的特定情境、以及感知者的感官系統加起來所造就的結果。次性不像初性，不是微粒本身獨立於觀察者之外所具備的性質。以顏色為例，雪球看起來是灰白色的。顏色是一種次性。這表示實際的雪球並不是真的像具備形狀跟大小一樣，也具備顏色。我有個觀念，雪球是灰白色的。然而，在不同的光線條件下，雪球可能會看起來像是完全不同的顏色，好比說藍色。不過在這個狀況下，藍色不會比灰白色更屬於雪球的一部分。雪球的顏色是來自組成雪球的微粒排列；微粒的初性引發了我對雪球的觀念。關於雪球的冰冷度與它的味道，同樣的道理也為真。這些性質嚴格來說不屬於雪球本身，反而是仰賴於物體初性之上的次性。

洛克對於初性與次性的討論，釐清了他的實在論。他有個無可爭議的信念，就是外在世界裡存在著真正的物體，會激發我們的經驗。這可能聽起來就像是常識，不過，對於引發我們經驗的東西本質到底是什麼，古往今來的許多哲學家，都曾經被引導著走向懷疑主義的觀點。

・人格同一

洛克《人類悟性論》的一部分，為後對來這個主題的討論定下了骨架，而且持續在二十世紀末發揮影響，這個章節是「同一與歧異」。也是本書第二版裡唯一添加的部分。其中包括一則關於人格同一問題的討論，這個問題談的是，到底是什麼讓某個人在經過一段時間，身心可能都有相當重大的改變以後，仍舊是同一個人。

洛克對這個問題的答覆，涉及對三個彼此不同、卻互相關聯的問題所做的討論：（一）是什麼構成實體的同一性？（二）是什麼讓某個人在較晚的時間點上還是同一個人？最後是（三）是什麼讓較晚時間點上的某人，還維持同一個人格？

我們會說，如果一個物體的組成粒子，沒有一個改變或者被移除過，我們面對的就是同樣的實體。顯然對一個生物來說，這種狀況永遠不會發生，因為至少在顯微鏡尺度下，局部持續脫落並更新。所以物質實體的同一性，對於判斷不同時間的人格同一性來說，派不上用場，因為沒有一個活著的人類能夠在不同的時刻裡，維持同樣的物質組成要素。

對洛克來說，「人」是一種特殊的生物體，是我們稱為「智人」的物種。在這方面來說，一個男人就像一棵橡樹或者一匹馬。一棵開枝散葉的巨大橡樹，仍然是二十年前的那棵橡樹，儘管長大了一倍，葉子掉了二十次。它們並非相同的實體，卻是同一棵橡樹，因為活著的部分仍持續運作。同樣的，我是十年前的同一個我，儘管任何人都能夠注意到我在身體與心理兩方面的改變。

洛克在這個主題上的原創性，有一部分在於把一個人的身分同一問題，跟他的人格同一問題區分開來。不過「人格」如果不等於一個人，那確切來說，「人格」到底是什麼？根據洛克的說法，人格是「思考的知性存在，有理性也能夠反省，而且可以把自己看成自己，在不同時空中的同一個思考之物」。換句話說，人格並不單純是我們這個族類裡的成員之一，因為某些人類缺乏理性能力與自我意識。更進一步說，原則上，某些非人生物可以被視為人格。洛克引用一則關於一隻理性鸚鵡的報導，牠能夠用讓人信服的方式，回答相當詳細的問題。他指出儘管牠有這種智能，卻不太可能稱之為人：牠永遠都會是一隻理性的鸚鵡，但要是牠有適當程度的理性與自我意識，也很可能也被視為一個「人格」。

根據洛克，跨越時間的人格同一判準是什麼？不只是身體上的持續性，因為那並不保證我們面對的是同一個人格。更確切地說，意識的延伸範圍到哪，人格同一的延伸範圍就到哪。記憶，以及持續體認到對自己過去的行動有責任，是人格同一的條件。無論我在身體上改變多少，如果我可以記得我過去屬於我的行動，那麼我是跟過去的我就是同一個。

洛克用一個思想實驗闡明了這個概念。想像有一天，一位王子醒來的時候發現他擁有一位鞋匠的全部記憶，卻完全沒有關於自己的記憶。他的身體保持不變。在同一天早上，一位鞋匠醒過來，發現他擁有王子所有的記憶。洛克堅決主張，雖然王子的身體仍然是同一個，人格卻不再是去睡覺時的那一個。要現在擁有王子身體的人格，為了王子過去的行為負責會是不公平的，因為他不會有任何做過那些事的記憶。這個牽強的例子，是打算帶出「人」與「人格」這兩個詞彙之間的重大不同。

不過在喪失記憶的狀況下，我們會處於什麼樣的立場呢？這樣看來，照洛克的描述，我們永遠不該懲罰記不得自己做了什麼的人，因為在重要的意涵上，他們的人格不是犯下罪過的同一個人格。對洛克而言，「人格」是一個法庭用語，他這麼說的意思是，這個詞與關乎個人行為責任的法律問題特別相關。按照洛克的看法，在喪失記憶或聲稱喪失記憶的狀況下，我們傾向於假定，如果指認出做出錯誤行為的那個人，那麼一定就是做出這些事的同一個人格。就算醉漢聲稱記不得他們做了什麼事，他們的行為還是會受到懲罰。然而之所以出現這種結果，只是因為任何人都很難證明，他們對自己做過的事真的一無所知。法律必須實際，而且也鮮少接受記憶喪失這種藉口。不過洛克指出，在審判日，神不會要任何人為自己不記得做過的行為負責。

洛克對語言的本質與它在有效溝通之中的用途，都有很興趣。對他來說，語言不只是發出可理解聲響這麼回事，鸚鵡（甚至不理性的那些）就做得到了。更精確地說，字詞是觀念的符號，它們表示出觀念。因為字詞是觀念的符號，而我們所有的觀念都是來自經驗，我們所有的語言與運用語言的思想，都密切地連結到我們的經驗之上。

藉由使用文字，我們可以與其他人溝通想法。不過洛克相信，我們並不必然把同樣的觀念連接到同樣的字詞上。舉例來說，我對於「信天翁」這個詞彙的特別聯想，可能跟你的聯想很不一樣，因為我們對於個別的信天翁有不一樣的經驗。你可能沒有跟信天翁有關的經驗，或者只有看過某隻信天翁的照片，然而使用這個字詞的時候卻很有信心。你聯想到這個字詞上的觀念，會跟某個天天看到信天翁的人所抱持的觀念大不相同。如果你對於信天翁沒有清楚的觀念，你可能到頭來就像是一隻學會模仿的鸚鵡或是一名幼童，只是製造出聲音，卻沒有表示任何東西。所以雖然是公開說出這個字詞，但它們所表示的，可能還是私密而獨特的。這可能是混淆與誤解的源頭。

名詞的數量比起它們所指涉的事物要少得多。這並不令人訝異，因為如果每個特定物體都有個名字，就不可能有效溝通了。我們用「信天翁」這個通稱，來指涉一個鳥類物種全體。洛克主張，我們之所以學到這種通稱字詞，是以抽象化特殊經驗為基礎。

・對於《人類悟性論》的批評

先天知識

語言學家喬姆斯基（Noam Chomsky）所做的研究，在二十世紀讓關於先天知識的辯論復活了。仔細分析牙牙學語的兒童所使用的句子以後，他的結論是，對於不同語言共同分享的文法結構，還有孩童犯下的文法錯誤模式，最佳的解釋就是有個詮釋並使用語言的先天性架構，這是所有孩童生來就有的，他稱之為語言習得機制（Language Acquisition Device）。這個觀點對洛克相信新生兒的心靈就像一張白紙，等著經驗書寫上去，造成了嚴峻的挑戰。這比較接近萊布尼茲的信念，心靈就像一塊大理石，上面有各種斷層線，預先安排好要裂開來，露出底下經過妥善設計的雕像。

初性的觀念跟它們附著的物體相像嗎？

洛克區分初性與次性的說法，乍聽很可能為真，而且有各種感官錯覺加以支持。這些錯覺指出次性是物體呈現在我們面前時的性質，而不是真正以某種方式屬於物體本身的性質。然而就像巴克萊所指出的，洛克主張初性的觀念就像物體本身一樣，是站不住腳的。

就洛克的說法，物體的真實狀態是隱藏在感官知覺的面紗之後。我們只有管道直通觀念，卻無法直通觀念所指的物體。所以對洛克來說，主張初性的觀念就像它們依附的物體一樣，是沒有意義的。

為了確定一樣東西是否就像另一物，我們要有接近這兩者的管道。但從洛克對心靈所做的描述，我們只會有通往一邊的管道：也就是通往我們的觀念。巴克萊甚至推得更遠，他的論證是，因為嚴格說來我們只有通往自己心靈內容的管道，我們甚至無法證明有任何獨立於心靈之外的事物存在。相對來說，洛克只是假定心靈不可能在沒有外在世界的狀況下，製造出我們的觀念。

小人問題

洛克對於觀念的說法，彷彿觀念是腦袋裡的圖像。不過這並沒有對思想的過程做出太多解釋，因為要體會一幅圖像跟什麼有關，你的腦袋裡似乎需要有個小人來詮釋那些圖像，而這個小人腦袋裡還要有另一個小人，如此無限延伸下去。他對心靈的說明看來暗示著會有一個比一個小的小人無限序列，這顯然是不可接受的結果。這指出洛克的解釋有某個地方不對勁。

記憶喪失並不總是切斷人格同一性

對於洛克主張記憶提供人格同一的適當判準，哲學家湯瑪斯・瑞德（Thomas Reid）提出了下面的例子來反駁。想像有個勇敢的軍官，他在上學的時候有一次因為偷果園裡的水果而挨了一頓鞭子。他當上士兵的首戰，便成功奪得敵方一面軍旗。在他奪得軍旗的時候，還記得小時候曾經挨過鞭子。後來，他成為一位將軍。不過到那個時候，雖然他還記得奪軍旗的事，卻再也記不得在學校被鞭打的事了。按照洛克的說法，奪軍旗的人格跟被鞭打的人格是同一個，因為有記憶上的連結。同樣的，記憶連結讓將軍跟奪軍旗的軍官是同一個人格。邏輯似乎告訴我們，如果小男孩跟年輕軍官的人格相同，軍官跟老將軍的人格相同，那麼男孩跟老將軍一定是同一個人格。然而洛克必須否認這一點，理由在於老將軍不記得被鞭打，所以他跟過去的連結被切斷了。瑞德的論點是，這在邏輯上是荒謬的，因為從洛克的說法得出兩個矛盾的結論：男孩跟將軍的人格相同，但也不相同。任何會導致這種明顯矛盾的理論必定為假。

洛克對這種批評的反應想必是，男孩跟將軍是同一個人，人格卻不同，所以要將軍為男孩做過的事情負責是錯的。洛克必須否認瑞德描述的記憶重疊模式，最後導致男孩跟將軍是同一個人格的結論。

重要年表

- **西元一六三二年**　生於桑默塞特郡林頓村。
- **西元一六八九年**　出版《人類悟性論》與《政府二論》（雖然書上印的日期是一六九〇年）
- **西元一七〇四年**　死於艾塞克斯郡歐茲鎮。

重要字彙

- **微粒說（corpuscularian hypothesis）**：波以耳的理論，所有物質都是由微粒（corpuscles）構成的。

- **經驗主義（empiricism）**：我們的知識是從感官經驗衍生出來的。
- **知識論（epistemology）**：哲學分支，探究關於知識以及如何得到知識的問題。
- **小人（homunculus）**：一個小人。洛克的心靈理論似乎會導致以下後果：必須有個腦內小人來詮釋種種觀念（而在那個小人的腦袋裡又有別的小人，如此無限後推下去）。
- **觀念（idea）**：對洛克來說，任何一種思想，包括感官知覺。在十七世紀，「觀念」一詞的使用範圍比我們現在來得廣泛。
- **先天論（innatism）**：這個觀點是我們的知識，或其中很大的一部分，是天生的。
- **人格同一（personal identity）**：儘管有了身體或精神上的改變，卻還讓某個人是同一個人格的東西。
- **初性（primary qualities）**：物體的性質，包括形狀與硬度，不過不包括顏色與冷度（那是次性）。初性的觀念就像那些性質一樣（次性就不是這樣）。一個物體用以組成自身的微粒有初性，卻沒有次性。
- **理性主義（rationalism）**：根據這種信念，我們可以光是透過運用自身理性就得到知識。
- **次性（secondary qualities）**：製造觀念的力量。次性是物體的微粒質地與知覺者的感官功能加起來的產物。不像初性的觀念，次性的觀念並不像那些性質本身。次性包括顏色與冷度這樣的性質。

進階閱讀

史蒂芬・普利斯特（Stephen Priest）的《英國經驗主義哲學家》（*The British Empiricists*）是一本清晰、架構良好的書。其中有一章談的是洛克。

羅威（E. J. Lowe）的《洛克的人類悟性論》（*Locke on Human Understanding*）提供對《人類悟性論》中種種主題的詳細檢視，闡明他的許多思想內容一直有其重要相關性。

麥基（J. L. Mackie）《衍生自洛克的問題》（*Problems from Locke*）是一系列論文，談的是《人類悟性論》中提出的最重要論題。

至於洛克的生平資訊，請見康士頓（Maurice Cranston）的《洛克傳》（*John Locke: A Biography*）。

·　10　·

〈政府論之二〉

洛克

John Locke *Second Treatise of Government*

我們認為這些真理是不證自明的：所有的人被創造出來時就是平等的，他們的造物主賦予他們某些不可分離的權利，這些權利包括生命、自由與追求幸福的權利……每當有任何政府，對這些目的變得有毀滅性的時候，人民就有權改變或廢棄這個政府。

這些響亮的文字出自一七七六年美國獨立宣言，重述了洛克〈政府論之二〉的核心訊息，這篇論文是在獨立宣言將近一世紀前寫成的。在一六八九年洛克匿名出版《政府二論》，不過有證據顯示他是在一六八〇年代初期寫成的，在那個時代，人有權推翻不義政府的觀念，會被認為是極端的叛國大罪，很可能招來死刑。《政府二論》的許多細節，都是針對一六八〇年代動盪不安的政治事件；不過嘗試確立基本人權的〈政府論之二〉，其影響力遠超過十七世紀關懷的範圍。

・政府論之一與之二

在《政府二論》中，第二篇顯然更有趣得多。〈政府論之一〉幾乎完全是負面的，是對羅伯特・費爾莫（Robert Filmer）爵士的觀點所做的批判攻擊。費爾莫論證說，君主政體的力量是神所授與的，跟人民是否贊同毫無關係，這個觀點稱為君權神授。第一個人類亞當，被神賦予了掌控整個地球的權威，所以今日統治者的權威，可以追溯回這個最初的禮贈。人民服從統治者的責任就是對神的責任，因為統治者是在神的意志下出現，這是自亞當時代以來世界分化的結果。人民想要什麼不是重點。每個人都有完全的責任，要遵從王權，而且這個責任間接來說，就是遵從神。

在〈政府論之一〉裡，洛克摧毀了費爾莫論證裡的細節；在〈政府論之二〉裡，他則概述了對政府的正面說明。洛克在這裡提出的問題是：「合法政治權威的來源與極限是什麼？」或者，以更實用的形式來說：「為什麼我們應該遵從統治者？在什麼情況下，我們可以名正言順地反抗他們？」

・自然狀態與自然律

為了回答這些問題，洛克就像古往今來許多政治哲學家一樣，想像著在一個沒有政府、法律、沒有組織化社會的世界上，處於自然狀態下的人生會是什麼樣子。這種思想實驗通常的用意，並不在於描述某個特定時間點上的人生是什麼樣子，而是用一個故事闡明，形成一個有政府與法律的社會所需的哲學性正當理由。霍布斯認為在自然狀態下，我們的處境會是永遠兵戎相向、競爭稀薄資源；相對來說，洛克的自然狀態就吸引人得多了。對霍布斯來說，自然狀態下的個體會被愛好與欲望所驅策，而他們為求謹慎，必須針對任何可能的競爭者採取預防性的行動。然而洛克相信，就算處在一個任何有序社會產生前的狀態，人類都會被他說的自然律所束縛，而這些自然律禁止傷害他人。

自然律是神授的法律，任何人類都能夠藉由反省發現。在洛克的自然狀態下，個體既是平等的，也是自由的。沒有天然的階級，把某個人類放在比其他人類更高的位置，每個人都跟別人一樣重要，而且在神的面前一律平等。個體也都是自由的，但這種自由權利不該跟放縱（愛做什麼就做什麼的自由）混為一談。你的自由，就算在自然狀態下，也受限於自明的神授自然律，這種律法禁止你自殺（因為神顯然希望你享盡天年），也禁止你傷害其他人（因為神將我們造就成平等的個體，不受彼此利用）。

洛克的自然狀態，之所以看起來比霍布斯「所有人彼此對抗」的野蠻戰爭狀態友善得多，理由之一在於洛克相信每一個人都可以執行自然律，包括對打破自然律的行為施加懲罰。就算在社會之外，神授的法律仍舊成立，也是可以強制執行的。舉例來說，如果你沒有好的理由攻擊我，那麼既然自然律禁止沒有正當理由就傷害別人，我就有懲罰你的自然權利，這樣做既是為了取得某種補償，也是為了限制你進一步使用暴力。這種懲罰權力可以延伸到不直接牽涉在內的人身上。別人可能得知你攻擊了我，而選擇因此懲罰你。顯然在自然狀態下會有一種危險：個體對於維護自然律的方式會有偏差。他們會傾向於在實施自然律的偽裝之下，提高自己的利益。眾人聯合起來形成政府，之所以算是對自然狀態的一大改進，理由之一就是，政府可以設立獨立的司法制度。

・所有權

每個人在自然狀態下都有的基本權利之一，就是所有權。有時候洛克用「所有權」這個詞彙涵蓋的範圍，超過我們本來的理解（包括土地、建築、個人財物等等）。對洛克來說，我們對自己也有所有權，也就是說，我們擁有自己，也有權做我們想做的事情，只要不傷害別人、或是奪走自己的性命。洛克對自然狀態下所有權起源的說法，只處理到一般熟知意義上的所有權，而且主要講的是土地與農耕產生的果實。不幸的是，他沒有解釋我們每個人是怎麼樣擁有對自己的所有權。

所以，個體怎麼樣取得對土地的合法要求權，特別是在神把世界交給亞當，好讓全人類共同擁有的這種宗教觀點之下？洛克的答案精髓在於，如果沒有別人先取得某塊土地的權利，那麼讓土地價值增加的人類勞力，在自然狀態下就賦予人所有權。把勞力跟土地「混合」起來的勞工，對那塊土地享有權利。想像處於自然狀態的某人，靠著採集野生樹木與植物上的核果與種子維生。如果他收集了滿滿一袋這樣的粗劣食物，那麼這袋食物理應屬於他，因為他出了力氣收集這些食物。同樣的，某個人把勞力跟土地混合在一起，掘地、種植並收穫，就理所當然對這塊土地跟土地上的莊稼擁有權利。然而，以這種方式能夠獲得的物資數量是受到嚴格限制：自然律設下的限制是，沒有人應該得到超出實際能用量的東西。如果採集者的核果與種子在他吃掉以前就發了霉，或者種植者存起來的收穫腐敗了，那麼他們都該受到違反自然律的懲罰，這種法則把個人的所有權限制在他或她能使用的範圍。實際上，採集者或種植者如果拿得太多，就是侵占了鄰人應得的份。

・金錢

然而，因為人類大多的必需品都是天生就容易朽壞的，尤其是食物，人類通常同意，把價值附加在金銀這類比較不容易朽壞的物體上面。透過彼此同意，在自然狀態下的個人接受用會朽壞的商品來交換這些不易朽壞的物體。所以發明了金錢。而金錢讓自然狀態下取得所有權的可能性產生改變，因為金錢讓個人得以積聚大量的所有權，卻沒有變質損壞的風險。舉例來說，一個農夫可以種出大量玉米，然後用他不吃的作物來換錢。他取得了一項有價值又持久的商品，能用來交換生活必需品。他也幫忙餵養了社群裡的其他成員。洛克相信，透過默認金錢制度，我們全都已經接受人與人之間隨之而來、無可避免的實質不平等。

・公民社會

到目前為止，我們剛檢視過洛克對於自然狀態，也就是一個受制於神授自然律的情境，有什麼樣的說法。然而他的主要目標之一，是證明他所說的公民社會，或者一個公民共同體（他交替使用兩個詞彙）如何能夠出現，還有其中的成員如何能從這種社會中獲益。

我們離開自然狀態的主要動機，是對保護的需求：保護生命、自由與所有權，尤其是最後一項。

雖然在自然狀態下，人人有權懲罰任何破壞自然律的人，卻無法避免利己主義影響那些被要求審判鄰人的人，讓他們有所偏袒。為了保證有個和平的生活，從自然狀態轉移到有組織的社會是必要的。這意味著放棄你在自然狀態下擁有的某些權利，特別是放棄懲罰違反自然律行為的權利。透過彼此協議，社會的成員們放棄了這種權利，因為這樣做他們就會得到更大的安全保障。他們把制定並執行法律的權力，置於某些人或某群人手中，委託他們代表人民全體利益。

個人能夠放棄某些自然狀態自由權的唯一辦法，就是表示同意。洛克寫到個體之間彼此締結的「合同」時，他的意思是協議或合約，他用這個詞彙來稱呼一般通稱的「社會契約」。如果參與者是自由而清楚明確地加入這個合同，這就是他所說的明確協議；如果加入這個合同只是透過行為暗示，而不是明確地表示同意，這就是個默認協議。

你可能會抗議說，你一出生就發現自己處於一個已有法律與政府的組織化社會裡，而非自然狀態。那麼，你怎麼可能已經同意放棄某些基本權利呢？經過協議的政府，這個概念聽起來不太可能為真，因為你從來不曾有意識地對現狀表示同意。洛克的回應是，任何人要是受益於所有權在公民社會得到保障，或者享受到這種組織帶來的任何其他好處，就因此訂立了一個默認協議，放棄了某些自然權利。一旦訂下了社會合同，個人就默默同意了受到多數人決定的束縛。

不過，這並不表示公民社會裡的個人讓自己有義務遵從獨斷暴君的命令。洛克的《政府論之二》在出版時最爭議性的面向（無疑也是他選擇匿名出版此書的理由之一），就在於他認為有時候公民推翻並替換掉統治者，是正確的行為。

・叛亂

人民聯合起來形成公民社會的重點，就在於保護生命、自由與財產。洛克論證，要是一個殘酷無情的政府或統治者逾越了它的合法角色，不再代表公共利益，那麼人民揭竿而起，推翻這個政府或統治者，是可以接受的作法。政府或統治者是一個受到信託的位置；在人民的信任遭致背叛的時候，人民這方的所有責任也被取消了。無法代表公共利益的政府或統治者，就喪失了人民透過社會合同賦予他們的權力。這是從洛克的信念——所有合法政府都是經過同意的政府——而產生的結論。這聽起來像是煽動叛亂，面對這些指控，洛克的答覆是，順從強盜與海盜絕對不可能是對的。言下之意是，沒有人民同意、行動又背離共同利益的統治者就等於罪犯，不值得遵從。照洛克的說法，沒有政府或統治者有權得到宰制人民的絕對權力。對權力的限制，就是為公共利益服務的限制。

・對〈政府論之二〉的批評

神的角色

對於洛克的立場，一個顯而易見的批評就是它極端仰賴基督教（或至少是舊約）的神的存在。他的政府論基礎是自然律，這個概念源自正統的基督教教條。少了神的存在，我們可能會認為自然狀態更趨近於霍布斯所說的人人彼此對抗的戰爭狀態。在洛克寫《政府論》時，無神論相對來說頗為罕見，但到現在就相當常見了。許多人都確信沒有神，不管是基督教的神還是其他類型的神。洛克的說法難以說服無神論者，除非有人可以為洛克的立場找到非神學性的前提。

對於自然律沒有共識

就算基督徒也可能對洛克所說的自然律有疑慮。這些律法應該是神所賦予的，而且只要靠著反省怎麼做才合乎理性，就能立刻發現。但這種律法的存在，卻並非顯而易見。洛克假定這些律法存在，而且能夠很輕易被分辨出來。然而不同的哲學家聲稱透過內省，發現了種種互不相容的原則，涵蓋範圍之廣，顯示出實際上自然律怎麼界定，其實少有共識。如果沒有自然律，或者如果對於自然律為何有嚴重的混淆，那麼洛克的政府論就會崩潰。

階級偏見？

某些洛克的批評家，特別把他對於所有權的討論挑出來談。他們論證說，這揭露了洛克關注如何證成跟土地所有權有關的現狀，為了服務有產階級的利益，犧牲了那些只能靠出賣勞力過活的人。這種立場確實得到一些文本上的證據支持，尤其是洛克評論說，他的僕人工作過的土地會變成他的（而不是他僕人的）。的確，儘管洛克堅持每個人在自然狀態下都是自由平等的，〈政府論之二〉卻似乎在為財產所有權的極端不平等辯護。

重要年表

- 見前一章。

重要字彙

- **公民社會（civil society）**：另一個代表「公民共同體」（commonwealth）的詞彙。
- **公民共同體（commonwealth）**：一群個人組成的團體，他們在明確或默認狀態下放棄某些自由，來交換國家的保護。
- **神授君權（divine right of kings）**：認為君主政體有神授統治權威的信念。
- **自然律（laws of nature）**：適用於全人類的神授律法，甚至在自然狀態下也適用。
- **放縱（licence）**：沒有任何限制，你想做什麼就做什麼的完全自由。
- **社會契約（social contract）**：放棄自由以交換國家保護的一種協議。
- **自然狀態（state of nature）**：假設人類在訂定任何社會契約以前的狀態。理論上，自然律甚至在自然狀態下也適用。

進階閱讀

約翰・鄧恩（John Dunn）的《洛克》（*Locke*）是對洛克生平與作品優秀的簡短導論，焦點集中在他的政治思想上。洛伊德・湯瑪斯（D. A. Lloyd Thomas）的《洛克與政府論》（*Locke on Government*，黃煜文譯，五南出版）對於洛克的〈政府論之二〉提供了更詳盡的檢視。

漢普歇爾—蒙克（Iain Hampsher-Monk）的《現代政治思潮史》（*A History of Modern Political*）一書的第二章〈洛克〉，把《政府二論》放進洛克寫作時的歷史脈絡中，康士頓的《洛克傳》（見上一章的進階閱讀）也是如此。

· 11 ·

《人類理解研究》

休謨

David Hume

An Enquiry Concerning Human Understanding

休謨是懷疑論者。不過，他不像某些古希臘懷疑論者，並不鼓吹對每件事都擱置判斷。他相信自然界讓我們對生命有充分的準備，在某一刻本能與感受會接管，理所當然哲學性的懷疑則會顯得荒誕不經。休謨質疑「人類本質上是理性的」這種傳統觀點。他論證說，理性在人類生命中的角色非常局限，遠比大多數過去的哲學家假設的還要有限得多。

他作品的精確性與原創性是很驚人的，但尤其驚人的是，在二十五歲的時候就已經想出他大多數的哲學觀念，也出版成書。他的第一本書《人性論》（*A Treatise of Human Nature*），得到的注意比他期待的要少得多；他描述這是「一出版就便夭折」。《人類理解研究》（*Enquiry Concerning Human Understanding*）是《人性論》的重寫增訂版，打算讓內容更平易近人些。他覺得讀者被他的表達風格嚇退了，但他對《人性論》的大部分內容很滿意。很難想像一個現代哲學家會為了讀者費這麼大力氣。

就像洛克，休謨通常被描述成一個經驗主義者；就像洛克，他相信心靈的全部內容追根究柢都是源於經驗。休謨之所以是個經驗主義者，不只是因為他對於思想來源下了那樣的結論，也是因為他的方法論。他沒有嘗試從人類一定是什麼樣子的第一原則開始推論，反而是仰賴觀察，通常是採取內省的方式。他的目標是提出對人類連貫的科學觀點。

對於心靈以及心靈與世界的關係，他的許多觀點都受到洛克的《人類悟性論》影響，不過休謨又更進一步。他的哲學有一個面向非常類似洛克，同樣依賴觀念理論。然而休謨引進了好幾個新的詞彙。在洛克只使用「觀念」一詞的地方，休謨還談到了「感知」、「印象」與「觀念」。

• 觀念的起源

休謨用「感知」這個詞彙來代表所有經驗內容，也是洛克「觀念」的同義詞。我們在觀看、感受、記憶、想像等等的時候，感知就發生了：這樣涵蓋的心理活動範圍，比我們今天所謂的「感知」還要寬廣得多。對休謨來說，感知有兩種基本類型：印象與觀念。

印象是我們從看見、感覺、喜愛、憎恨、欲求或決意達成的任何事物之中，所得到的經驗。休謨形容印象比觀念更「活躍」，他這麼說的意思似乎是印象比較清晰、比較細膩。觀念是印象的副本；在我們回憶起經驗，或者動用想像力時，觀念是我們的思想對象。

舉例來說，我現在有個觀念是：在圖書館裡，我的筆在紙頁上移動，還有某人在我背後翻一本書的書頁。我也對手底下那張紙的質地有個印象。這些感官經驗是鮮明的，很難說服我這不過是我記起了先前的經驗，或者我在作夢。稍後，在我把這幾行字打進電腦裡的時候，毫無疑問會回想起這一刻，重新想起我的種種印象。然後我會擁有觀念而非印象，這些觀念是現在感官印象的副本，不會有跟這些印象一樣鮮明（或者用休謨的術語來講，就是「活躍性」）。

洛克斷言沒有先天觀念，而休謨則重新改寫成我們所有的觀念都是印象的副本。換句話說，我們不可能不先體驗到對某物的印象，就擁有對某物的觀念。

那麼，休謨會如何應付底下狀況：雖然我從沒見過金山，沒有關於一座金山的印象，卻有能力想像一座金山？他的答案是在簡單與複雜觀念之間做出區別。簡單觀念全都是源自簡單的印象。簡單觀念是類似顏色與形狀這樣的觀念，無法再分解的觀念。複雜觀念則是簡單觀念的結合。所以我對一座金山的觀念，只是從簡單的觀念如「一座山」還有「金子」，組成複雜的觀念。而這些簡單觀念追根究柢，是源於我對山與金色物體的經驗。

對於觀念源於較早的印象這個信念，證據來自以下提議：任何觀念在經過反省以後，都可以再分解成組成零件，而這些零件又可以視為從印象而來。對於這番說詞的進一步支持，是來自於觀察，一出生就完全失明的人沒有能力擁有紅色的觀念，因為他對顏色沒有視覺印象。休謨宣稱，同理可證（然而這個說法更有爭議性），自私的人沒有能力形成慷慨的觀念。

然而，休謨認為在大多數情況下，他對洛克觀念理論的修正能夠解釋任何特定觀念的起源，但他確實指出仍有個例外。這個例外是某種失落的藍色色調。某個見過一大堆各種藍色調的人，可能對某個特定色調的藍從來沒有過任何印象。儘管如此，他還是可以對這個失落的藍色色調形成一個觀念。根據休謨的理論，這應該是不可能的，因為對於這個顏色所呼應的觀念，他根本沒有簡單的印象。然而休謨並不太擔心這個明顯的反例，因為這實在太不尋常了，所以他並沒有因此修正基本原則。

• 觀念的聯想

休謨認為觀念之間有三種類型的連結。這說明了我們怎麼從一個思緒移動到下一個思緒。這些關係是相似性、連續性、還有因果。

如果兩樣東西彼此相似，那麼對於其中之一的想法，自然會把我們引導到關於另一樣東西的想法上。舉個例來說，我看著女兒的照片時，思緒自然會導向我女兒本人。如果兩樣東西在時間或地點上有連續性，也就是說，兩者緊接著發生，那麼同樣的，關於其中之一的觀念會導致關於另一個的觀念。如果我想起廚房，那麼思緒會很輕易地轉向相鄰的客廳，因為兩者彼此緊鄰。最後一點是，如果兩樣東西有相關性，其中一方是另一方的起因，那麼關於起因的思緒，就會把我們引導到關於結果的思緒上。例如說，如果我有個觀念是關於踢到腳趾，這是痛的起因，我的思緒會很容易由此轉向痛的觀念。

休謨在觀念與印象之間做出的區別，還有觀念聯想的三個原則，他相信足以解釋我們有意識心靈的所有運作。

・因果關係

一顆撞球撞上另一顆球，導致它移動。我們看到的是這樣，我們也是如此描述。不過說一物是另一物的起因是什麼意思？這對休謨來說是最基本的問題，因為就像他指出的，我們所有關於事實的思考，都牽涉到從已知的起因論證，到預期中的結果，或者從觀察到的結果來推得可能的起因。舉例來說，如果我在荒島上發現一隻錶，我會假定錶在島上的起因是某人把它留在島上。如果聽到黑暗中有個聲音在說話，我會假定有人在那裡。這些是從結果推論起因的例子。看到一顆撞球滾向另一顆，我預期到球接觸後的結果，因此從起因推論出可能的結果。科學推論也是奠基於關於因果的推論。

然而，休謨沒有把因果之間的關係視為理所當然（大多數時候我們免不了會這樣做），他反而質疑我們是從哪裡得到這種觀念的。不管觀察多少次撞球的撞擊，我都無法分辨出第一顆球裡有任何東西，意味著第二顆球必須朝著某個特定的方向移動。休謨相信我們所有關於因果關係的知識，都是源於經驗。在觀察到兩顆撞球撞擊（或者至少是同類的事件）以前，我們對於會發生什麼事，都不會有任何概念。第一個人類亞當，不會知道把頭沉入水中的結果是溺水。在對水有經驗以前，他沒有任何辦法知道水會造成的後果。

一旦亞當對於水造成的結果有些了解以後，他會預測水持續以同樣的方式作用。這種以過往規律為基礎、針對未來做出的推論，稱為歸納。相同的起因會產生相同的結果，而我們忍不住假設，未來也會跟過去一樣。然而就是在這個時刻，所謂的歸納問題就浮上檯面了。我們假定未來會像過去一樣的證成理由很薄弱。然而這是我們所有想法的基礎。雖然自然界規律性的假設曾對我很有用，我卻不能用這個事實來證成，針對未來的歸納推論是合理的。這樣會落入惡性循環論證，用歸納本身來證成歸納的合理性。事實是，這只是人類有的一種習慣，雖說在一般狀況下，這個習慣對我們很有用。是習俗慣例引導著我們度日，而不是理性力量。

在仔細檢視下會發現，我們對於因果的知識等同於一種假定：如果兩件事總是一起被發現，其中一方的發生先於另一方，那麼我們就會稱呼第一件事是起因，第二件事是結果。超過休謨所說的「恆常連結」、還有起因在時間上先於結果之外，因與果之間就沒有必然的關聯了。這並不是說休謨要我們拋棄對因果關係的信賴，反正也是不可能的。更確切地說，他要證明我們的行為對理性的仰賴是那麼地少，對自身承襲的天性與習慣又是多麼倚重。

・自由意志

傳統上，人類自由意志被認為跟「我們的行動都有起因」的說法是不相容的。如果每個人類行動都只是某個前因的後果，那麼我們掌控著自身行動的感覺就是誤會一場。根據這種觀點，自由意志只是一種錯覺。少了自由意志，就沒有空間留給道德責任與罪責：如果我們所有行動都有起因，行動就都處於我們的控制之外，要為此讚美或譴責我們，都不適當。

休謨反對這種思路，同時論證說，我們所有的行動在某種程度上是有前因的，而且也有自由意志。這個觀點通常稱為相容論。休謨的論證有點粗略。他強調人類就像物質一樣受制於自然律。舉例來說，同樣的動機傾向於產生同樣的行動，在人類世界裡，找得到跟物質世界裡一樣的因果恆常連結。某個人在查令十字路人行道上掉了一個裝滿金子的錢包，不會期待他回到原地時還找得回錢包，這就像他也不會期待錢包生了翅膀飛起來。人類行為中有一種可預測的規律性，這一點在整個歷史上、以及每個國家裡都很明顯。這種人性的規律性，並不會減損每個人選擇自己會做什麼的可能性。所以對休謨來說，我們的行為可以預測跟可以自由選擇行為兩者並不矛盾。

休謨考慮過這個說法：他對人類行為的描述會導致的後果是，要不是行為都沒有錯（因為這些行為都可以追溯到神，神就是起因），就是邪惡行為追根究柢都是來自於神。休謨用頗為反諷的態度拒絕接受這兩種選項，認為這顯然很荒唐，並且指出這個問題的答案超過了他的哲學範圍。然而他大多數的讀者都領會到，他對神的概念提出一個不大加以掩飾的攻擊。要是沒有神，或者神不像神學家描述的那樣，可能就沒有邪惡人類行為的責任歸屬問題了。

他對於各種神存在論證的懷疑論，出現在後續兩個重要章節裡，一章是談所謂的設計論證，另一章則是談奇蹟。這些章節並不包括在《人性論》裡。在《人類理解研究》出版時，這兩章被認為極具爭議性，而且被激怒的神學家寫了許多小冊子都以奇蹟討論為主題。因為談設計論證的那一章，實質上跟他的《自然宗教對話錄》（*Dialogues Concerning Natural Religion*，本書下一章的主題）重疊，所以我不會在此進行討論。

・奇蹟

休謨要我們接受的基本原則是，一個明智的人面對任何議題，都會按照提供證據多寡，來決定他或她的相信程度。這條不爭的原則，就是他用來駁斥，我們應該相信自稱奇蹟見證者的誠摯告白的這種說法。

休謨對於什麼是奇蹟說得很清楚。這違反自然律，通常假定的起因是神。奇蹟不該跟只是不尋常的事件混在一起。舉例來說，如果我突然開始在離地兩呎處飄浮，沒有支撐、也沒有任何物理因素讓我飄在那裡，這就是奇蹟。如果中了樂透，那就只是不尋常而已。離地懸浮意味著挑戰既有物理定律，贏得樂透則不是奇蹟（除非我連彩票都沒有就贏得樂透，這樣或許算是），只是相對來說不太可能發生的事件，因為沒發生的機率很大。

許多人聲稱見證過上述意義下的奇蹟。然而休謨論證，我們絕對不能相信他們的證言，除非他們說謊或者被騙，會比奇蹟更像奇蹟。我們總是不該相信有奇蹟，而且寧可仰賴不尋常發生的解釋，而非奇蹟發生的解釋。對於一個按照既有證據來決定相信程度的人來說，這是個明智的方針。

休謨認為，證據應該永遠讓我們傾向相信沒發生奇蹟。這是因為任何自然律都經歷無數次的觀察，成立得到肯定。原則上有幾分證據就相信幾分，休謨堅決主張，親眼目擊奇蹟的證詞並非充分的證據，不能以此做為自然律被違反的觀點基礎。他的立場有心理學的支持，好比說人類從驚異讚嘆的情緒中得到很大的樂趣，在典型的狀況下，這種情緒是由據說奇蹟發生所引起的。這種刺激可能會讓你對自己是否見證到奇蹟，產生自欺欺人的想法。大多數自稱見證奇蹟的人可以因此大有斬獲，他們很可能得到特殊待遇，還被認為是神特別選擇的人。這可能會成為強烈的誘因，讓他們欺騙別人或自己。

所有這些因素加起來，讓任何特定例子中奇蹟沒有發生的可能性，都大大超過發生的可能性。休謨並沒有排除奇蹟發生的邏輯可能性；但他確實暗示，一個明智的人絕對不該相信關於奇蹟的報告。

・休謨之叉

休謨對於不符他嚴格經驗論原則的哲學寫作提出強勁的譴責，以此為《人類理解研究》作結。對於任何一本書，他會問下面的兩個問題。由這兩個問題帶出的二分，後來被稱為休謨之叉。這兩個問題是，首先，書中包含任何一種在數學或幾何學裡可以發現的推論嗎？要是沒有，書中包含任何一種可以被觀察或測驗的事實陳述嗎？如果都沒有，他宣稱，「就把它扔進火裡吧。因為書中包含的東西，除了詭辯跟錯覺以外別無其他。」

・對於《人類理解研究》的批評

預先假定觀念理論

休謨的哲學，特別是對歸納法的解釋，在面對批評的時候具有驚人的彈性。然而，其中幾乎被所有現代哲學家拒絕接受的，就是他的觀念理論。休謨並沒有真正論證支持這種對心靈的解釋，反而視之為理所當然，並且再加以改良。然而這種表徵理論要面臨許許多多的難題，其中一些問題在談論洛克《人類物性論》的那一章已經談過了，像是小人問題。

失落的藍色色調代表反例

如同我們所見，對於我們所有的觀念都是來自先前的印象這個觀點，休謨確實考慮過把失落的藍色調當成一個可能的反例，不過他把這當成一種例外打發掉了。然而五感中的任何一感，都可以建構出同一種例子：音階中失落的一個音符，兩種已知味覺中的失落味覺，失落的觸覺質地，兩種香水之間失落的氣味。如果認真看待，這種例子對於休謨的心靈理論構成的威脅，比他看似領悟到的還要大。

然而休謨可能還有至少兩種方式去回應這種批評。首先，他可以乾脆否認擁有對於失落藍色調（或者任何同類感覺）的觀念。他選擇不這麼做。其次，他可以考慮把失落色調的觀念視為複雜觀念，或許是結合了藍色的觀念與「比較淡」這種關係的觀念。不過，為了支持色彩觀念永遠是簡單觀念的假定，他也選擇不這樣做。

重要年表

- **一七一一年** 生於蘇格蘭愛丁堡。

- **一七三九至四〇年**　《人性論》出版。
- **一七四八年**　《人類理解研究》出版。
- **一七七六年**　死於愛丁堡。
- **一七七九年**　《自然宗教對話錄》（見下一章）出版。

重要字彙

- **相容論（compatibilism）**：相信我們所有的行動都有前因，然而我們確實真的有自由意志，而不只是有這種錯覺。
- **恆常連結（constant conjunction）**：兩個或更多事物總是一起被發現的場合。
- **連續性（contiguity）**：相近性，例如時間或空間上的相近。
- **觀念（idea）**：印象的副本。注意休謨對這個詞彙的用法，比洛克要嚴格些。
- **印象（impression）**：任何直接的感知，我們自己的感受也包括在內。根據休謨，印象比它們所激發的觀念更鮮明（「活躍性」）。
- **歸納（induction）**：以有限範圍的例子為基礎所做的普遍化。你以過去發生的事情為基礎預測未來的時候，用的就是歸納法。
- **奇蹟（miracle）**：一種違反自然律的事件，歸因於神的介入。
- **感知（perception）**：休謨用來代表任何思想（無論是印象還是觀念）的詞彙。

・**懷疑主義（scepticism）**：哲學性的懷疑。

進階閱讀

派斯摩（John Passmore）接受布萊安・麥奇的訪談，收錄在麥奇的《當代哲學對話錄》，對於休謨的某些中心主題提供了清楚的概要，史蒂芬・普利斯特的《英國經驗主義哲學家》也是如此。

史卓德（Barry Stroud）的《休謨》（*Hume*）是更進階的書，同時強調休謨的哲學計畫中建設性與懷疑主義的面向。

莫斯納（E. C. Mossner）的《大衛・休謨》（*David Hume*）傳記是很引人入勝的讀物。

大衛・愛德蒙茲與艾丁諾（John Eidnow）合著的《盧梭的狗》（*Rousseau's Dog*），對於休謨與盧梭公開的爭執，提供了引人入勝的描述。

· 12 ·

《自然宗教對話錄》

休謨

David Hume *Dialogues Concerning Natural Religion*

除了柏拉圖，鮮少有哲學家成功用對話錄的格式寫作。休謨是最令人印象深刻的例外。他的《自然宗教對話錄》在哲學論證與文學實踐上都是大師之作。不像柏拉圖把所有最好的台詞都給了蘇格拉底，休謨把好的論證均分給三位主要講者，狄米（Demea）、克里安提斯（Cleanthes）與菲洛（Philo），雖然就整體而言，他明顯認同的是最後一位。這樣做是為了吸引讀者進入辯論。他沒有清楚標示「正確」的觀點，必須透過對話錄的激烈交鋒才能發現，這種技巧是借鏡自拉丁文作家西塞羅（Cicero）。

休謨生前沒有出版作品，他害怕來自宗教權威的迫害，然而他花了極大力氣確保此書在他死後出版。這本書的中心主題是基督教關於神存在的設計論證。設計論證是自然宗教倡議者的支柱，他們宗教信念基礎放在科學證據之上。自然宗教通常用來跟天啟做對照。天啟被認為是神的存在及其屬性的證據，從福音書中可以看到，其中描述了基督所行的奇蹟，特別是他的復活。休謨已經在他具爭議性的論文〈論奇蹟〉中，對天啟的主張發動過一次持續的攻擊，這篇文章出現在《人類理解研究》中（前一章已經討論過）。在《對話錄》裡，自然宗教受到砲火襲擊，雖然比較拐彎抹角，因為這些論證是由虛構角色而非休謨本人提出的。

・角色

《對話錄》裡提到名字的角色雖然有五個，辯論全都在三個主要講者克里安提斯、狄米與菲洛之間進行。整體對話是由潘菲洛斯（Pamphilus）講述給朋友赫米普斯（Hermippus）聽的過程，不過他們兩人都沒有參與這個哲學討論。

三個主要角色都各為一個清晰可辨的立場辯護。克里安提斯相信設計論證，這個觀點是宇宙中所有看起來明顯的設計證明了神的存在。所以他是自然宗教的辯護者。狄米則是信仰主義者，也就是說，他不信任理性，而是寄託在信仰之上。神存在，而且神具備被歸諸於祂的那些屬性。然而他也相信，所謂第一因論證為神的存在提供了決定性的證據。菲洛是一個溫和的懷疑論者，他的論證除了一個可能的例外之外，就是休謨本人樂於採用的。菲洛在《對話錄》裡的主要角色，就是批評另外兩位主角提出的種種立場，然後證明對於神的屬性，理性無法揭露任何重要的事。特別是他對設計論證的批評，還有能夠從中導出的結論，具有很大的破壞力。菲洛在大半本書裡都可以被看成是無神論者，雖然如此，他卻明白說道他認為顯然神存在，而且重要的是祂有哪些屬性。休謨補上這一點，是否只為了避免指控，我們並不清楚。

．設計論證

克里安提斯提出了「後天論證」，現在較為人所知的名稱是設計論證。後天論證是從經驗而來的論證。根據這個論證，我們可以藉由自然界來證明，有個全知全能全善的神存在。環顧周遭，我們發現自然界的每一個面向看起來都有明顯的設計印記，全部都像機器一樣，裝配得剛剛好。舉例來說，人類的眼睛極適合觀看；水晶體、角膜與視網膜似乎是由一個超凡智慧所想出來的，而且眼睛的設計與建造，比人手做出來的任何東西都更精巧。克里安提斯從這種觀察裡得出的結論是，自然界一定是由一個有智慧的創造者所設計出來的。這位創造者的智慧，一定跟他作品恢弘莊嚴的程度相稱，所以必定就是傳統上想像的神。換句話說，克里安提斯在自然與人工製品之間做了個類比，然後從這個基礎上到得到結論：神不但存在，還是全能、全知又全善的。

為了更進一步支持他的論證，克里安提斯用了好幾個讓人記憶深刻的例子。如果我們聽到一個聲音在黑暗中說出智慧的話語，我們肯定會（而且很有道理）做出結論：有某個人在那裡。黑暗中清晰的聲音，是這個結論的充分證據。根據克里安提斯的說法，就像黑暗中的說話聲證明了說話者的存在，而自然界的作品，對於神的存在少說也提供了一樣多的證據。

克里安提斯的另一個例子，是會像植物般生長的圖書館。先想像書本是生物，可以像植物一樣地繁衍。如果我們發現一本上面有印記（文字以有意義順序排列）的書，那麼我們就會把這當成是決定性的證據，證明它是由一個有智慧的存在所寫下的。就算書本會自行繁衍，也不會減損它們呈現的證據，即書本裡包含思想的遺跡。克里安提斯宣稱，同樣地，我們可以在自然界的作品裡讀到智慧與設計。只有盲目的教條主義者會否認自然界提供了神的存在與屬性的依據。或者說，克里安提斯是這樣相信的。然而《對話錄》中有許多部分是菲洛攻擊克里安提斯的論證，而在某種程度上狄米也在攻擊他。

・設計論證的批評

類比性微弱

菲洛用來反駁設計論證的一個論證是，設計論證是基於自然世界（或其中一部分）與人類創造之間相當薄弱的類比上。類比論證仰賴的是拿來比較的兩件事物之間有驚人的相似性。如果相似性不高，那麼從這個基礎上做出的任何結論都會很弱，也會需要獨立的證據或論證來支持。

如果我們檢視一棟屋子，那麼從屋子的結構做出結論，說它是一位建築工或建築師設計出來的，這是相當合理的說法。因為我們有經驗，由這一種起因（一位建築工或建築師的設計）帶來了其他相同的結果（其他的建築物）。到目前為止，我們使用類比論證的時候立場都很穩固。不過拿整個宇宙來跟一棟房子這樣的東西相比較的時候，被比較的兩者如此明顯不相似，根據兩者之間所謂的類比而得到的任何結論，都不比瞎猜好多少。可是，克里安提斯就把這種類比論證當成神及其屬性存在的決定性證據。

結論的限制

設計論證包含的基本原則是，同樣的結果是由同樣的起因所產生的。因為自然界的部分與整體在某些方面就像一部機器，而得出結論說自然界就像機器一樣，都源於同一種起因，是很合理的。然而，如同菲洛指出的，如果嚴格應用這個原則，克里安提斯會被逼進一種形式很極端的擬人論裡（一種把人類特徵附加到非人物體上的傾向，在這個例子裡是神）。

舉例來說，傳統神學的教誨是，神是完美的。不過如果認真看待神聖設計者與人類設計者的類比，我們沒有正當理由主張神是完美的，因為人類設計者顯然不是完美的。在這種狀況下，就算設計論證確實證明了有個創造者存在，對於祂具備什麼屬性，卻是乏善可陳到極點。

再舉一個例子，傳統神學是一神論的，然而人類大多數複雜的大規模計畫，都是設計師與建築工團隊群策群力的結果。如果我們在設法解釋宇宙的創造時嚴格使用類比，那麼我們就必須嚴肅看待這種見解：宇宙是由一組神祇團隊創造的。

其他解釋

對於這個世界表面上的秩序與設計，菲洛也提出好幾種不同的解釋。其中一些解釋是刻意講得異想天開。他的論點是，如果我們仔細檢視設計論證提供的證據，還是無法排除掉其他的解釋。除了基督教的神是宇宙間秩序與設計的源頭以外，至少也有同樣多的證據支持其他解釋。

舉例來說，在某一刻菲洛非常接近類似天擇說的演化論。他猜想自然中看起來很明顯的設計，可能是因為無法好好適應周遭環境的動物都死了。所以我們發現動物對周遭的環境適應良好，不該覺得意外。在休謨的《對話錄》發表後幾乎過了一個世紀後，達爾文提出演化觀念，大多數科學家都認為，對於動物與植物呈現出來的精心設計，最可行的解釋就是與人無關的天擇。

菲洛半認真考慮過另一種解釋是，有一隻巨無霸蜘蛛從肚子裡吐絲織成整個宇宙。他的重點是，大自然的秩序與看起來很明顯的設計，並不必然是從有智慧的大腦裡延伸出來的。蜘蛛織巢的時候有秩序、看似經過設計，然而卻是從牠們肚子裡吐絲織出來的。菲洛同意，蜘蛛與宇宙創造者之間的類比可能看似荒唐。不過如果某個星球上只有蜘蛛，那麼對秩序最自然的解釋似乎就是如此。就好像我們也自然地認為，所有看似很明顯的設計，都是從像人類那樣的思考裡衍生出來的。

惡

對設計論證最具破壞性的論證，是惡的問題。善意的神怎麼可能設計出一個有這麼多苦難的世界？菲洛描繪出一幅受到痛苦困擾的人生圖像。克里安提斯的反應是，這樣的痛苦可能是兩害相權取其輕的結果。他的主張是，神設計出一個內建這麼多痛苦磨難可能出現的世界，理由在於任何其他世界都會更糟。不過，就像菲洛所堅持的，全能的神可以創造更好的世界。或者至少在區區凡人眼中看來是如此。菲洛指出苦難的四種主要成因，沒有一個看似必要，而這些成因全都是人類處境的一部分。

首先，我們的構成方式是，在某些狀況下會需要痛苦還有樂趣來刺激行動。我們似乎被設計成這樣，所以比方說極端口渴的不適，就會給我們強烈的誘因去找些水來；有鑑於此，菲洛認為，我們可能一直受到各種程度的追求樂趣的欲望所驅策。其次，包括人類的這個世界，嚴格遵循他所說的「普遍法則」，這些法則就是物理定律。這一點會直接導致各式各樣的災難發生，然而一個善良而全能的神當然可以介入並阻止這樣的事件。幾個小小的調整（好比說在二十世紀，把史達林跟希特勒的大腦拿掉幾個部分），就會製造出一個好得多的世界，苦難大幅減少。不過神選擇不介入。第三，自然界替我們配備的，是應付生存所需的幾乎最低限度裝備。讓我們即使面對周遭環境裡最微小的波動都很脆弱。菲洛認為，一個像父母般慈祥的神，會更慷慨地給我們像是食物與天生氣力這類的東西。第四，菲洛指出宇宙的設計中明顯的做工不佳之處，至少從人類的角度來看是如此。我們會發現，雖然下雨是必要的，可以幫助植物生長、讓我們有水可喝，卻常常下得太厲害，造成淹水。類似的還有其他許多「設計錯誤」，讓菲洛得出這個結論：宇宙的創造者對人類的苦難一定無動於衷。設計論證肯定沒有提供充分證據，保證對善意創造者的信念是有根據的。

・第一因論證

雖然《對話錄》裡大部分的討論聚焦在設計論證，書中卻不只有這裡提及自然與神存在的所謂證據。狄米是他所謂「先天的簡單莊嚴論證」的熱忱辯護者，這種論證較為人知的名稱，是宇宙論論證或第一因論證。此論證從這個假設開始：任何存在之物，必然有個解釋其存在的前因。如果我們在時間裡回溯因果鍊，要不就是一直回溯下去，處於所謂無限後退的狀態，不然就是得找到一個沒有起因的起因的必然存在之物。狄米認為第一個選擇是荒謬的，所以做出結論，必然存在而且沒有起因的起因，就是一切的第一因，也就是神。克里安提斯的回應包括下面的論證：如果我們尋找一切的第一因，不必回溯到比宇宙本身更遠以前；沒有必要假定一個更早的起因。或者換句話說，就算第一因論證證明有個必然存在的存有，這也無法證明那個起因就是基督徒傳統上的神。

‧休謨是無神論者嗎？

我提過，以《對話錄》為基礎，要闡明休謨對於宗教到底相信什麼是很困難的。儘管菲洛是知性上最接近休謨的角色，並不表示他是這位哲學家的傳聲筒。許多休謨的同代人理所當然地認為他是無神論者，而毫無疑問，要是《對話錄》是在他生前出版，就會變成這個看法的鐵證。然而有趣的是，一七六〇年代休謨在巴黎遇到毫不羞愧的無神論者時，他真心感到震驚，雖然到人生終點時他的觀點可能產生變化了。

他的公開信條是溫和的懷疑主義。這是一種經過節制的懷疑主義形式，不會在不經深究的狀態下接受任何事，卻也不走向另一些懷疑論者的荒謬極端——嘗試過著沒一件事可以理所當然接受的生活。溫和懷疑主義應用在宗教問題上，指向了無神論，不過也在那裡踩了煞車。溫和懷疑論者不接受設計論證足以證明基督教神的存在或屬性。不過，沒有充分證據可以作為神存在的信念基礎，並不等於聲稱神肯定不存在。休謨可能認為無神論本身是個武斷的立場，也就是說，這個立場本身證據不充分。所以，或許休謨真的跟菲洛一樣，相信宇宙有某種具智慧的創造者。然而休謨肯定相信，就算創造者真的存在，人類的理性也不足以具備詳細的知識了解祂可能是什麼樣子。他死時對死後生命並不抱任何希望。

重要年表

- 見前一章。

重要字彙

- **類比（analogy）**：兩種事物之間的比較。類比論證仰賴的假定是，如果兩種事物在某些方面是一樣的，那麼在其他方面很有可能也是一樣的。
- **擬人化（anthropomorphism）**：把人類屬性附加在不是人類的事物之上，在目前的例子裡是上帝。
- **後天論證（argument a posteriori）**：從經驗而來的論證。在《對話錄》裡，休謨用這個詞彙來指稱設計論證。
- **先天論證（argument a priori）**：從理性而非經驗來的論證。在《對話錄》裡，休謨用這個詞彙來指稱第一因論證或宇宙論論證。

- **無神論（atheism）**：沒有唯一神或多神體系存在的信念。
- **宇宙論論證（Cosmological Argument）**：以「神不存在，就沒有任何事物會存在」這個概念為基礎，支持神存在的論證。
- **設計論證（Design Argument）**：以自然界的設計為證據基礎，支持神存在的論證。
- **信仰主義（fideism）**：仰賴對神存在的信心，而非靠著信仰與論證相信神存在的立場。
- **第一因論證（First Cause Argument）**：支持神存在的論證，主張一切事物到頭來必定有個沒有起因的第一因，這個第一因就是上帝。
- **一神論（monotheism）**：相信有單一的神存在。
- **自然宗教（natural religion）**：認為神的存在有科學證據的信念；通常用來跟天啟宗教做對比。
- **多神論（polytheism）**：相信有超過一個神存在的信念。
- **天啟宗教（revealed religion）**：相信神的存在是由奇蹟見證（尤其是在《聖經》裡）所證明的信念。
- **有神論（theism）**：相信有一個全知、全能、極端慈善的神存在的信念。

進階閱讀

加士建（J. C. A. Gaskin）的《休謨的宗教哲學》（*Hume's Philosophy of Religion*）對於休謨哲學的宗教面向提供了一個清楚的概論，而且包含對於《對話錄》中使用的論證所做的延伸討論。

麥基的《一神論的奇蹟》（*The Miracle of Theism*）對於宗教哲學提供了優秀的導論，並且收錄了對於休謨《對話錄》的介紹。

休謨著作《人類理解研究》的第十一章〈特殊的天意與來世〉（Of a Particular Providence and of a Future State），與《對話錄》中對設計論證的討論有相當多的重疊，在內容與文學技巧上來說都是如此。

邁克・伊格納蒂夫（Michael Ignatieff）在〈形上學與市場〉（Metaphysics and the Marketplace）一文中對於休謨之死有令人動容的描述，文章收錄在他的著作《陌生人的需求》（*The Need of Strangers*）裡。

· 13 ·

《社會契約論》

盧梭

Jean-Jacques Rousseau *The Social Contract*

「人生而自由，然而卻處處受到束縛。」這是《社會契約論》開頭的句子，在過去兩百年裡曾經刺激過無數革命份子的心。然而在同一本書裡，這句話被另一個讓人不安的想法抵消了：那些無法為了國家整體利益而行動的人，應該「被迫自由」。在難以解決何謂對國家是真正的善的情境下，這聽起來像是允許壓迫行為。這兩種觀念都傳達出盧梭哲學中毫不妥協的本質，他從來不怕表達具爭議性、甚至是危險的思想。在一個習慣在死後才發表這種觀點的年代，盧梭以自己的名字發表著作。因此他的許多作品都被查禁，他則一直活在被迫害的恐懼之下，好幾次為了個人安全必須逃離家園。在這種狀況下，他變得很偏執，到頭來相信他是某個國際陰謀的受害者，出現這種結果也不意外。

盧梭在《社會契約論》中的核心目標，是解釋合法權威的源頭與限制。他相信我們對國家的義務是從一個社會契約，或者「社會協約」延伸出來的，藉由這個手段，一群個人轉變成一個政治體；政治體有自己的普遍意志，而這個普遍意志並不必然只是組成整體的個人意志總和。

・社會契約論

就像社會契約論傳統下的大多數作者，包括霍布斯與洛克，盧梭把社會契約講得好像是個歷史事件。然而並不是要聲稱歷史上國家一定就是這樣創建的，不如當作是一種設計，用來帶出國家的基本結構。他不是在說歷史上的某一刻，人類曾經真的聚集在一起，彼此做了約定，他只是認為要理解公民與國家之間的關係，最好的方式是考慮這個眾人聯手的假設起源。

國家成員訂立的基本合約是，他們應該為了共同好處而聯合。比起獨自過活，身為社會的一份子來共同合作能大有斬獲。社會提供生命與財產的保護，所以個人有非常強的誘因要同心協力，形成國家。

乍看可能像盧梭抱持兩種不相容的理念，因為他同時既讚揚全人類、甚至在社會之外都擁有自由，又強調在社會內生活的巨大好處。天然的自由，是我們人性中的一個必要部分：如果我們完全放棄了自由，或者變成了奴隸，那麼我們就不再是完整的人類了。如果社會將取走我們全部的自由，那麼加入社會就沒有意義了，因為在這個過程裡，我們會失去人性。盧梭給自己的任務是，解釋我們如何能夠形成一個國家，卻不犧牲自由。這看似不可能，因為社會生活的本質，就是你放棄大多數的天然自由，以便獲得在保護之下的益處。然而盧梭相信，他的特別版社會契約論確實提供了一套公式，結合真正的自由與社會的果實。他的論述核心，是普遍意志信條。

・普遍意志

一群個體一旦藉著社會契約轉變成國家以後，共同的目標就將他們團結為一體。普遍意志就是國家整體的願望，普遍意志會以共同的善為目標。

把「普遍意志」的概念拿來跟「全體的意志」比較，可能會好懂得多。全體意志是指所有集合起來造就國家的個體，他們想要某個特定結果，因為對於個人而言，他們可以從中獲利。舉例來說，他們可能全都想要減稅。所以全體（所有個人）的意志是較低的稅金。可是，如果整個國家維持高稅金會處於有利的立場，那麼這就是普遍意志，雖然所有個體加總起來的個人利益，並不希望追求這種政策。為了共同的善，應該維持高稅金，任何抗拒這個做法的人都應該「被迫自由」。同樣地，以個人身分來說，一條新道路最好別從我家後花園開過去。可是，如果到頭來這條新路對共同的善是最好的做法，那麼身為國家的一份子，我必須在某種程度上下定決心贊同開這條新路。

盧梭的哲學在懷抱個人利益與欲望（大體上是自私的）的個體，還有做為國家一部分之間，劃出一道明確的區別。在後者的公共角色上，沒有空間留給與普遍意志相左的異議者，那會像是在對抗一個比較優越的自我。身為個體所擁有的自私欲望，應該臣服於普遍意志的較高目標。普遍意志支持共同的善，而國家的持續存在，就仰賴成員在私人利益與國家利益衝突的時候，擱置私人利益。

・自由

這樣可能看似沒留下多少自由的空間，至少從一般人對這個詞彙的理解上來說確實如此。如果你必須為了國家的大利益，犧牲個人欲望，那麼你的行為自由似乎會處處受限。我們已經看到，盧梭樂於鼓吹在有人拒絕認可普遍意志的時候，逼迫這些人自由。然而盧梭堅持，這種國家組織絕對不是在消滅自由，反而是在提供自由。遵照普遍意志來行動，是自由最重要的形式。這是公民自由，相對於只在社會之外允許的欲望滿足。對他來說，靠著強制手段達成這種自由，沒什麼弔詭的地方。

‧立法者

一個國家的長治久安，仰賴的是它的構成方式本質。良好適切的法律，是國家持續生存的根本。盧梭指出這些法律應該由一位立法者來創造。好的立法者是卓越的個人，讓一個繁盛的國家有可能建立，因此帶來人民的轉變。盧梭論證說，立法者唯一的功能應該是寫下國家的法律。一位身兼統治者的立法者，可能會受到誘惑，想把法律往對自己有利的方向扭曲，因為他自知這樣做能夠從中獲利。此外，立法者如果沒有考慮到他所服務的人民與土地的本質，就不該起草一套理想化的法律。法律必須視環境狀況量身打造。

‧政府

政府應該跟統治者明確區別開來。政府的角色完全是行政上的。這表示政府就是一群個人，把統治者提供的普遍政策付諸實踐。盧梭稱那些積極追求普遍意志的國家為統治者。在還不完美的國家裡，統治者可能採取另一種形式，不過在盧梭的理想國度裡，統治者是由每一位公民組成。他用「統治者」這個詞彙可能相當混淆，因為對我們來說，這個詞彙只能用來指稱「君主」。不過盧梭完全反對統治權力應該歸於一個君主的觀念。《社會契約論》為何被認為具破壞性，理由之一就在於此書主張由人民來統治，而且公然抨擊世襲君主制。

・三種政府

盧梭考慮過三種可能的政府型態，雖然他體認到實際上大多數國家政府是不同型態的混合。三種基本型態是民主政體、貴族政體跟君主政體。跟許多政治理論家不同，盧梭並沒有為每個國家都指定同一種型態的政府。考慮到環境條件、國家大小、人民的天性與習俗等等，適度的彈性是恰當的。然而他確實替各種政府形態排序，而且顯然偏愛選舉式貴族政體。

民主政體

雖然英國與美國的政府經常被描述成「民主」的，對盧梭來說，這比較算是選舉式貴族政體。講到「民主」的時候，他指的是直接民主，也就是每個國民都有權對每項議題投票的體系。顯然只有在國家非常小、要決定的事務相對簡單的狀況下，這樣的體系才行得通，否則光讓全體國民聚集在一起、處理政府事務的物流後勤問題，就足以淹沒其他所有活動了。如果可以克服實際困難，盧梭承認這種直接民主很有吸引力，不過他指出「這麼完美的政府」比較適合諸神，而非血肉之軀。

貴族政體

盧梭認定有三種型態的貴族政體：自然式、選舉式與世襲式的，雖然我們通常只會用貴族政體形容這三種型態的最後一種。他認為世襲制是貴族政體中最糟的，選舉式則是最好的。選舉式貴族政體，是由一群按照工作適任度被選出來的個人所組成的政府。對於將私人利益置於共同利益之前的人，選舉讓他們長期行使權力的風險縮減到最小。

君主政權

君主政權把政府的權力放在個人手中。這個體系有許多內在的危險。舉例來說，盧梭堅稱君主傾向於不聘請有能力的官員，反而把在宮廷裡給人的良好印象，而非工作適任度當成用人基準。結果就是糟糕的政府。他對於世襲君主制特別感冒，他說這種制度總是有把最高權力交給孩童、怪物或敗類的風險，相信君權神授（世襲君主是出於神意）的人，聽到這種觀點可不會滿心贊同。

・對《社會契約論》的批判

自由

對於盧梭的《社會契約論》的一個常見的批評是，此書似乎把某種很極端的壓迫給合法化了；非但沒有提供自由的條件，還給極權政府一種正當藉口來去除這些條件。支持這個觀點的證據，不只有「被迫自由」這個詞彙的陰險意涵，還有來自盧梭的建言：國家應該雇用一名審查員，負責執行道德規範。盧梭頌揚的公民自由到頭來可能會變成極端的壓迫。這種自由，肯定不必包括「自由」一詞所承諾的那種寬容。是不是這麼回事，就要由普遍意志的本質來決定了。

這並不是說盧梭刻意提倡一個用來壓迫人民的架構。他由衷希望，能夠描述一種同時提供自由與社會利益的情境。然而他的體系有個弱點，就是可能會支持壓迫。

我們要怎麼發現普遍意志？

就算我們做出讓步，同意應該為了普遍意志犧牲個人利益，仍然存在如何發掘普遍意志的問題。盧梭指出，如果人民在沒有彼此詢問的狀況下，對議題投票，那麼大多數的票就代表普遍意志的方向，利益上的細微歧異實際上會彼此抵消。然而這看似不太可能，這樣做至少要有一群得知完整訊息的投票人口。除此之外，期待人民在沒有分裂成小團體的狀況下投票，並不實際。所以我們還剩下一個實質問題要解決：決定什麼是為共同的善著想。少了發現共同的善的可能性，盧梭的整個理論就會崩塌。

重要年表

- **一七一二年** 生於瑞士日內瓦。
- **一七六二年** 出版《社會契約論》。
- **一七七八年** 死於法國艾蒙農維爾。

重要字彙

- **貴族政體（aristocracy）**：一個統治者菁英團體，他們的地位可能是仰仗自然、選舉或世襲而來。
- **民主政體（democracy）**：對盧梭來說，這通常意味著所有公民直接參與任何重大決定。
- **行政者（executive）**：負責把國家政策付諸實踐的人。
- **普遍意志（general will）**：符合共同利益的任何事物。不要跟全體意志混為一談。
- **立法者（legislator）**：受到委託寫下國家章程法規的特殊個人。
- **君主政體（monarchy）**：把命運託付給一位君主的國家，通常這位君主是以世襲血統作為選擇依據。盧梭強烈反對君主政體。
- **社會契約（social contract）**：許多個人共同達成的協議，要聚集起來形成一個凝聚共同利益的國家。
- **主權國家（sovereign）**：不要與「君主」混為一談。對盧梭來說，理想的主權國家是追求普遍意志的國家。（譯註：sovereign 也有元首、最高統治者的意思。）

- **全體意志（will of all）**：特定一批公民剛好想要的事物總和。集體意志並不必然跟普遍意志剛好一致：全體意志可能不符合普遍意志，因為個體通常會做出自私的選擇。

進階閱讀

沃克勒（Robert Wokler）的《盧梭》（*Rousseau*）簡單扼要介紹了盧梭思想。

提摩西・奧哈崗（Timothy O'Hagan）《盧梭》（*Rousseau*）對盧梭哲學有較為紮實的分析。

丹特（N. J. H. Dent）的《盧梭辭典》（*A Rousseau Dictionary*）是非常有用的參考書，對於盧梭所有主要的哲學概念都有清楚的解釋。

盧梭的自傳《懺悔錄》（*Confessions*，初版是一七八二年，翻譯版本眾多），對於他的生平提供了一些精彩的洞見。

達姆洛希（Leo Damrosch）的《盧梭：不安的天才》（*Jean-Jacques Rousseau: Restless Genius*）是一本優秀的傳記，把盧梭的觀念與他的人生相連結。

大衛・愛德蒙茲與艾丁諾合著的《盧梭的狗》，透過他與休謨之間的著名爭執，揭露了盧梭的人格。達姆洛希，還有愛德蒙茲及艾丁諾的書都值得高度推薦。

· 14 ·

《純粹理性批判》

康德

Immanuel Kant *Critique of Pure Reason*

康德描述他的方法是哲學中的「哥白尼革命」。哥白尼提倡的是地球繞日說，而非太陽繞地說。康德的革命性觀念，則是我們所居住、所感知的世界，仰賴的是感知者的心靈，並不只是獨立於我們之外而存在。

如果你透過玫瑰色眼鏡注視這個世界，那麼一切看起來都會是粉紅色的。在康德之前有許多哲學家假定，我們大多數時候是消極地接收關於世界的資訊。康德則相反，他論證說身為世界的感知者，我們把某些特徵強加在所有的經驗之上。要擁有任何經驗的條件之一是，我們經驗中的世界會包含因果關係、有時間順序、我們感知到的物體在空間上互有關聯。因果還有時空，是感知主體所賦予的，不屬於獨立於我們之外而存在的外在世界。我們戴的這些「眼鏡」，為我們所有的經驗染了色。把這個類比推得更遠，如果我們用某種方式移除這些眼鏡，就根本無法體驗到任何事了。

《純粹理性批判》一如書名，是在攻擊以下觀念：光靠理性本身，就可以發現現實的本質。康德的結論是，知識同時需要感官經驗以及感知者所提供的概念。少了任何一方，都是沒有用的。尤其重要的是，對於表象的領域之下藏著什麼的形上學推測，除非有經驗的基礎，否則毫無價值。對於超驗現實的終極本質，純粹理性不會提供解答之鑰。

儘管這本書有小心翼翼設計的「知識體系」或結構，內容卻很複雜又很難跟上。一部分的困難來自於討論主題本身的內在困難，因為事實上，康德探究的是人類知識的極限；不過其他許多難處，來自他對術語的應用，以及錯綜複雜的行文風格。讓此書難讀的另一個特徵是，各個部分彼此環環相扣；

要完全理解這部作品，就意味著要知悉書中的每個部分，還有這些部分如何彼此關聯。這裡的篇幅只能大致描繪書中的某些重要主題。

・先驗綜合

像休謨這樣的經驗主義哲學家，將知識分成觀念之間的關係與事實兩種。觀念之間的關係提供的知識，是從定義上為真的，像是所有的袋鼠都是動物。就算沒有任何關於袋鼠的經驗，我們都可以確定這句話為真。這句話就只是根據「袋鼠」一詞的定義而來。康德把「所有袋鼠都是動物」這類的陳述，稱為「分析的」。

關於另一種知識，休謨承認的一個範例是「某些單身漢有蝕刻畫收藏」。決定這樣一個陳述是否為真的方法，是做某種觀察。你不可能在不做觀察的狀況下，分辨出此事是否為真。這是關於世界某個面向的陳述。對休謨來說，只有兩種可能性：陳述句必須是分析的或經驗的。如果兩者皆非，對於人類知識就毫無貢獻。

康德自稱在讀過休謨的作品以後，從「教條主義的酣眠」中被驚醒，認識到有第三種知識存在，他稱呼這種知識是「先驗綜合」知識。「綜合」與「分析」對比，如果一句話不是從定義上為真，那麼就是綜合性的。先驗的是一個拉丁詞彙，康德用來指涉任何不靠經驗就已知為真的知識，這個詞是用來跟「經驗的」一詞做對照，「經驗的」意指從經驗中習得的。對於像休謨這樣的經驗主義者，綜合先驗的概念會顯得很奇怪。他認為很明顯的是，如果一個陳述是先驗的，就一定是分析的。康德就不是這麼想了。

多看幾個例子，可能是最容易理解康德的辦法。在休謨只容許兩種可能性的場合，康德則容許三種可能性：分析先驗、綜合經驗與綜合先驗。分析先驗陳述，包括像是「所有袋鼠都是動物」，這樣的句子並不能給我們關於世界的知識。如同康德所說的，身為動物的觀念「包含」在袋鼠的觀念裡。相對來說，綜合經驗是在經驗判斷的領域裡，就像是「所有哲學家都戴眼鏡」。這種陳述需要觀察才能證實或者否證。綜合先驗命題是康德在《純粹理性批判》裡的主要興趣所在，是由必然為真、而且可以在與經驗無關的狀況下得知為真的判斷句，然而這種陳述可以給我們關於世界某些面向的真正知識。康德的綜合先驗範例，包括大多數的數學（舉例來說，像是等式 7+5=12），還有「每個事件都必有起因」。康德聲稱「每個事件都必有起因」與「7+5=12」都必然為真；然而這些句子包含關於這個世界的資訊，所以兩者都不是分析句。《純粹理性批判》的目標，是探究這樣的綜合先驗判斷句如何可能成立。答案就等於解釋如果我們（或者其他有意識的存在）要有任何經驗，哪些事情必然要為真。

・表象與物自身

康德區別我們經驗的世界（現象的世界），還有潛藏在那個世界之下的現實。潛藏的現實是由本體組成，對於本體，我們無話可說，因為沒有管道可以接觸它們。我們受到限制，只有對於現象的知識；本體對我們來說，必然永遠保持神秘。因此大多數關於現實終極本質的形上學推測都是具誤導性的，因為這種推測企圖描述本體世界的特徵，而我們的命運卻是只能在現象世界裡生活。

然而我們不只是消極地接收關於世界的感官資訊。感知牽涉到的不只是接收資料而已，接收到的東西必須經過識別與組織。在康德的術語裡，直觀受到概念控制。少了概念，經驗就會變得毫無意義，如同他所說的，「少了內容的思想是空洞的，少了概念的直觀是盲目的」。要是沒有直觀（例如對文字處理機的感官經驗），我不可能擁有關於眼前的文字處理機的知識；不過我也要有能耐識別、並且再識別出它是什麼，這就牽涉到把該物放在某個概念之下。我用來處理直觀的心靈功能是感性，而處理概念的心靈功能則是悟性。透過感性與悟性的合作，知識才有可能存在。

・空間／時間

在康德的術語裡，空間與時間是直觀的形式。兩者都是我們經驗的必要特徵，而不是在物自身裡找到的性質；它們是由感知者所提供的。換句話說，當我望向窗外的街道，看到孩童們玩耍的時候，雖然在我看來孩童玩耍的空間只是現實的一個特徵，而不是我貢獻的某樣東西，但康德的觀點是，為了擁有關於發生什麼事的知識，我必須藉由空間架構來組織感知內容。我不可能有個不具空間的感知經驗。同樣，事件在時空中的順序，是我帶進來影響直觀的東西，而不是我感知之物本身的內在性質。

・範疇

康德區別出十二個範疇，其中包括物質的範疇以及因果的範疇。這些範疇讓我們可以把直觀置於概念之下。它們是先驗性的概念，是感知者對於經驗做出的貢獻。舉例來說，我們所有的經驗可以透過因果關係來理解，這不僅是事實，還是我們要有任何經驗的必要條件。這是我們身為感知主體做出的貢獻，而不僅僅是在世界中發現的東西。這些範疇再加上直觀的形式（空間與時間），就是我們要有任何經驗所必須戴上的玫瑰色眼鏡；但它們並不是作為世界的一個特徵，獨立於所有經驗主體而存在。各個範疇是由意識主體所提供的，而非物自身或者本體世界的真正特徵。

・先驗演繹

不幸的是，《純粹理性批判》中最重要的章節之一，也正是數一數二晦澀難懂的段落。這個部分是範疇的先驗演繹。如果成功，這個論證證明了關於外在世界的懷疑論（對於我們感知到的任何事物是否客觀存在，所提出的哲學性懷疑）是自相矛盾的。康德設法要做的，是證明無論如何任何經驗必須符合範疇，而且這樣產出的經驗是屬於一個客觀世界的，而不只是每個人自己的主觀創造。外在世界的懷疑論者是從自己的經驗開始，然後論證說他們無法證明那是關於外在世界的真正經驗，而非純粹的錯覺。康德論證說，因為他們從經驗開始，這樣的懷疑論者破壞了自己的研究方法：總是在範疇之下被感知的客觀外在世界，其存在是我們要擁有任何經驗的條件之一。

範疇的先驗演繹，是康德在這整本著作裡使用的論證形式的其中一個例子，也稱為超驗論證。很重要的一件事情是，不要把先驗跟「超驗」（transcendent）混淆在一起，康德用超驗這個字眼來指涉表象之外的事物。先驗論證是從我們的經驗的某些面向，推導到如果我們有這種經驗就必定會得出的結論上。換句話說，這個論證帶出的是，我們確實擁有的種種經驗事實，會預設到的結論。

・對《純粹理性批判》的批評

先驗演繹因為不可理解而失敗

儘管有無數詮釋者與重構者著力於此，康德的先驗演繹及其結論仍然含糊得讓人絕望，這一點相當不幸。如果康德成功反駁了對我們的經驗及其來源所提出的懷疑論，而且以凡夫俗子能夠理解的方式陳述，就會具有極大的重要性。

形上學的不一致

康德的《純粹理性批判》大部分都是在反對理性主義形上學，他們對於現實的推測基礎，建立在以下的假設：光靠純粹的思維，就可以取得對超驗現實的知識。然而康德在某些地方，坐實了他對其他形上學家提出的同一種指控。他假定本體的存在；不過就像巴克萊曾經指出的，這已經超過從我們經驗能合理得出的結論了。換句話說，因為認定表象的面紗之後存在著本體，康德無意中沉迷於他在別處明白表示憎惡的推測性形上學裡了。

雖然這種不一致，對於康德內在互相關聯的思想體系來說，可能像是一種毀滅性的批評，有好幾位近期的評論家都認為，康德的許多哲學洞見還可以挽救，而且能夠以一致且啟發人心的形式重建。

重要年表

- **西元一七二四年** 生於普魯士柯尼斯堡。
- **西元一七八一年** 出版《純粹理性批判》。
- **西元一七八五年** 出版《道德形上學的基礎》。
- **西元一八〇四年** 死於柯尼斯堡。

重要字彙

- **經驗的（a posteriori）**：從經驗中發現的。
- **先驗的（a priori）**：我們獨立於經驗之外得知的一切。
- **分析的（analytic）**：從定義上為真。
- **範疇（the categories）**：一些非常普遍的概念，與許多更加日常的概念不同，必須要用在經驗上。對康德來說，這樣的範疇有十二個，包括因果關係，還有實體。
- **概念（concepts）**：容許我們辨識出同類直觀，並且理解經驗的分類規則。
- **直觀的形式（the forms of intuition）**：時間與空間。
- **直觀（intuition）**：未經處理的經驗資料。
- **本體（noumena）**：物自身。在表象之下無法接觸到的現實。
- **現象（phenomena）**：我們可以感知到的事物。現象世界是我們看到的世界，與本體世界相對，本體世界是在表象之下真正存在的世界。
- **綜合（synthetic）**：不是從定義上為真的。
- **先驗論證（transcendental argument）**：任何從實際存在之物，推論到因此必須存在之物的論證。
- **先驗演繹（transcendental deduction）**：康德的論證，意在證明有個客觀現實獨立於感知者而存在。

進階閱讀

威爾克遜（T. E. Wilkerson）的《康德純粹理性批判：給學生的評註》（*Kant's Critique of Pure Reason: A Commentary for Students*）是一本非常有用的《純粹理性批判》導讀書。此書清楚明瞭、刺激思考，而且把康德的觀念連結到近代的論辯上。

羅傑・史庫頓的《康德》（*Kant*）與肯勒（S. Körner）的《康德》（*Kant*），這兩本都是康德整體哲學的絕佳介紹。

薩巴斯丁・加納（Sebastian Gardner）的《康德與「純粹理性批判」》（*Kant and the Critique of Pure Reason*，劉育兆譯，五南出版）是一本更詳盡的《純粹理性批判》導讀書。

· 15 ·

《道德形上學的基礎》

康德

Immanuel Kant *Groundwork of the Metaphysic of Morals*

好意也算數。一個行為的道德性不是由後果來決定，只決定於背後的意圖。道德是客觀的；這不是品味或文化的問題，而是該一視同仁地應用在所有理性生物之上。康德的《道德形上學的基礎》，重點在於藉著建立他所說的「道德至高原則」，也就是定言律令，來讓前面這些主張顯得有理。相對於他更複雜詳盡的道德哲學著作，這本書是一部簡短的序曲。對於以義務為基礎，或稱「義務論式」的道德理論來說，這本書是經得起時間考驗的簡潔陳述。

・善意

世界上唯一一種毫無條件限制的好東西，就是好意。康德藉此表達的是，好意是無條件為善的。其他一切好的東西，都只有在某些特定條件下才是好的。舉例來說，勇氣可能被認為是一種值得擁有的良好屬性，但就其本身而言，並不必然就是好的；勇氣需要好意，也就是說，要有為善的意志，才能保證是好的。權力、財富與榮譽可能是好的；但在少了好意的狀況下，全都可以為惡的目的服務。

好意本身是好的，並不是因為它帶來的任何結果。所以康德告訴我們，只要我們有好意，從道德觀點來看，如果「自然界如後母般吝嗇的贈與」阻撓我們達成本來打算做到的事情，也無關緊要。就算在我們所有的好意都被超出控制的事情所阻撓，好意還是會像珠寶般地閃閃發光。

這個觀點跟結果論者的道德理論，像是彌爾的效益主義（在後面的章節會討論）形成強烈的對比。

這些理論是透過一個行為的實際或可能後果，來判斷該行為的道德價值。然而對康德來說，這是個錯誤。雖然結果當然跟人生中大多數其他面向有關，與道德價值的評估卻是無關的。

• 義務與傾向

道德行為唯一適切的動機是一種義務感。某些人的行為從表面上看很符合他們的義務，但從內在來說，他們只是為了個人私利而行動。舉例來說，一個精明的店員不會對一位沒經驗的客人哄抬價格，因為他知道到頭來這樣做對生意不好。這不是出於義務而為，只是出於謹慎，一種開化的自私。出於義務的動機而行動，是單純因為你知道這樣做才是對的，而不是出於任何其他動機。

義務與純粹的傾向形成對比。某些人的天性剛好容易產生同情心，如果他們看見別人有需要，就會心有所感去幫助別人。康德說完全出於同情傾向的行動，無論如何都沒有道德價值。出於義務的動機是最重要的。某個人缺乏天生的同理或同情心傾向，卻還是出於義務感幫助他人，那這個人在道德上值得讚揚；純粹因為某些傾向而行動的人，無論這些傾向剛好有多麼讓人景仰，都完全不算是道德的行動。

康德支持這些驚人之語的理由是，道德是每個理性生物都可以採用的，然而我們的傾向卻處於意識控制之外。你是否剛好有同情他人的天性，說到底是運氣問題。他重新詮釋了基督教的訓示「愛你的鄰人」，並論證在這個例子裡，真正相干的愛是他所謂的實踐之愛。也就是說，是出於義務感的行為，而不是病理學上的愛，那是一種情緒上的態度。講到「愛」的時候，更常指的是病理學上的愛。換句話說，耶穌基督說「愛你的鄰人」時，不是在告訴你應該對鄰人有什麼感覺，反而是在指導你遵循義務感行事。

・格準

一項行動的道德價值，是由刺激那項行動的潛藏原則而定，而不是由最終結果決定。康德稱這種準則為格準。同樣的行為，可能是非常不一樣的格準造成的結果。你可能是照著「總是說實話」的格準行事，因此在特定場合說實話；但你在這個場合的行為，跟你照著「總是說實話，除非你確定你說謊也能矇混過關」這個格準而做出的行為，是無法區分的。只有第一個格準才是合乎道德的。康德提供了一種辨法，用他的定言律令來區分道德格準與其他格準。

・定言律令

我們的道德義務，是從對道德法則的尊重而生，而道德法則是由康德所謂的定言律令而定。假言律令是類似「如果你想要得到他人的尊重，那你就該遵守承諾」這樣的條件句。相對而言，定言律令則是命令句，像是「遵守承諾」，這句話是無條件適用的，與你的目標無關。康德認為有一條基本的定言律令，為我們所有的道德行動提供動力。他為這種律令提供了好幾種公式。

普遍道德法則

定言律令的第一個公式化表述是：「只遵循你能夠決意要求應該變成普遍法則的格準。」在這裡所說的「決意要求」（will）跟「想要」（want）非常不同，決意要求的意思是出於理性而有此意圖。他說的「法則」指的是道德法則，而不是法律上的法則（許多逾越道德法則的行為完全合法）。這裡的觀念是，一個真正道德的格準，應該在相關的類似情境下適用於每個人，即應該是可以普遍化的。這種格準也應該是非個人的，因為它不該為你特別破例。如果一個行為是道德上錯誤的，對每個人來說都是道德上錯誤的，包括你在內。如果一個行為是道德上正確的，在相關的類似情境下，對每個人都是道德上正確的。

為了解釋這個定言律令公式的意涵，康德舉了這個例子：做出你不打算遵守的承諾。你可能發現有時候做這種承諾很方便，但康德說，你不可能合乎理性地決意要求，「被逼急了就打破承諾」成為每個人的格準。如果這個格準被普遍接受，那麼做承諾的整套習俗慣例就會受到損害。這樣會弄巧成拙，你無法信任任何人會遵守他們的承諾。所以這種格準不可能是合乎道德的；你不可能決意要求這種格準成為普遍法則。所以定言律令提供一種方式，分辨道德與非道德的格準。如果你無法理性地普遍化一個格準，那它就不是一個合乎道德的格準。

把人視為目的

定言律令的第二個公式，是「行動時總是把別人跟你自己當成目的，永遠不只是達成目的的手段」。理性生物是擁有人格的人，也就是說，他們本身就是目的。他們有自己的人生，而我們不應該只在他們剛好對我們有用的時候，去利用他們。我們應該承認他們是擁有自己生活的個體。把某個人只當成達成目的的手段，就等於否認他們根本的人性。另一種說法是，我們應該尊重其他人的自主權。如果我答應把某人借我的錢還給他，然而我根本沒有打算這樣做，那麼我就是把別人當成達成某個目的的手段。承認他本身就是目的，就必須遵守承諾，而也實際上這麼去做。

目的王國

定言律令的進一步公式化表述，是用「目的王國」的說法：「採取行動時，就好像你透過格準，成為一個目的王國裡的立法成員。」目的王國是一個想像中的國家，這裡的法律保障個人自主權，容許每個人被當成目的，而非達成目的的手段。在此康德闡明道德不只是關於個人行為的事，而是社會的基礎。康德的方法是設計來區別不同的原則，即理性行為者會在理想國家裡採用的原則，跟他們會拒絕的原則。一個你無法決意要求成為法律的原則，在這個理想國家裡就無法通過考驗，所以不是一個道德原則。

・康德、亞里斯多德與彌爾

康德對於道德行為的看法，跟亞里斯多德與彌爾的方法都形成很強烈的對比。康德把情緒看成要不是不理性，就是與道德行為無關；只有實踐性的情緒，這並非一般字面意義上的「情緒」，在道德之中才有直接的影響可言。相對來說，亞里斯多德的哲學很有彈性，以情境條件下的感受為基礎；康德的哲學就很嚴格，遵循不容例外的普遍原則。

康德對於道德的看法，也跟彌爾這樣的效益主義觀點形成對比。康德認為行為後果與我們對行為的道德評判無關；然而對彌爾來說，行為的結果決定了行為的道德價值。彌爾的看法為彼此競爭的道德主張之間，提供不同的指導方針：評估後果，然後選擇會讓累積的快樂達到最大值的選項。康德的道德哲學卻沒有提供方法，讓人在兩個都合乎道德的行為之間做選擇，而且也無法在兩個都不道德的行為之間做抉擇。

對於道德，亞里斯多德、康德與彌爾提供三種相當不同的看法。就像亞里斯多德與彌爾的理論，康德的理論也承受許多批評。

‧對《道德形上學的基礎》的批評

內容空洞

對於康德的道德理論，一個常見的批評是，該理論沒有為道德倫理提供任何內容。這個理論專注於道德判斷的結構、其普遍適用性與無私性質，而不是幫助我們找出確切來說該做的事情。更糟的是，用康德的道德判斷測試來看，我們似乎可以相當輕易地普遍化某些明顯不道德的原則，像是「總是不顧動物福祉，用最有效的手段耕田」，決意要求這個原則沒有什麼不一致的地方。因為大多數動物達不到康德的適當理性門檻標準，命令我們把其他人當成目的而非手段的定言律令，也救不了這些動物。所以康德必須說這種格準是合乎道德的。

就算是康德用過的例子——打破承諾，似乎也遭到抨擊。如果你有個格準是「在可以矇混過關的時候打破承諾」，那麼，只要沒有別人知道這是你的行動方針，決意要求這種格準可能看起來就沒什麼自相矛盾之處。如果每個人都照著同樣的格準行事，承諾的習俗還是有可能存活下來。不過康德的反應會是，打破承諾絕對是錯的，你不可能理性地決意要求這種格準。因為決意要求這種格準，就等於決意要求不只在可以矇混過關的時候打破承諾，還要求其他人以同樣的方式看待他們對我的承諾。所以我決意要求這種格準，實際上就等於決意要求打破任何對我本人的承諾。

情緒的角色

康德的道德哲學把情緒跟個人人格特質，當成跟我們的個人道德評估無關的東西。對康德來說你就算鐵石心腸也無關緊要，只要你的行動是出於對道德法則的敬畏就好。然而對我們許多人來說，真誠的同情是道德的核心，而不是個人心理學上可能讓人分散注意力的怪癖。我們仰慕特別能夠同理並憐憫他人的人，而且這種仰慕似乎是針對他們身為道德主體的相關特質。康德的方法把焦點放在任何一個理性生物該做的是什麼，卻忽視了情緒位在人類道德互動中的中心地位。他想要拿來替代病理性情緒的實踐性的情緒，似乎根本配不上「情緒」這個稱號。

從諷刺角度來看康德對情緒的態度，就會指出他總是把情緒看成是真正道德行動的絆腳石。然而他實際上論證的是，你是否正在做合乎道德的行為，可能會被情緒與傾向蒙蔽。如果你發現自己的處境是剛好感覺到一股強烈的情緒傾向，無論如何要朝著定言律令指示的方向行動，他指出的這一點就會特別相關。

舉例來說，在倫敦四處散步的時候，可能有人靠過來向你討錢。這個人激起了你的憐憫之心，讓你伸手去掏錢包；不過你也體認到一種來自定言律令的道德責任，要求你給這個人錢。在這種狀況下，可能很難、甚至不可能分辨你給錢的真正動機是什麼。這是一種傾向，或者是對道德法則的一種尊重？然而，要是你對有人討錢的立即反應是反感與惱怒，卻還是根據定言律令行事，那麼你就會毫無困難地知道，你是遵循道德而行動。康德沒有排除掉這種可能性：感受到憐憫之心的人也會因為尊重道德法則而行動；他確實表達的是，光是出於同情心而行動，不會讓你的行為因此變得合乎道德。

儘管如此，康德排除情緒讓道德關係失去了人性。作為道德行為典範的冰冷理性反應，跟有適當情緒的道德行為相比，似乎更缺乏人性、讓人更不嚮往。

重要年表

・見前一章。

重要字彙

・**有自主權的**（autonomous）：能夠為自己做選擇並行動。

・**定言律令**（categorical imperative）：康德用來指涉我們的基本道德責任的詞彙，這種責任是絕對的。

・**結果論**（consequentialism）：任何一個道德理論，要是認為一個行為的是非對錯決定於隨後產生的結果，而不是（比如說）執行這個行為的動機，就是結果論。

・**義務論道德理論**（deontological ethical theory）：一種以義務為基礎的道德理論。用義務而非結果來決定行為的對錯。

・**假言律令**（hypothetical imperative）：任何這種形式的陳述：「如果你想要X，就做Y。」

・**目的王國**（kingdom of ends）：一個想像中的國家，其法律保護個人自主性。

・**格準**（maxim）：藏在任何行動底下的一般原則。

- **病理學上的愛（pathological love）**：純粹由情緒組成的愛。
- **實踐性的愛（practical love）**：以尊重道德法則為基礎的一種理性態度。
- **可普遍化（universalisability）**：如果一個原則是可普遍化的，這就表示在任何相關的類似情境裡，都可以一致地決意要求遵守該原則。對康德來說，所有道德判斷都是可普遍化的。

進階閱讀

斐頓（H. J. Paton）將《道德形上學的基礎》翻譯成英文，並將書名改成《道德法則》（*The Moral Law*）其中包含有用的康德論證逐節摘要，相當有用。如果你有艾克頓（H. B. Acton）的《康德道德哲學》（*Kant's Moral Philosophy*），此書值得參考。

羅傑・史庫頓的《簡述康德》（*Kant: A Very Short Introduction*）與肯勒的《康德》都是康德整體哲學的良好導論。兩本書都有針對康德的道德哲學所做的討論。

· 16 ·

《人的權利》

佩恩

Thomas Paine *Rights of Man*

佩恩在危險的時代過著危險的生活。他曾積極參與一七七六年的美國革命與一七七九年的法國大革命，在法國被關了十個月，因為獄卒太過無能而千鈞一髮地逃過斷頭台，而且有許多人都（錯誤地）相信他是無神論者，因為當時連出版無神論小冊子，都會觸犯法律中褻瀆誹謗的種種重罪，但他卻攻擊組織化的宗教。實際上他是個自然神論者，但對於組織化基督教的偽善與荒謬之事極為不滿。他反對君主政體，讓他在自己的出生地英國也惹上麻煩：他在中年離開英國以後，永遠都無法再回去了。所以，佩恩的人生一直不好過。他過著很不穩定的生活，試過各行各業，其中包括製作束腹、海關官員與橋樑設計家；但他最擅長的是當作家、思想家與自命的「世界公民」。在他聲名最盛的時候，在英國、法國與美國都馳名，不過他在這三地也都有狂熱的仰慕者與毀謗者。然而大半因為他在較晚期的作品《理性年代》（*The Age of Reason*）裡攻擊宗教，在從法國返回美國的時候，他不再受歡迎——差之遠矣。他窮困潦倒、藉藉無名地在紐約過完人生，葬禮只有六個人出席。他死後十年，威廉•柯貝特（William Cobbett）挖出他的遺骨帶回英國，並打算為佩恩建立一個恰當的紀念碑。柯貝特募不到款項做這件事，佩恩的遺骨就一直擺在他家閣樓上的箱子裡。在柯貝特死後，那些遺骨也失蹤了。

佩恩用一種直接、機智的論戰式風格寫作，這種風格在他有生之年裡吸引到數十萬的讀者。不像其他許多哲學家，他徹底參與當代的政治鬥爭，心中相信每一代人都應該為自己國家的運作方式負起責任，而不只是接受從過往世代承襲而來的體系。他的激進主義源頭在此。他相信，在既有狀態製造出不平等的時候，挑戰現狀是對的，而在政治世界裡發現的不滿，引導他去構想組織社會的新方法。

他想要根據理性的原則重新組織社會。所以，很容易看出為什麼別人畏懼身為破壞性革命份子的他；他的話語能夠挑起反叛。許多跟他同時代卻更保守的人相當滿足於現狀，還強調遵循緩慢演變傳統的價值，佩恩卻受到盡可能迅速改善生活的欲望驅策。他熱中於找出更好、更合理的政府體系，還有促進更公平的財富分享方式，他也有足夠勇氣公開自己的觀點，甚至是在這樣做很危險的時候。可以理解的是，那些生來含著金湯匙又極想保持現狀的人，都想辦法要讓他閉嘴。許多人會很樂於看他喪命。

•《常識》

佩恩最重要的兩卷著作《人的權利》，第一卷是在一七九一年出版，不過他首次成名是因為他的長篇論文小冊子《常識》（*Common Sense*）。此書很快成為暢銷書，在一七七六年出版以後一年，售出超過十五萬冊。他在書中說明支持美國殖民地獨立於英國統治的論證，在這個過程中探索了關於自由、平等與民主的觀念。在書中也收錄了一些反對世襲君主制的論證。這本小冊子激勵了許多讀者參與爭取獨立，把佩恩變成未來美國革命份子心中的英雄，同時也讓他成為英國政府的敵人。

在後來的著作《人的權利》裡，佩恩發展並且擴充了《常識》裡的主題，引進一些論證，討論在一個沒有君主的社會裡如何達成福祉。《人的權利》裡直接對應的時代脈絡就是法國大革命，不過此書的言外之意遠勝於此。

‧《人的權利》

對柏克的回應

《人的權利》兩部分中的第一部分，是直接回應柏克的書《法國革命反思》（*Relfections on the Revolution in France*），此書反對革命的幾乎每一個層面，也攻擊這回革命的英國仰慕者。定居倫敦的愛爾蘭政治家兼哲學家柏克，年輕時曾經寫過一本出色的書談論莊嚴的本質，先前對美國革命表示同情。佩恩把他當成朋友與同盟。所以柏克對法國革命高分貝的反對，還有激發這番反對的觀念，讓佩恩很震驚。這感覺上像是背叛，也是一種針對個人的攻擊。佩恩把柏克的《反思》貶為「黑暗竟然企圖點亮光明」，甚至過分到指控柏克拿錢辦事，辯護他並不真心相信的立場，好讓英法繼續對立。佩恩支持法國人的〈人權與公民權宣言〉，並且希望英國也發生革命。所以對手認為他具有破壞性，這看法相當正確。

誰為他們做決定？

保守派的柏克論證說，法國人民受到祖先對於應有治國方式所做的決定束縛，不能任由他們破壞好幾代以前許下的承諾。這個承諾包括受貴族與皇族統治的決定。佩恩的回應是，無論承諾有多真摯，沒有人有這種能耐，用一個諾言束縛後代。每個接續的世代，必須自己決定他們想要怎麼樣被治理。

死人不能為活人決定這種重要的問題。一個國家整體在今日所做的任何抉擇，都應該被執行。佩恩相信法律的力量是衍生自活人的同意，而不是由已死祖先的承諾而來。這是個強而有力的訊息，有些人無疑深受富有又權勢滔天的少數人壓迫，這樣的訊息能夠刺激他們採取行動。

對君主政權的批評

佩恩對柏克的回應核心，是攻擊世襲君主政權有權凌駕人民的觀念。十八世紀不比今日，當時歐洲的眾多國王、王后、公主、王子，甚至是皇室相當旁枝的成員，都有極大的權力，積極參與決定國家與個別臣民的命運。對佩恩來說，他自任為世界公民，相信所有人類都是平等的，他認為這種組織社會的方式很不合理。他樂於嘲弄君主制度。舉例來說，他嘲笑世襲立法者的概念，形容這就跟世襲數學家或者世襲桂冠詩人一樣荒唐。就好像遺傳無法保證後代做數學或寫詩的能力，也無法保證後代具備統治者身上所需的屬性。為什麼會因為某人正巧是一個領袖的後代，就想讓他或她當領袖呢？當然比較好的做法是，把一個表現出傾向或能力善盡其職的人擺到那個位置，或者至少要有基本的能力。此外，就佩恩的觀點，所有君主政體都是暴政，把人民當成一種要傳給君主後代的所有物。柏克認為當時針對法國國王路易十六的攻擊很野蠻，而且從那位國王的行為也找不到這樣做的合理性。佩恩反駁道，柏克完全誤解了法國大革命的性質，這是對君主制本身的攻擊，而不是針對任何特定君主。從某種意義上來說，路易十六很不走運，民意沸騰到採取行動的時候他正好在位。佩恩的重點是，賦予那個位置的權利才是邪惡的東西，就算占據那個位置的是個相對來說很仁慈的人也一樣。革命是從人類的權利（如同書名「人的權利」）中產生的，尤其是平等與正義的基本權利。

・自然權利與平等

佩恩相信我們的自然權利都是生而平等的。這些權利形塑並且改善了我們的生存狀態。這些權利的存在，比我們團結起來形成一個文明社會的時間更早。生存的權利、信仰的權利、自由表達自我的權利等等，這些權利是我們光是身為人類就具備。我們必須放棄某些自由，才能在社會裡生活，並且得到社會給予的好處，也需要政府來保護弱者免於強者的剝削，不過幾乎一切好事，都是源於我們的自然權利。在《人的權利》第二卷裡，佩恩提到政府實際上能夠怎麼樣用稅金作為經費來源，透過養老金、婚姻津貼、窮人福利、免費教育及其他許多進步的政策，來保障社會全體成員的基本福祉，他的看法遠遠超前了他的時代。

・對《人的權利》的批評

對人性過度樂觀

柏克在《法國革命反思》裡的立場，比佩恩承認的還要細緻些。他並不像佩恩一樣對人性很樂觀，而且對於將理性作為社會變革基礎的吸引力深表懷疑。柏克相信，人類的理性有限，而讓個人從零開始形塑一個社會是很危險的。比起冒著伴隨社會重組而來的一切暴力與動盪風險，嘗試設計出新的生活方式，把社會建立在世代相傳、不必然有自覺的智慧之上要好得多了。這種智慧被保留在先前以及既有的生活方式之中。換句話說，柏克的論證可以反對法國正在進行的全套革命，還有一般來說的大規模社會重組。法國大革命最後墮入流血與恐怖，正是柏克所預期並且感到恐懼的結果。他寧願採取從這一代到下一代的較溫和改革，而不是佩恩熱烈支持的激進全面檢修。柏克面對進步時所採取的保守主義，有許多現代的支持者，反對體現在佩恩作品中更理想主義、更樂觀又更熱烈的尋求變革論辯。

仰賴修辭而非論證

《人的權利》是一篇毫不遮掩的論戰文，大量仰賴修辭，而在批評君主制度的時候，也很仰賴幽默。佩恩的政治理論是自學而來，他的立場缺乏像霍布斯跟洛克這種哲學家的複雜性與世故。他嘲弄醜化柏克，但鮮少直接正面迎擊柏克的推論，那不是他的風格。他有時候只是肯定自己的立場，卻沒有做出論證。不過要為佩恩說句公道話，他從來不會晦澀難懂，讀起來總是很有趣，而且發現了一種完全適合他廣大讀者群的特有風格。此外，他許多像是反對君主制等論點，以嘲弄的方式說明，比起透過有系統而詳細的政治哲學巨著表達，更讓人印象深刻也更有效得多。他的文體是政治短文，而不是學院派的論文。

重要年表

- **西元一七三七年** 佩恩出生於諾福克郡的塞特佛。
- **西元一七七六年** 出版《常識》。
- **西元一七九〇年** 柏克出版《法國革命反思》。
- **西元一七九一至九二年** 佩恩出版《人的權利》（共兩卷）。
- **西元一八〇七年** 貧困中死於紐約市。

重要字彙

- 自然神論（deism）：認為是理性與經驗，而非聖經的宗教權威證明神存在的信念。自然神論者不接受透過宗教書籍與奇蹟所展現的天啟具有權威性。

進階閱讀

克里斯多弗・希鈞斯（Christopher Hitchens）在《人的權利：佩恩傳》（*Thomas Paine's 'Rights of Man': a biography*）這本簡短的書裡，把佩恩的觀念放在他動盪危險的人生與時代脈絡下做解釋。

約翰・基恩（John Keane）的《佩恩的政治一生》（*Tom Paine: A Political Life*）是比希鈞斯的著作更長、

研究也更透徹的傳記作品。

阿蘭・賴恩的《論政治》中有討論柏克以及佩恩的章節。

· 17 ·

《意志與表象的世界》

叔本華

Arthur Schopenhauer *The World as Will and Idea*

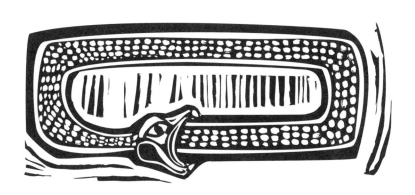

《意志與表象的世界》常常拿來跟四個樂章的交響曲相比。書中的四個章節，每一章都有獨特的氛圍與節奏，而且叔本華會回頭去發展先前章節裡觸及的主題。這本書起於一個抽象的討論，談我們與我們經驗中的世界——我們對自己表徵出來的世界（作為表象的世界）——之間的關係。在第二個章節裡，討論範圍擴大了，指出比起科學描繪的世界，還有個更深的現實存在；這個世界，即物自身（作為意志的世界），在我們觀察自己有意而為的身體活動時，有可能一窺。第三個章節是對藝術所做的樂觀而詳盡的討論。叔本華主張，藝術可以提供一種逃避，逃脫正常人類處境裡無止境的意欲，同時揭露更深層現實，即意志的世界的的種種面向。最後，接管第四章節的是比較陰沉的悲觀主義，他解釋為什麼我們注定要為天性受苦。不過如果我們準備好過禁欲主義的生活，棄絕欲望，就還有一線希望。

・表象的世界

叔本華用「世界是我的表象」這句話作為《意志與表象的世界》開場白的時候，他的意思是，經驗總是從一個感知中的意識觀點出發。我們對自己表徵這個世界，而沒有直接管道觸及現實潛藏的本質。不過作為表象的世界，並不會產出關於事物真正本質的知識。如果我們停滯不前，滿足於表象，就會像繞著城堡打轉、試圖找到入口的人，不時停下來描繪城牆。根據叔本華的說法，那是直至當時為止所有哲學家所做的事。然而他的哲學號稱要給我們關於城牆背後之物的知識。

現實的終極本質是形上學的核心問題。叔本華接受康德在我們經驗的世界（叔本華稱為表象世界），還有物自身潛藏的現實之間做出的區別。康德稱經驗之外的現實是本體界；叔本華則稱之為意志的世界。我們並不只是感官資訊的被動接收者；更精確地說，我們把時間、空間與因果的範疇，加諸於所有的經驗之上。不過這些範疇無法用在物自身（作為意志的世界）的層次。作為意志的世界是一個不可分割的整體。叔本華所謂的個體化原則——把實在區分成特定物體——只出現在現象界裡。作為意志的世界，就是全部存在的一切。

・作為意志的世界

作為意志的世界，也許似乎從定義上就是人類無法接觸的，因為這個世界似乎不可能透過經驗去接觸。然而叔本華宣稱，在我們的意志經驗——我們用來移動軀體的力量——之中，作為意志的世界就現身了。意志跟身體活動不是分離的；意志是這種活動的一個面向。在我們意識到自己的意志時，我們越過了作為表象的世界，可以一瞥物自身為何。我們同時體驗到自己作為表象的身體（在世界上遇到的另一個物體），還有作為意志的身體。

對叔本華來說，不只有人類是意志的表現形式，追根究柢，一切都是意志的表達。換句話說，他使用的是「意志」一詞的引伸意義。舉例來說，一塊石頭也是意志的表現。他描述的意志不是一種智慧；而是一種盲目、沒有方向性的奮鬥，迫使大多數人類過著受苦受難的生活。

・藝術

藝術在叔本華的哲學裡占據顯著的地位。凝視藝術作品，可以暫時逃出意欲無盡的折磨，以別的方式是無法逃避的。藝術讓我們有了不帶私心的美學體驗。在凝視一個藝術作品的時候，我們可以放下、也應該放下任何實際的考量與牽掛，還有藝術作品對我們有某種功能的任何想法。我們在凝視中遺忘自己。在面對自然之美的經驗上，也是同樣的道理。我們注視一座瀑布或一座山，就跟注視一幅偉大的畫作一樣，能夠達成這種凝視的狀態。

藝術天才可以達到公正無私地凝視物體與事件的狀態，並且有知性能力可以把情感傳達給觀賞作品的觀眾。這樣的天才有純粹知曉的能力：可以體驗他們感知到的柏拉圖理型。眾所週知的是，柏拉圖相信我坐著的這張椅子，是理想的椅子（椅子的理型）的不完美副本。對柏拉圖來說，畫出這張椅子的藝術家讓這幅景象偏離真正的椅子（柏拉圖理型）好幾步。這是他禁止理想國裡出現藝術家的原因之一，藝術家處理的是跟現實距離遙遠的副本，讓我們遠離理型。相對來說，叔本華相信藝術天才可以透過作品，揭露他們描繪或描寫的特定事物的理型或柏拉圖式觀念。就這樣，藝術天才容許我們逃離抑制的力量，並且達到對柏拉圖理型的非個人性客觀知識。

美麗的物體與景象，都很適合把我們震盪出無盡的欲望之流外。然而某些被描繪的物體，比其他物體更適合這個功能。舉例來說，我們可以凝視畫中水果的美，但實際的利益可能讓這種凝視很難保持公正無私，在我們餓了的時候尤其如此。同樣地，某些裸體繪畫比其他裸體畫作讓人更容易無私地凝視；某些畫容易撩起觀者的性欲，因此再度確認了一種實際上的利益。

相對於只是美麗的物體與景象，壯麗的物體與景象從某方面來說，對人類意志並不友善。它們以的袤廣與力量會帶來威脅。黑色的雷雨雲、草木不生的巨大峭壁、激流急奔的河流；這一切都可以很壯麗。壯麗的美學經驗之所以達成，是透過有意識地讓自己脫離意志，愉快地在換個情況會很嚇人的事物上消磨時間。這樣做再度揭露了凝視中的物體的理型。

在藝術與自然的美學凝視中揭露的柏拉圖式理型，對於叔本華來說很重要，因為這些理型容許我們擁有關於物自身（作為意志的世界）的知識。我們無法藉由這種手段取得對物自身的直接知識；但柏拉圖理型給出了「意志最適當的客觀化」。這就表示他們揭露的世界並沒有主觀的扭曲，而是盡可能地接近物自身。

・音樂

音樂與其他藝術的不同，在於它並不表徵作為表象的世界。音樂通常不表徵任何事情。然而無可否認，音樂是偉大的藝術。叔本華在他的體系裡給了音樂一個特別的地位。他說，音樂是意志本身的一個副本。這解釋了音樂的深度，它可以向我們揭示現實的本質。

哀傷的音樂並不表示某個特定人物的悲傷，或者意指某種特定脈絡下的悲傷，它表達的是脫離特定情境，表現出本質的悲傷。然而追根究柢，這是意志的一個副本。這個觀點的結果之一是，音樂是一種無意識的形上學。音樂給我們一幅物自身的畫像，就像形上學家設法解釋在表象的面紗背後藏著什麼。叔本華很清楚，他無法證實他對音樂及其與物自身的關係看法正確。他沒有辦法把一首貝多芬弦樂四重奏拿來跟物自身做比較，看看他是不是對的。然而他提出建言，視為對音樂力量看來可信的解釋，並且指出讀者應該設法在聆聽音樂時把這個理論放在心上。

・自由意志

所有現象都受到充分理由原則的束縛，這個原則是，每個存在的事物都有之所以成為現在這樣的理由。這個原則適用於岩石與植物，也同樣適用於人類。所以，我們的行為完全被生物學、過往的事件還有人格所決定。我們得以自由行動只是種幻覺。然而意志，或說物自身，是完全自由的。所以人類同時是被決定的，又是自由的。就算在現象層次上，我們也是被決定的，這是很悲觀的看法。貫穿整本書的悲觀主義溪流，在叔本華把焦點放在人類苦難本質的時候，變成一條洶湧激流。

・苦難與救贖

他在此書大大倚重亞洲哲學傳統，包括佛教與印度教的教誨。維持長時間的快樂，對人類來說是不可能的。我們的構造如此，因此人生就意味著持續的意欲、尋求滿足。在我們達到欲求的事物時，可能會享受到暫時的快樂，而這種快樂不過是從對我們所求之物的想望中解放，卻免不了是短暫的。我們要不是陷入倦怠狀態（一種極端無聊的狀態），就是發現還有未滿足的欲望，驅策我們去尋求這些欲望的滿足。所以，所有人類的生活都是被來回拋擲於痛苦與無聊之間。

不過，要是我們得到深入現實真正本質的洞見，如果我們看透摩耶（譯註：Maya，有多重意義的梵文詞彙，最主要的意義是「幻境」）的面紗（也就是得到關於意志世界的知識），那麼就有得到救贖、永遠逃離苦難的機會，至少能就像藝術能提供的美學凝視暫時狀態一樣，給人至福之感。

朝這個方向的第一步，是體認到傷害別人其實是一種自我傷害，因為在意志的層次上，施加傷害的人跟受苦的人是同一的。只有在現象的層次上，才把他們感知成不同的人。如果我們看出這一點，那麼就會體認到，所有苦難在某種意義上都是自己的，並且就有動機去阻止這樣的苦難。我們會認清，在一個人傷害另一個人的時候，彷彿意志是一隻瘋狂的野獸，用牙齒咬進自己的血肉裡，卻沒有領悟到牠在傷害自己。

叔本華在《意志與表象的世界》結尾概述了更為極端的禁欲主義，對於生命意志的刻意拒絕。禁欲主義者過著貞節而貧窮的生活，這不是為了幫助他人，而是消滅欲望，到最後抑制住意志。透過這種極端的策略，禁欲主義者逃過了在其他狀況下人性處境所免不了的苦難。

・對《意志與表象的世界》的批評

脆弱的形上學基礎

叔本華的書鋪排出一個形上學基礎脆弱的思想體系。整個架構仰賴我們從物自身得到知識，或者透過我們對自己有意而為的身體活動所具備的自覺，而得到某些接觸物自身的管道。可是，對於這種通往意志世界的管道有多大可能為真，如果叔本華評估錯誤，整部作品就會受到損害。有些時候叔本華似乎想要魚與熊掌兼得：他想要主張摩耶的面紗阻止我們得知現實的終極本質，而且我們又能看透這層面紗。

然而，就算我們不接受叔本華思想的形上學基礎，從這本書中還是可以汲取許多關於藝術、經驗與苦難的洞見。整體而言，這個系統可能有缺陷，但並不妨礙叔本華提供一個觀念與思維的豐富泉源。

偽善

叔本華鼓吹把禁欲主義當成救贖的途徑，也是苦難這種在其他狀況下人類處境免不了的特徵的終點。然而他並沒有身體力行，他沒有守貞，還很享受美食。所以我們為什麼要認真看待這樣的偽君子？這個攻擊並沒有嚴重損害叔本華的哲學：一個人完全有可能體認到救贖之道為何，卻沒有實際去追求。雖然偽善是一種不討人喜歡的人格特質，卻不影響論證效力。如果叔本華說得對，禁欲主義提供一種消除苦難的方法，這跟他實際選擇怎麼過自己的生活完全無關。

重要年表

- **一七八八年** 生於但澤（現在的格但斯克）。
- **一八一九年** 出版《意志與表象的世界》。
- **一八六〇年** 死於法蘭克福。

重要字彙

- **禁欲主義（asceticism）**：意味著極端自我克制的生活方式。

- **無私性（disinterested）**：沒有實用性動機要注視某樣東西的人所表現的態度。
- **倦怠（ennui）**：無聊，了無生氣。
- **表象（idea）**：我們對自己表徵的世界。跟作為意志的世界相對。
- **柏拉圖式的觀念（idea〔Platonic〕）**：任何事物的完美理型。舉例來說，柏拉圖相信一張椅子的完美理型是存在的。我們感知到的所有椅子，就只是這個理型或柏拉圖式觀念的不完美副本。
- **形上學（metaphysics）**：現實終極本質的研究。
- **現象（phenomena）**：康德的術語，指的是我們經驗到的世界，與藏在表面之下的本體相對。
- **個體化原則（principium individuationis）**：把實在區分成特定的個別事物，這並不會發生在本體界（作為意志的世界）的層次。
- **壯麗（sublime）**：威脅到人類的事物，然而在變成美學體驗的對象時，就會揭露出其中的柏拉圖式觀念。舉例來說，雷電交加的暴雨，可以很壯麗，而不只是美麗。
- **摩耶的面紗（Veil of Maya）**：阻礙我們感知作為意志的世界（這個世界的實際狀態）的障礙。
- **意志（will）**：物自身，藏在現象背後的終極現實，大多數時候是我們無法企及的，但在我們以意志指揮身體活動的時候可以一窺究竟，也會反映在音樂之中。

進階閱讀

賈納韋（Christopher Janaway）的《叔本華》（*Schopenhauer*）與加德納（Patrick Gardiner）的《叔本華》

（*Schopenhauer*）都是叔本華作品的良好導論。兩書內容都集中在《意志與表象的世界》之上。

布萊安・麥奇的《叔本華哲學》（*The Philosophy of Schopenhauer*）一書，在叔本華對創作藝術家的影響上寫得特別好，也對叔本華的作品做了廣泛的引介。

· 18 ·

《論自由》

彌爾

John Stuart Mill *On Liberty*

我揮拳的自由，止於你的臉所在的位置。就本質上來說，彌爾的《論自由》要傳達的訊息就是這個。要阻止我做任何想做的事情，或者逼我做違背意願的事，唯一站得住腳的理由，就是有別人會被我的行為傷害。我的私生活是我的事，而只要實際上我的作為沒有傷害到任何人，那麼國家或社會就不該插手。任何已成年而且能夠根據所得資訊做出決定的人，都應該能夠自由追求他們認定的美好生活，不受干涉。就算我的行為傷害到自己，也不是國家干預的充足理由。舉例來說，我可以決定忽略身體健康，墮落成一顆沙發馬鈴薯，而且應該有自由可以這樣做。只有在小孩子、還有因為心理疾病無法為自身決定負責的人身上，才能夠合理化父權主義。這個意思是，站在比當事人更明白怎麼樣對他們更好的立場上，控制當事人的作為。比較有爭議性的是，彌爾也相信，對於無法判斷怎麼樣對自己最好的「未開化」之人來說，父權主義也是合理的。然而應該放任剩下的人，因為這是提升世界整體幸福水準的最佳辦法。

・作者

雖然《論自由》一直都被指稱是彌爾的作品，他在這本書的導論跟他的自傳裡，都強調這本書其實是跟妻子哈莉葉・泰勒（Harriet Taylor）合著的，她在此書完成前就去世了。哲學史家爭辯著她對於成書的內容到底有多大程度的影響，不過彌爾本人擺明了把她當成合著者（雖然他沒有做到把她的名字也放在書名頁上的地步）。

・傷害原則

彌爾在自傳中描述《論自由》是「關於一種單一真理的哲學教科書」。這個單一真理通常稱為傷害原則，或者自由原則。這個觀念前面已經提過：要阻止我做任何想做的事，唯一可接受的理由是此事對其他人的潛在傷害。這跟論證支持無限自由非常不同。彌爾認為，要是不給自由強加某些限制，在社會中生活根本是不可能的。他要處理的問題，是在應該容忍與不該容忍的事物之間劃一道界線。

支持傷害原則的基礎，來自彌爾對效益主義的信奉。根據效益主義，任何情境下的正確行為，是由結果的價值來決定。任何能夠帶來最大福祉的事物，就是道德上正確的事（雖然在彌爾的計算上，不是所有類型的福祉都有相同地位）。彌爾論證說，如果容許個人有空間追求他們有興趣的事物，整個社會都會獲益。我比其他人更清楚哪種生活對我最好。就算我弄錯了，我為自己做選擇，也好過被迫接受別人「現成」的好生活概念。彌爾相信，容許個人追求包羅萬象而不相容的生活方式，遠遠勝過逼人進入某種社會一致性的模式。他是個經驗主義者，因此相信在大多數事務上，發現真理的道路是做實驗。只有藉著嘗試以不同方式解決人類困境，社會才會興盛；這是通往社會進步的大道。他贊成所謂的「生活實驗」。相對來說，不假思索的順從導致停滯與選擇受限，這樣做的結果就是種種不幸，還有人類潛能受到妨礙。有一件很重要的事情必須理解，彌爾並非要論證，我們全都有對自由的自然權利，他根本不相信自然權利這個觀念說得通。為了方便，我們可能會講到自由的「權利」，不過對彌爾來說，這種權利總是必須能夠翻譯成一種「怎麼樣最能提升福祉」的普遍原則。是效益主義支持著《論自由》裡的方針，而非自然權利理論。

有些人想要實施法律，限制合意的成人私底下的作為，《論自由》有一部分就是針對這樣的人而寫（所以此書在近年來，為電影審查與同性戀等議題的法律改革，提供了知性上的支持）。不過此書也針對彌爾所說的「多數暴政」，即多數觀點造成的社會壓力，這可能阻止某些人執行他們的生活實驗，雖然沒有法律禁止他們這麼做。如果我選擇的生活方式冒犯了鄰居，就算我做的事情沒有直接傷害到他們，他們還是很可能讓我的日子過得很難受，並因此有效地阻止我行使在法律範圍內擁有的自由。彌爾相信，從眾的社會壓力損害了自由，並且把每個人都壓低拉平到一種不思考的平庸程度，這樣到頭來對所有人都更不好。

這樣清楚帶出一個重點，某些想要利用彌爾傷害原則的人卻會忽略，就是只有冒犯他人並不等於傷害他人。如果你知道我選擇非傳統的生活方式，或許有好幾個同性伴侶、身為裸體主義者，或者有異性扮裝癖，而因此覺得被冒犯，那並不構成足夠理由，要用法律或社會壓力強迫我改變行為。如果容許冒犯被當成傷害，彌爾的原則就會變得完全不合情理，因為幾乎每種生活方式都會冒犯某人。講到「傷害」的時候，彌爾確切的意思並不總是很清楚，這已經是許多討論的焦點所在；不過他很明白地反對冒犯他人算是傷害的觀點。彌爾鼓吹的那種容忍，並不表示你必須贊同其他人古怪的人生選擇。你有權認為其他人過活的方式令你厭惡。你可以設法教育他們，去做出比較好的選擇；而國家有正當理由，在兒童身上強制實施某種教育體系，讓他們成人以後，比較不會追求自毀的生活方式。不過，你對於其他成人選擇的生活方式感到厭惡，這一點絕對不足以合理化任何逼迫他們改變行為的干預。一個文明社會的標記，就是可以容忍多元。

彌爾的原則並不是要被當成跟真實生活無關的抽象哲學理念。他想要讓這個世界往好的方向改變。為了這個目的，他把焦點放在這個原則的應用方式上。在這些應用中，最重要的是他對於思想與討論自由，通常稱為「言論自由」所做的討論。

・言論自由

彌爾是言論自由的熱情辯護者。他論證說，思想、言論與寫作應該只在明確有煽動暴力的風險時，才要受到審查。話語被說出來或者寫下的脈絡，會影響這些話語的危險性。如同彌爾指出的，在報紙上登出玉米商人讓窮人餓到沒命的看法是可以接受的。然而，如果在玉米商人住宅外面對一群憤怒的暴民講同樣的話，我們就有很好的理由要讓講者閉嘴。引發暴動的高度風險，證明干預是合理的。今日對於言論自由的辯論，常常聚焦在色情或者種族主義上；對於在十九世紀寫作的彌爾來說，他最主要關心的是批評宗教、道德或政治正統觀點的寫作或言論。他認為就算某個觀點是假的，壓制它造成的傷害都會比容許它自由表達來得更大。在《論自由》中，他為這個立場作出詳盡的辯護。

如果某人表達一個爭議性的意見，會有兩種基本的可能性：其一是該觀點為真，其二是該觀點為假。也有一種比較模糊的可能性：雖然為假，卻包含一點真實的成分。彌爾考慮了這三種可能性。如果該觀點為真，那麼壓制它就意味著我們沒有機會擺脫錯誤。他的假定是，真相比謊言好。如果這個觀點為假，那麼不先聽一聽就直接讓它消音，會損害大眾反駁這個觀點的可能性，而他相信真相會被視為與錯誤衝突之後的勝利者。舉例來說，彌爾會容忍種族主義者的意見，只要他們不煽動暴力就好，因為他們可以接收來自公眾的反駁，也可以被證明是錯誤的（假如這種觀點確實是錯的）。

如果被表達的觀點包含一點真實的成分，讓它噤聲可能讓真實的部分無法為人所知。舉例來說，種族主義者可能指出這個事實：某個特定族裔團體的成員，平均來說離開學校時得到的資格證書少於一般基準。種族主義者可能把這當成那個族裔團體成員本質上比較低劣的證據。然而就算這個觀點非常有可能錯誤，而證據本身卻可能包含某些真相，在這裡指的是，這個族裔團體成員在離校時拿到的資格證書確實比較少。這個證據的真正解釋，可能是他們被教育系統歧視，而不是他們本身資質比較差。彌爾認為如果讓你確信為假的意見噤聲，就有風險會忽略掉錯誤意見也可能包含部分真相。

為了讓一個觀點消音，你必須對自己的無誤性（infallibility，意指不可能犯錯）很有信心。不過對這方面，我們沒有一個人能擁有完全的信心。沒有一個人類絕對不會弄錯什麼是真的。歷史上充滿了這樣的例子，真理受到壓制，壓制者則真心相信這種觀點是被誤導的鬼話。想想教會如何壓制地球繞日而非日繞地球的說法吧。伽利略跟他的追隨者因為他們的信念而受到迫害；迫害者很確信自己的觀點是正確的。

不過當然了，審查員有正當理由在機率的基礎上，做出判斷吧？他們可能不是絕對無誤的，但在某些狀況下，可以幾乎確定自己是對的吧？可以達成絕對確定的議題，是非常稀少的。對於確定性的要求，不會讓我們癱瘓到無法行動嗎？彌爾對此的反應是，容許其他人有牴觸我們的自由，是我們能對自己的判斷保有信心的其中一種主要方式。比起從來沒被挑戰過的觀點，對於一個能撐過仔細檢視與批評的觀點，我們會更有信心。除此之外，就算某個觀點明顯為真，為這個觀點辯護、反駁錯誤觀點，會讓真確的觀點保持活力，並且避免它變成無法刺激任何人行動的死硬教條。

・對於《論自由》的批評

宗教上的反對意見

儘管事實上彌爾很熱心提倡宗教容忍，他對自由的觀點有時候會在宗教立場上受到攻擊。某些宗教的教誨是，國家的部分角色在於加強神賜的道德法則。對於這種宗教的成員而言，要說他們可能在自己的宗教義務上誤入歧途，可能很不可思議。舉例來說，如果你所屬的宗教規定說，所有同性的性活動都是罪惡，你的宗教又是國定宗教，那麼你可能會相信國家應該禁止所有同性性活動，儘管事實上這樣做對任何人都沒有直接傷害。你可能認為，這種禁令是否對促進幸福有益是不相干的。相反地，彌爾會論證說，因為這個禁令會傾向於降低幸福，限制人類的潛能，因此不該實施。這兩種觀點之間的抵觸實在太直接，以至於沒有明顯的妥協之道。

模糊的傷害概念

傷害原則提供了《論自由》的核心，不過彌爾對於他所謂的傷害是什麼，講得很模糊。他把「被冒犯」排除在外，不把這算成一種傷害。然而在書裡的某處，他承認某些可以在私底下容許又沒有傷害的行為（他想到的大概是性行為），在大庭廣眾之下發生就該被阻止。這似乎跟他在書中其他地方所說的不一致，因為他論證過，只有在一個行為造成傷害的時候，才有正當理由干預。此外，就算造成身體上的傷害，傷害要到達什麼樣的門檻值介入才合理，也並不是很清楚。

在此為彌爾說句話，《論自由》並無意為這個主題蓋棺論定。

私德有虧傷害社會

有個論證據稱可以合理化國家干預，以國家力量去阻止某些私下進行又沒傷害到別人、或者只發生在合意成人參與者之間的活動，那就是一個社會要靠一組共同的基本道德原則才能存在。如果這些原則受到損害，無論是公開還是私下的，接下來社會的存續都可能受到威脅。所以為了社會存續，干預可能是必要的，因為能夠達成個人幸福的可能性，基礎就在於社會存在。

這種批評的基本假定是具爭議性的。有很多證據顯示，許多社會可以容忍道德多元性，而沒有解體。

不符效益主義

彌爾對《論自由》中的信條所做的理論性辯護很明白，效益主義提供了傷害原則的最終證成理由。然而，有一些批評家指出，彌爾似乎偶爾也論證了，無論自由對整體福祉有沒有貢獻，都是某種有內在價值的東西。內在價值通常跟工具價值相對。內在價值是指事物本身所具備的價值；工具價值，則是某事物因為可以被用來取得其他東西而具備的價值。（舉例來說，金錢有工具價值，因為金錢對我們的價值在於其用途，而不在於銅板或鈔票本身）。效益主義者相信唯一具有內在價值的東西是人類的福祉，而其他一切具有價值的東西，都是帶來人類幸福的工具價值。所以，我們會期待一個效益主義者說，自由唯一的價值就是有益於幸福快樂。不過這樣的觀點並不會明顯導向彌爾的結論，即我們應該永遠保持個人自由，只有可能傷害到他人的狀況除外。的確，舉例來說，一個嚴格的效益主義者可能會聲稱針對言論自由，在某些特定案例中，可能有很好的理由要把某種真確的觀點消音，因為幸福快樂會因此增加。如果我有可靠的資訊，說在接下來幾週裡會有顆彗星撞上我們的星球，全人類都因此消滅，你可能有很好的效益主義理由來壓制我的言論自由。如果眾所週知我們的種族就要被殲滅，相當明顯的是，比起無知的幸福狀態，人類整體不快樂的程度會大幅增加。

彌爾指出，言論自由總是最好的，只有在結果造成直接傷害的風險很大的時候才例外。效益主義並不明顯能為這麼強烈的立場提供理論上的辯護。而這種反對意見並不必然會損害彌爾的結論，只能指出，他沒有為這些立場提供一個讓人信服的效益主義式辯護。

過度樂觀

彌爾對於自由及其後果的許多觀點是很樂觀的，其中有一些可能太過樂觀了。舉例來說，他假定成人通常都了解什麼最有可能增進自己的福祉。不過，真的是這麼回事嗎？我們許多人都是自我欺騙的專家，而且很容易就受到誘惑，為了一時之快犧牲了長期快樂的機會。我們告訴自己各種故事，描述什麼會改善我們的生活，然而在清醒過來反省的時候，這些故事常常都變成方便的虛構。如果事情就是這樣，沒有陷入當局者迷的旁人，很可能比我更適合評估我該怎麼過生活。不過當然了，讓別人替我選擇怎麼過活所產生的任何益處，都會被隨之而來的失去自我方向感給抵銷掉。

另一個彌爾或許過度樂觀的領域，是言論自由。他假定在真理與錯誤衝突的時候，真理會戰勝。不過也可能不是這樣。他低估了人類生活中不理性的力量。我們許多人有強烈動機相信不真實的事情。容許錯誤的觀點自由流傳，實際上可能會在容易受騙的人身上生根，然而要是這些觀點被消音，就不會發生這種事。科技上的改變，結果也造成種種觀點散播得更廣。然而沒有任何證據顯示，分歧又廣為傳播的種種觀點之間，真理有戰勝錯誤的強烈傾向。在這種狀況下，某些人可能認為有很好的理由支持審查制度。然而任何未來的審查員都必須面對彌爾的看法：如果你壓制別人的意見，就意味著假定你是不會錯的，還有消音某個觀點的有利影響超過不利影響。

積極自由

對於彌爾所謂的自由，更進一步的批評是，他聚焦於免於干預的自由，並且為容忍精神作辯護，但他也因此錯失了「自由」一詞更重要的意義。彌爾為一般所謂的消極自由，或者「免於……的自由」提供了一套解釋；某些批評家則相信，他沒有解釋積極自由，或者「去做……的自由」。為積極自由辯護的人論證說，因為社會是不完美的，光是讓人有空間好好度日，並不足以保障他們的自由。要達到自由還有無數的障礙，從缺乏物資與教育資源，到取得成功的精神性阻礙都包括在內。為積極自由辯護的人相信，為了實現你身為人類的潛力，從而得到真正的自由，所有種類的國家干預可能都是必要的，而有時候這可能導致，人民能進行的活動範圍被縮減，就算這個活動並沒有直接傷害到其他人。某些更加極端的積極自由辯護者甚至相信，「逼人自由」是可以接受的，而且這個概念本身並無矛盾之處。相對來說，在彌爾的術語裡，如果你被迫做某件事，那麼從定義上來說，你就不可能是自由去做的。

重要年表

- **西元一八〇六年** 生於倫敦。
- **西元一八五九年** 出版《論自由》。
- **西元一八六三年** 出版《效益主義》。
- **西元一八七三年** 死於法國亞維農。

重要術語

- **強迫（coercion）**：利用逼迫來讓某人做某事。
- **可誤性（fallibility）**：我們傾向於犯錯的事實。
- **傷害原則（the Harm Principle）**：強迫另一個人的行動的唯一理由是，如果不這樣做，就可能傷害到別人。有時候稱為自由原則（Liberty Principle）。
- **消極自由（negative freedom）**：免於限制的自由。彌爾鼓吹主要是這種自由。
- **父權主義（paternalism）**：為了某人好，逼迫此人做或者不做某事。
- **積極自由（positive freedom）**：實際上做你真正想做之事的自由。積極自由的障礙可能是內在的，也可能是外在的。舉例來說，意志薄弱可能阻礙你在這方面的自由。
- **容忍（toleration）**：讓人照著自己的希望去過生活，就算你並不贊成他們的選擇。
- **效益主義（utilitarianism）**：一種道德理論，宣稱在任何狀況下，道德上正確的行為就是最有可能達成幸福最大化的行為。

- **效益（utility）**：對彌爾來說，「效益」是一個術語，指的是幸福快樂而不是有用。如果一個行為增進效益，只表示該行為增加了福祉。

進階閱讀

以撒・柏林的兩篇論文〈彌爾及生命盡頭〉（John Stuart Mill and the Ends of Life）與〈自由的兩大概念〉（Two Concepts of Liberty），都收錄在他的《自由四論》（*Four Essays on Liberty*，陳曉林譯，聯經出版）中，並處理《論自由》中提到的核心議題。

阿蘭・賴恩編選的《彌爾》（*Mill*）包含《論自由》與《論婦女的附屬地位》（*The Subjection of Women*）兩本書的原文，還有評註選集。其中也包括一篇有註解的傳記。

史考路斯基（John Skorupski）的《彌爾》（*John Stuart Mill*）對於彌爾的整體哲學提供了詳盡的描述，也包含對於《論自由》的討論。

我的《自由：閱讀文選》（*Freedom: An Introduction with Readings*）。這本書本來是為了英國公開大學哲學課程的一部分而寫，其中檢視了彌爾在《論自由》中的論證。

彌爾的最佳傳記是理查・里夫斯（Richard Reeves）的著作《彌爾：維多利亞時代煽動者》（*John Stuart Mill: Victorian Firebrand*）。這本可讀性很高的書把彌爾放在歷史脈絡中，而且還有最近的學術研究作為基礎。你可能也會很享受彌爾的《自傳》（*Autobiography*）。

· 19 ·

《效益主義》

彌爾

John Stuart Mill *Utilitarianism*

讓幸福最大化。這是效益主義的簡化誇張版說法，不過確實捕捉到這個理論中的某些真實與核心部分。彌爾是最有名的效益主義哲學家；在《效益主義》裡，他發展並修正這個理論較為粗糙的版本，即他的導師邊沁提倡的那個版本。為了了解彌爾的方法，看他和邊沁的版本有何差別是很重要的。

・邊沁的效益主義

對邊沁來說，在任何狀況下，道德正確的行為就是傾向於讓整體快樂最大化的那一個。他設想中的快樂是一種至福的心理狀態：樂趣，以及沒有痛苦。這種狀態在世界上越多越好。這種樂趣是怎麼樣產生的並不重要。邊沁有個著名的說法，在兩者產生等量樂趣的狀況下，推釘遊戲（一種在酒吧裡玩的遊戲）就跟詩歌一樣有價值。在計算一個行為產生多少樂趣的時候，每個人的地位都是平等的，而樂趣的總和決定了我們應該如何行動。這是最直截了當的效益主義形式。

舉例來說，如果一位效益主義者想要決定該把她的錢留給一位窮親戚，還是分給二十個過得夠舒服的朋友，她會計算兩種行為產生的整體樂趣有多少。雖然繼承財產可能讓窮親戚非常快樂，快樂的總值可能還是少於讓二十個過得夠舒服的朋友得到中等程度的快樂。如果這一點是真的，這個女人應該把錢留給朋友們，而不是那位親戚。

彌爾贊同邊沁的許多信念。舉例來說，彌爾的最大快樂原則，只是「行為在傾向於提升快樂時就是對的，在傾向於製造出與快樂相反的狀態時就是錯的」。邊沁與彌爾都是快樂主義者，也就是說，他們的倫理學方法是奠基於對快樂的追求之上（不過，不只是追求個人自身的樂趣，而是追求最大的總體樂趣）。對兩位哲學家來說，行為都應該根據它們可能的結果來判斷，而不是根據任何宗教教條，或者仰賴一組不計後果都要遵循的約束原則。

「最多數人的最大快樂原則」這句話，有時候用來形容效益主義者的倫理學取向，但這個說法可能具有誤導性。邊沁與彌爾雙方都感興趣的是達成最大的累計快樂（也就是最大總量的快樂），不管這種快樂怎麼分配。要是讓少數人極端快樂的快樂總值，多於讓絕大多數人只稍微快樂一點的快樂總值，那麼認為第一種狀況比第二種狀況更好，與這種倫理學取向是一致的。

彌爾式效益主義跟邊沁式效益主義的不同，在於彌爾對於快樂提出比較細緻的說明。對彌爾來說，樂趣在品質上可分為不同種類：高等與低等樂趣。高等樂趣比低等樂趣更優先。相對來說，邊沁對所有樂趣一視同仁。

・彌爾論高等與低等樂趣

對於像邊沁的簡單版效益主義，一個常見的批評是它把人類生活的種種微妙之處，化約成動物式樂趣的刻板計算，卻沒考慮到這些樂趣是怎麼樣產生的。這種效益主義被嘲弄成只配得上豬的教條。

彌爾用他對高等與低等樂趣做出的區分，來對付這種批評。正如他所說的，做個不滿足的人類好過做一隻滿足的豬；做不滿足的蘇格拉底，勝過一個滿足的傻瓜。人類能夠享受知性的樂趣，也能享受獸性的身體樂趣；豬則無法擁有知性上的樂趣。彌爾主張，知性樂趣，即他所說的高等樂趣，在本質上就比低等的肉體樂趣來得有價值。他支持這個看法的論證是，兩種樂趣都感受過的人，肯定會比較喜歡知性的樂趣。這讓他面對一個尷尬的事實，即有些能夠體驗崇高知性樂趣的人，卻投身於放蕩與感官滿足的生活裡。他對這種狀況的反應是，他們是被即食感官滿足的誘惑引向歪路；他們完全清楚，高等的樂趣比較值得。

・效益主義的「證據」

顯然該問的問題是：「為什麼要讓快樂最大化？」彌爾的答案具爭議性，不過一個應該理解的重點是，他從來沒聲稱這個答案為他的理論提供了決定性的證成理由，他不相信像效益主義這樣的理論能夠被證明為真。

他說，快樂本身被當成追求的目的。所有人類活動的終極目的就是快樂，還有迴避痛苦。其他一切可欲之物之所以讓人想要，是因為對這樣的生活有貢獻。如果你把人生消磨在收集美麗的藝術品上，這個活動就是一種獲得樂趣的方法。又比方說，如果某人反對彌爾的說法，聲稱他們把美德本身當成追求的目的，與美德可能導致的任何快樂無關，彌爾會回答說：那麼美德就是他們快樂生活的組成元素，美德變成了那個人的一部分快樂。

最大快樂原則主張所有人類生活的目的或目標，就是快樂與迴避痛苦。讓人想要的事物，只有這些能夠作為目標；其他一切都是達成目的的手段，才會讓人想要擁有。所以「為什麼要讓快樂最大化」這個問題，其實談的不過是什麼讓快樂變成人之所欲。彌爾用一個類比來回答這個問題。我們可以證明一個物體可見的唯一辦法，就是證明人實際上可以看得到它。他主張同理可證，對於「快樂是讓人想要的」，我們能給出的唯一證據，就是人實際上確實想得到它。每個人都發現他或她想要自己的快樂，所以普遍的快樂就是個人快樂的總和，快樂本身是讓人想要的。

・對《效益主義》的批評

「證據」是奠基於不良論證之上

彌爾嘗試證成「我們應該把快樂最大化」的信念，他的嘗試中包含某些疑似不良的論證。這些問題大多數是由亨利・西吉威克（Henry Sidgwick）所提出的。首先，從可見之物推論到可欲之物（讓人想要的東西）這一步，是具有誤導性的。彌爾認為，因為我們可以藉著指出被看到的東西，分辨出什麼是可見之物，所以順理成章，我們可以藉著指出人實際上想要什麼，來分辨出什麼是讓人想要的東西。不過經過更仔細的檢視，「可見的」與「可欲的」之間的類比就站不住腳了。「可見的」指的是「可以被看到」，但「可欲的」通常指的卻不是「可以被欲求」，這個詞彙通常的意思是「應該被欲求的」或者「值得被欲求的」，而彌爾用在他論證裡的肯定是這個意思。一旦指出兩個詞彙之間的類比有弱點，就很難看出描述人類實際想要的東西，怎麼可能揭露出人應該想要什麼？

不過就算彌爾確立了在恰當的意義上來說快樂是可欲的，這也會在邏輯上導致利己主義，每個人都追求他或她自己的快樂，而不是以更具善意的效益主義態度，盡可能以達成最大幸福為己任。彌爾認為，因為每個人想要得到他或她自身的快樂，所有這些個人快樂的總和可以直接相加，得到一個累計值，這本身就會是可欲的。但完全不是這麼順理成章。他需要更強得多的論證，來證明總體的快樂，而不只是我們的個人快樂，是我們全體都該追求的東西。

計算的困難

就算彌爾已經確立了良好的立場，在倫理學方面採用效益主義的方法，對於這個理論及其應用，還是有些他必須面對的反對意見。一個實際的困難是，計算在許多可能的行動之中，哪一個最有可能造成整體最多的快樂。在你必須迅速做出一個道德決定的時候，這可能會讓人特別困擾。比方說，如果你面對的難題是，在一棟著火的建築物裡有三個人困在裡面，你卻只能救一個，你要救哪個人？在這樣的情境裡，你不會有時間坐下來計算可能的結果。

彌爾對於這種反對意見的回應是，在整個人類歷史裡，人類已經從經驗中學習到不同種類的行動可能會有的進程。解決方案是，對於哪種行動傾向於讓快樂最大化，想出某些普遍原則，而不是每次面對一個道德決定就回歸最大快樂原則。然後，彌爾表示過生活的理性方法意味著採用某些普遍原則，而不是永遠在計算可能的結果。所以他的效益主義分成兩階段：在效益主義立場上衍生的普遍原則，然後在個別例子裡應用這些原則。

高等／低等樂趣

彌爾把樂趣區分成兩個範疇，帶來了幾種問題。因為這些樂趣是種類上的不同，而不只是程度上的差別，這讓行為結果的計算與比較更複雜得多。高等與低等樂趣無法用同一標準衡量，也就是說，兩者沒有可以衡量比較的共通幣值。所以我們不是很清楚，在高等與低等樂趣都要計算的狀況下，到底要怎麼應用彌爾版的效益主義。

此外，高等／低等樂趣的區別看起來像是個對他自己有利的區別。發現一個知識份子辯護說，知性活動創造的樂趣，比僅僅身體上的樂趣更讓人滿足，一點都不讓人感到意外。這一點本身並不證明這個理論是錯的；只是揭露出一個事實，說知性樂趣在本質上比其他樂趣更有價值，對彌爾來說有既定的好處。

難以接受的結果

在某些案例裡，嚴格應用效益主義原則造成的結果，是許多人無法接受的。舉例來說，如果有件恐怖謀殺案發生，警方發現一個嫌犯，他們知道此人並沒有犯下罪行，但可能有效益主義上的理由要陷害他，然後給他相應的懲罰。假定大多數群眾對都對犯人被抓到並受罰感到高興，只要沒有人發現他實際上是清白的，大家就會一直很高興。這個清白之人受的苦對他來說很大，但在結果的計算上，會敗給幾百萬人看到他們相信正義伸張之後所感覺到的樂趣。不過，這種效益主義道德的結果，對我們大多數人來說都是難以忍受的。我們的直覺是，懲罰無辜之人是不正義的，不管這個做法帶來多好的結果都不該被容許。

對於這種批評的回應之一，是把效益主義修正成一般所稱的「規則效益主義」。在此行為的普遍原則，是從效益主義立場上發展出來的，像是一般來說，懲罰無辜的人產生的不快樂多於快樂。所以在少數特例裡，好比說在現有的選擇之中，懲罰無辜的人實際上可能會製造出最大量快樂總和時，還是得遵循這些普遍原則。某些人聲稱彌爾本人就是個規則效益主義者。然而更可能為真的是，彌爾提到在你面對必須迅速決定的情境之前，先發展出行為普遍守則（而不是必須當場做計算）的時候，他只打算發展出一些實用經驗法則，在特例裡可以被打破的普遍化原則，而不是非遵守不可的行為準則。

重要年表

- 見前一章。

重要字彙

- **利他主義（altruism）**：為了別人而不是任何自私的動機，而去幫助他人。
- **利己主義（egoism）**：光為了個人利益而行動。
- **最大快樂原則（Greatest Happiness Principle）**：效益主義的基本信條，也就是說，在任何狀況下，最有可能讓快樂最大化的行為，就是道德上正確的行為。
- **快樂主義（hedonism）**：追求樂趣。
- **高等樂趣（higher pleasure）**：比較知性的思想與藝術賞析之樂。彌爾認定這些樂趣比低等的身體樂趣更有價值。
- **低等樂趣（lower pleasure）**：動物還有人類都可以經歷的身體樂趣，像是來自進食或性愛的樂趣。
- **規則效益主義（rule utilitarianism）**：效益主義的一個變種，這種效益主義不把重點放在特定的行動上，而是看哪些類型的行動傾向於讓快樂最大化。
- **效益主義（utilitarianism）**：一種道德理論，主張在任何狀況下，道德正確的行為就是最有可能讓快樂最大化的行為。
- **效益（utility）**：對彌爾來說，「效益」是個術語，指的是快樂而非有用。如果一個行動增加了效益，只表示它增進了快樂。

進階閱讀

克里斯普（Roger Crisp）的《彌爾的效益主義》（*Mill on Utilitarianism*）對於彌爾的道德哲學是很清楚的批判研究。

葛樂弗（Jonathan Glover）編選的《效益主義及其批評》（*Utilitarianism and its Critics*）是以效益主義為主題的優秀讀本選集。其中包含各種類型效益主義作者的選粹——彌爾也在內——並且為每篇選文都提供簡短清楚的導讀。

關於彌爾的進階閱讀，請見前一章結尾的推薦讀物。

· 20 ·

《非此即彼》

齊克果

Søren Kierkegaard *Either/Or*

《非此即彼》比較像是一本小說，不像一本哲學專著。而且就像大多數的小說一樣，不適合改寫釋義。雖然如此，此書的核心關懷很清楚，就是亞里斯多德問的問題：「我們應該怎麼活？」齊克果對這個問題的答案，含糊到足以在背後留下一條自相矛盾、甚至有時讓人困惑的詮釋路徑。至少在表面上，這本書探索了兩種在根本上不同的生活方式，美學式與倫理學式的。但這種探索是從內在開始的：兩種觀點並不是由誰來概括說明，而是由兩個角色（這部作品的虛構作者）自己表達的。

・假造作者身分

齊克果的寫作有某種戲耍性質。這種性質的一個面向表現在他假造的作者身分上，這不只是說齊克果用一連串的筆名寫作；他還創造出虛構的角色，不同於他自己，他用這個角色的聲音寫作。《非此即彼》的語氣在序言裡定型。敘述者名為維克特・艾爾米塔（Victor Eremita），講述他如何得到後來出版成《非此即彼》的手稿。他買了一張二手書桌，那是一張有抽屜的寫字台，本來擺在一家店鋪櫥窗裡讓他心動了很長一段時間。有一天，就在他要出門度假的時候，書桌的一個抽屜卡住了。他情急之下踹了書桌一腳，一個秘密嵌板就彈開來，露出一堆藏起來的文件。這些文件看起來是由兩個人寫成的，他把他們稱為「A」跟「B」，還把文件整理好以後付梓。結果揭露B是一位叫做威廉的法官；而我們從未得知A的身分。當然，這個說法是向壁虛構；A跟B也都是虛構角色。有抽扉的寫字台提供了關於本書中心主題的隱喻：表象與現實之間的不一致，或者就像齊克果自己常說的，「內在並不是外在」。

捏造其他作者的技巧，讓齊克果可以跟他在書裡探索並表達的觀點保持距離，並且把他自己的立場藏在角色們的背後。不過這也容許他進入他招喚出的各種立場之中；從一個想像人物內在生活出發的觀點來研究他們，而不是透過哲學家通常使用的冷靜抽象過程。這是齊克果式間接溝通方法的其中一個面向：一個很自覺的嘗試，藉著表現出人生中的種種面向，而非描述抽象、非個人性的概念，來傳達關於活生生人類的真相。

・此

這本書的第一部分稱為「此」，是大家通常會讀的部分。大多數讀者覺得比起B下筆紮實而有幾分生硬的章節，A的文筆更加有趣而多元。鮮少有享受〈此〉部分的讀者，費事又辛苦地去閱讀〈彼〉的每一頁，甚至也不讀通常會出現的刪節版。雖然如此，〈彼〉的某些部分，對於A的人生方法，即美學式的方法，提供了就算略帶偏見，也還是很詳細的評註，同時為B倫理學式的取向做辯護。A的文字並沒有為他的人生方法做出直接的描述，反而是透過這種生活方式所關切的事及其寫作風格來提供佐證。

・美學式的人生方法

簡單來說，美學式人生方法的核心，就是對感官樂趣的快樂主義式追求。不過這還不能恰當地描述齊克果對這個詞彙的特殊使用方式，因為這個說法暗示的是一種滿足身體獸性的渴望；然而對齊克果來說，美學式態度包括知性唯美主義者更精緻的追求樂趣過程。唯美主義者的樂趣可能是來自對美的凝視，還有對藝術品的細緻鑑賞；或者可能包括虐待狂式行使權力帶來的愉悅，這種態度展現在〈此〉篇中稱為〈誘惑者日記〉的章節裡。所有這些樂趣都是A所尋求的。

對齊克果來說，美學式的人生方法意味著無休止地尋求新的樂趣，因為對某個採行這種生活方式的人來說，最糟糕的事就是變得無聊。對唯美主義者來說，無聊是萬惡之源。所以A建議了一種半認真的防無聊策略，他開玩笑地稱之為「輪作」。

・輪作

輪作意味著肆意改變你對於生活、或者任何恰巧涉及你的事情的態度。就像農夫用來補充土壤營養的方法，獨斷地轉換觀點應該會讓人補足能量，並且有助於擊退無聊。A的例子是必須聽某個無聊的傢伙說話，當A開始專注於那人鼻子上流下的汗滴時，這個無聊的傢伙就不再無聊了。在這一刻，齊克果似乎在他讚揚專斷乖僻人生取向的過程中，播下了超現實主義的種子。他建議從一齣戲的中間部分開始看，或者只讀一本書的第三部，藉此得到一種嶄新而且有潛力變得很刺激的角度，去看待在其他狀況下可能讓人厭煩的東西。

在構成〈此〉的各種文章裡，話題與風格不停地變換，反映出美學式人生取向永遠在尋求新鮮刺激的特色。這一點在開頭的部分最顯而易見，這一部分稱為 Diapsalmata（希臘文中的「疊句」），那是一連串零碎的評論與格言。〈此〉篇的其他部分則是以偽學術論文或其他形式呈現，值得注意的是，在某個例子裡，是用日記的形式寫成。

•〈誘惑者日記〉

〈誘惑者日記〉是〈此〉篇裡的中篇小說。這個出色的故事，以諷刺的方式道出一位年輕女子柯迪莉亞被引誘的過程，如同標題所指出的，內容包含一部日記，但也有那位女子寫給誘惑者的信。它本身就算是一部完整的文學作品；然而在《非此即彼》之中，這部作品為美學式取向範圍內的生活方式，提供了一個個案研究，這種生活方式嘗試以詩意的方式、而非倫理學的方式過生活。

在《非此即彼》的序言裡，整部作品的虛構編輯者維克特‧艾爾米塔，介紹了這部日記，他聲稱是從寫字台中的文件裡發現的。不過在日記裡對作者身分還有更進一層的掩飾，日記本身也有序言，疑似由某個認識主角的人寫下的。艾爾米塔把注意力引向他所說的這個「中國多寶槅」，暗示日記的編輯者可能是誘惑者本人的化身，用來讓自己跟書中描述的事情保持距離。當然，身為《非此即彼》的讀者，我們與這些事件之間的間隔立刻就比艾爾米塔再多一層，我們很清楚，艾爾米塔只是齊克果戴上的另一層面具，而日記中描述的事件幾乎可以肯定是哲學家運用想像力的創作，而不是某個實際事件的描述。我們可能也會把他對這種保持距離的技巧所做的說明，同樣應用在齊克果在整本《非此即彼》中使用假名、讓作者身分成謎的做法上。艾爾米塔描述A對〈誘惑者日記〉的態度，可能就像一個人重述嚇人夢境時嚇著了自己，暗示這可能就是為什麼他必須藏在想像的編輯面具之後。

誘惑者的目標是讓某個特定的年輕女子愛上他。他成功辦到了，然後又收回所有情感。他的樂趣不在於簡單的肉體滿足，而是某種精神上的虐待狂。

對於採行美學式人生方法的人來說，誘惑是一種典型的消遣，而且很重要的是，在〈此〉篇中較早的一篇論文〈愛欲的立即階段〉是致力於檢視莫札特的作品《唐喬凡尼》，這齣歌劇描述一位誘惑慣犯的命運興衰。對A來說，《唐喬凡尼》是一位偉大作曲家的最高成就。埋藏在底下的暗示是，A被這齣歌劇吸引，因為在種種重要的面向上，歌劇主角的生活方式跟他相仿。

・倫理學式的人生方法

在〈此〉篇裡讀者必須辛苦努力，才能稍微得知這些文字描繪說明的觀點，但在〈彼〉篇裡，觀點被清楚地陳述出來，而且大多數是刻意反對A生活型態的種種面向。〈彼〉篇的匿名作者B，或稱威廉法官，不只是闡述自己的人生取向，也批評A的人生取向；所以，在你讀〈彼〉篇的時候，〈此〉篇的意義會浮現出更清楚的圖像。

相對於A的人生耗費在追逐樂趣，B提倡的是一個選擇他或她自身行為的人生。如同B描述的，唯美主義者的人生把個人置於外在事件與情境的反覆無常之中，因為我們無法光是選擇樂趣源頭，還必須仰賴世界的種種面向來加以刺激。相反地，倫理學式的方法總是從內在得到動機：那不是學會一組規則並加以遵循，而是把自己轉變成某個選擇與義務正好相符的人。從這個觀點來看，唯美主義者A只是躲在一組面具背後，逃避自由帶來的責任。倫理學式的方法需要對自我的知識。採用這種方法的重點，在於把自己轉變成B所謂的「普遍之人」，也就是說，以某種方式選擇變成人類的模範。B聲稱，這揭露了人類真正的美，而唯美主義者標榜對美的追求，卻永遠不可能揭露這樣的美。

・對《非此即彼》的解讀

存在主義的詮釋

根據《非此即彼》的存在主義詮釋，讀者面對的是兩種人生取向的極端選擇。並沒有什麼指南可以指出如何選擇：我們必須選擇這條路或那條路，並且透過這個選擇創造自己。然而跟主宰啟蒙時代的觀點相反，對於「我們應該怎麼活」這樣的問題，並沒有所謂的「正確」答案。選擇倫理式生活勝過美學式生活的理由，只有在你已經獻身於倫理學式人生方針時才有道理；認為美學式的方針很邪惡，意味著你已經接受要劃分出善惡之間的區隔。

同樣地，對於美學式方針的證成理由只對唯美主義者有吸引力，對於獻身於倫理學式人生方向的人來說，會被視為不合理而被排除。舉例來說，誘惑的樂趣在威廉法官的計算裡會被視為無物。在這種解讀之下，《非此即彼》反映了所有人類憤懣的立場。我們發現自己被迫選擇，而透過選擇，我們才能創造出自己。那就是人類的處境。存在主義者因此把《非此即彼》視為存在主義運動史上的關鍵文本。從這種觀點來看，齊克果是哲學家中的先驅之一，率先體認到在面對一個無法辨別出任何先天注定價值的世界時，極端選擇有多麼重要，因此預見到在一世紀之後許多會占滿沙特心思的主題。大多數的二十世紀存在主義者都受到齊克果的作品影響，這肯定是真的。

為倫理式取向辯護

雖然在齊克果的文本裡有許多部分支持存在主義式的解讀，某些詮釋者認為這本書在薄弱的掩飾之下，鼓吹倫理學式生活勝過美學式生活。B看透了A的唯美主義，在他面前呈現另一種就算顯得古板，卻還是很實在的選擇。只有透過取得你的人生掌控權，讓人生的發展不只是種種偶然事件，你的天性才能滿足。唯美主義者或多或少受到世事變化無常的擺布；倫理學途徑則確保了就算隨機事件阻撓了你的目標與欲望，你的自我還能保持完整。

反對以這種方式詮釋《非此即彼》的論點之一是，這牴觸了齊克果的宣言，這本書裡沒有訓誡教化的意思。進一步的反對意見是，像齊克果這樣有技巧的作家，不會用這樣枯燥無味的形式來呈現他比較喜歡的人生途徑。他為什麼會把所有最好的台詞給了唯美主義者A，還發明了嚴肅又武斷的威廉法官來為他比較喜歡的觀點做辯護，理由絕對稱不上明顯。

經過薄弱掩飾的自傳

齊克果在瑞金妮・歐森才十四歲的時候遇見了她，他當時二十一歲。他跟〈誘惑者日記〉裡的誘惑者不能說不像，他跟瑞金妮的家人、甚至她的追求者成為朋友。在瑞金妮到了十七歲的時候，齊克果向她求婚，她也接受了。然而齊克果無法成婚，在一八四一年解除婚約，就在《非此即彼》出版前兩年，讓瑞金妮飽嘗羞辱又傷心欲絕。某些評註者把《非此即彼》的某些部分，看成對他的處境所做的一種反應：在心理學上比在哲學上更有意義。

在這種解讀下，〈此〉篇呈現的是齊克果在年輕時過的感官享樂生活，如果他結了婚就必須放棄；另一方面，〈彼〉篇呈現的則是婚姻以及必然隨之而來的接納社會規範。因此，可以把《非此即彼》看成導致婚約破裂的苦惱在文學上的表達；哲學性的表面只是另一個煙幕，幾乎藏不住那個苦惱的靈魂，他為了他在人生中必須做的最重大決定而混亂不已。

這樣詮釋《非此即彼》可能很精確，不過這個詮釋跟前面概述過的兩種解釋完全相容。知道關於齊克果此人的傳記事實很有意思，也很有用。不過說到底，他的作品與人生之間的關係，還有帶給他寫作動力的心理動機，都跟他的作品是否站得住腳沒有關係。

・對於《非此即彼》的批評

錯誤的二分法？

以A與B為例呈現的兩種生活方式，怎麼可能涵蓋所有選項，這點並不是很明確。可能還有C、D、E、F、G要考慮。換句話說，齊克果似乎認為，如果你拒絕美學式的途徑，那麼唯一的選項就是倫理學式途徑，反之亦然。然而這樣解讀齊克果的立場太簡化了。齊克果，或者至少是維克特・艾爾米塔這個角色，考量了一個人同時寫下〈此〉篇與〈彼〉篇的可能性，然後指出或許兩種立場不必然要像原本看起來的那樣不相容。而且不必把齊克果解讀成他認定可得的選擇只有這兩種。的確，在後來的作品裡，他明白地描繪出第三種途徑，對人生的宗教性態度。

不確定性

到現在應該已經很清楚了，《非此即彼》有可能做很大範圍的不同詮釋，而他原來的意圖絕對不易分辨。這是一本看似有深沉訊息要傳達的書；然而批評家對於這個訊息到底是什麼，並沒有共識。有些人說這是因為齊克果對於他要表達的意思，無法確定到讓人難以接受的地步。這是他選擇用虛構角色探索活生生的哲學立場，這種寫作風格會產生的其中一種後果。既然角色們本身被當成實例，而不是直接陳述他們自己的立場，就有一些詮釋的空間。希望簡單的觀點用直截了當的散文清楚陳述出來的人，齊克果更具詩意的哲學方法會令他們失望。

重要年表

- **西元一八一三年**　生於丹麥哥本哈根。
- **西元一八四三年**　出版《非此即彼》。
- **西元一八五五年**　死於哥本哈根。

重要字彙

- **美學式取向（aesthetic approach）**：建立在追求感官樂趣上的生活方式，其中也包括更知性的感官樂趣。

- **輪作（Crop Rotation）**：A抵抗無聊的技巧，牽涉到肆意地改變你對生活的態度。
- **倫理學式取向（ethical approach）**：威廉法官鼓吹的生活方式。以負責任的選擇構成的人生。
- **快樂主義（hedonism）**：對樂趣的追求。
- **偽造作者（pseudonymous authorship）**：齊克果把文本不同部分假託給虛構作者的技巧。

進階閱讀

加德納的《齊克果》（*Kierkegaard*）對於齊克果的作品做了精簡的陳述，其中包括《非此即彼》，還把此書放在成書時的哲學背景裡。

唐納德・帕爾默（Donald Palmer）的《齊克果入門》（*Kierkegaard for Beginners*）為齊克果的哲學提供了一個輕鬆易懂又訊息豐富的概論。

喬金・加爾夫（Joakim Garff）的《齊克果傳記》（*Søren Kierkegaard: A Biography*）對於齊克果艱難的人生與怪異的性格做出詳細的陳述。

科姆薩（Bruce H. Kirmmse）編選的《遇見齊克果》（*Encounters with Kierkegaard: A Life as Seen by His Contemporaries*）是一本引人入勝的選集，收錄了齊克果的親友與熟人對他的第一手描述。

· 21 ·

《德意志意識形態》，第一部

馬克思與恩格斯

Karl Marx and Friedrich Engels

The German Ideology, Part One

我們之所以是現在的我們，是我們在自身時代的社經位置所造成的結果；尤其是與原料生產手段的關係，形塑了我們的生活與思想。沒有超越時間而維持不變的人類本性。我們是自身所在的歷史時期的產物。這是馬克思與恩格斯的《德意志意識形態》，一本闡述歷史唯物主義理論的書，其第一部分要傳達的核心訊息。這本書大部分內容是負面的，幾乎是逐行攻擊黑格爾哲學的某些德國詮釋者，所謂的青年黑格爾派。其中許多篇幅則致力於討論費爾巴哈，他跟黑格爾，都對馬克思的知性發展有很強烈的影響。

大多數《德意志意識形態》的現代讀者，都專注於此書第一部裡陳述的建設性理論，在他們一頭鑽入對手作品的枝微末節以前。以撒・柏林對於本書整體的評價中，承認其中有比較冗長乏味的面向，同時也為它作為經典的地位做辯護：「這本冗贅、結構不佳又笨重的書，處理的是早已死去而且被遺忘得理所當然的作者與觀點，而包含在長篇大論的導論裡的，是馬克思歷史理論中最持久、最有想像力，也最令人印象深刻的闡述。」

在閱讀《德意志意識形態》的時候，重要的是要認識到馬克思與恩格斯鼓吹的激進路線，這條路線壓縮在馬克思的〈關於費爾巴哈的提綱〉（Theses on Feuerbach）的最後一篇裡，他大約是在為《德意志意識形態》工作的相同時期寫成的：「哲學家只是用不同的方式詮釋世界；重點在於改變它。」光是體認到資本主義把許多人困在無意義工作與貧困家庭生活組成的人生裡，還不夠好。我們需要的是一場革命，來完全顛覆現狀。沒人能夠否認，馬克思與恩格斯成功達到改變世界的目標。不像到目前為止討論到的許多作家，這兩位作家設法深刻影響到的不只是學術界人士，還包括整個世界。幾乎有如奇蹟，他們的作品激勵了一次次成功的革命，革命的後續效果至今仍然看得到。

・歷史唯物主義

馬克思與恩格斯的歷史唯物主義理論，或稱「歷史的唯物主義概念」（他們比較喜歡這種說法），是主張物質環境條件造就出你的理論。「唯物主義」在哲學上有好幾種不同的用法。舉例來說，在心靈哲學上，這個觀點是指心靈可以用純粹物理性的詞彙來解釋。這不是馬克思跟恩格斯的用法。對他們來說，「唯物主義」指的是我們與生產原料之間的關係。在最基礎的面向上，這種關係等於我們為了讓自己跟我們扶養的人有吃有穿，而必須付出的勞力。在更複雜的社會裡，這種關係包含我們可能擁有或沒有的財產，還有我們跟財富生產工具的關係。

在這種意義上的唯物主義，直接反對忘記真正人類生活本質、在抽象普遍化世界裡徘徊的哲學。唯物主義聚焦於大多數人類生活中嚴苛的現實，這或許可以解釋它的廣大吸引力。這種唯物主義之所以是歷史性的，是因為它承認物質環境條件會隨著時間而改變，舉例來說，一個新科技的衝擊可以讓一個社會完全轉型，從而改變構成社會的個體。舉例來說，廢除奴隸制度是因為蒸汽機發明而變得有可能，這種機器可以比一百個奴隸工作得更努力、更長久。

・勞力分配

人類一開始生產生存所需的東西以後，他們就有別於動物了。他們生產的物品以及如何生產的特殊需求，形塑了他們的人生。隨著社會的成長，成功生產所必要的社會關係也變得更加複雜；一個社會越是發達，勞力分工就越精細。

勞力分工只是把不同的工作分派給不同的人。舉例來說，在非常簡單的社會裡，每個人都能耕種、打獵、為自己蓋房子。在比較發達的社會裡，這些角色中的每一個可能都由不同的人來扮演。

馬克思與恩格斯認為資本主義經濟體的極端分工特色，對於人類生活可能的面貌有著強大的負面影響。它引起異化，讓一個人的勞力遠離他或她的生命。勞力分工讓人在一個奴役他們、把他們非人化的體系裡，變成無力的受害者。在體力與智力勞動的分工發生時，傷害又更大，因為這樣讓只做艱苦乏味體力勞動的人，達成滿意生存狀態的機率被削減。對馬克思與恩格斯來說，更重要的是這牴觸了我們共同的利益。馬克思與恩格斯用以取代這種狀況的遠景，是一個廢除私有財產、每個人在一個工作日裡都能自由擔任好幾種角色的世界。照他們的說法，在這樣的社會裡，我有可能「今天做這件事，明天做那件事，早上打獵，下午釣魚，傍晚養牲口，晚餐後做評論，只要我有意就可以這麼做，卻不必成為一個獵人、漁夫、牧人或者批評家」。這種遠景是把工作當成一種自由選擇又令人滿足的活動，而不是一種被強迫的乏味苦工，除此之外唯一的選擇就是挨餓。馬克思與恩格斯永遠站在同情勞動階級工人的那一邊，他們被困在得不到滿足的工作中，在沒有臉孔的經濟體系裡是個受害者。

・意識形態

所有的宗教、道德與形上學信念，都是我們的物質關係的產物，就像這些信念同樣也是我們生命中其他面向的產物。在一個年代占優勢的觀念，傳統上會被視為與階級利益無關，實際上就只是統治階級極其明顯又被合理化的利益。「意識形態」，是馬克思與恩格斯用來指涉某些屬於特定經濟社會體系副產品的觀念。在意識形態掌握下的那些人，通常把他們的結論看成是純粹思維的結果。在這方面他們都弄錯了，他們的觀念是歷史與社會情境條件的結果。

・革命

無產階級，也就是除了自身勞力沒有任何財產的工人階級，在對他們的處境、還有用來壓迫他們的意識形態產生足夠不滿的時候，就有可能革命了。馬克思與恩格斯是革命的狂熱鼓吹者，他們認為革命既無可避免又值得讚揚。在無產階級的處境變得夠貧困又危險的時候，就會奮起反抗奴役他們的系統。在革命之後，私有財產會被禁止，打開通往公有制的大道。根據馬克思與恩格斯，這種對未來的遠景，是以關於歷史模式與異化效果的紮實經驗證據為基礎所做出的預測。這種預測是直接從歷史唯物主義推得的：改變人民觀念的辦法，就是改變激發這些觀念的物質生產體系。

・對《德意志意識形態》的批評

決定論式

有一種常常針對馬克思與恩格斯的歷史唯物主義的批評是，這是決定論式的。這個理論沒有給自由意志留下任何餘地，因為我們的所作所為，完全都是由我們在繁複因果網絡中的角色塑造出來的。這些「因」都跟個人的社經地位有關。你是什麼人、做什麼事，都不在你的控制之內。你是你所處情境的產物。

如果你認為人類真的有某種自由意志，擁有自由意志並非幻覺，這種批評才會有意義。如果承認決定論可能有程度上的差別，而不是「全有或全無」的概念，馬克思與恩格斯可能很樂於讓他們的理論被貼上「決定論式」的標籤。馬克思與恩格斯顯然相信，你可以選擇反抗一個壓迫性的體系，人類的選擇可以加速歷史巨輪的運轉。所以在這個範圍內，他們對於人類行為的看法並不是徹底決定論式的。

對工作的不實際展望

對《德意志意識形態》的進一步批評是，這本書把未來的工作描繪得太過美好，卻沒有體認到勞力分工對國家的重要性。你可以隨心所欲挑選工作的想法，在一個真正的共產主義社會裡是很荒唐的。勞力分工通常是以技術分工為基礎，某些人就是比其他人更擅長木工，所以讓擅長木工的人變成木匠，引導不擅長的人去做些別的工作是很合理的。

如果我要設法造一張餐桌，我可能會花掉一個木匠做同樣工作所需的五六倍時間；任何雇用我或者倚賴我製造桌子的人有很大的風險，他們會拿到一個粗製濫造的家具。我只有偶爾做做木工，而且從來沒做過任何有價值的東西。所以當然了，把工作分給那些最適合做的人很合理。要是建議你可以早上當個外科醫師，下午當個火車司機，傍晚當個專業足球員，那就很荒唐了。

本身就有意識形態

馬克思與恩格斯的理論免不了帶有意識形態。如果這個理論正確，那麼它本身一定是激發它的物質生產體系造就的產物。這個理論可能看起來像是純粹對歷史與勞動的本質做理性思考所得到的產物，不過這是個錯覺。它是工業經濟的結果：在這種體系中，大量的人低薪受僱，做著讓他們難以掌控個人生活的工作。

毫無疑問，馬克思與恩格斯樂於接受自己的理論是受到意識形態影響的，所以把注意力引向理論的意識形態本質，並不必然有損他們的研究方法。想來他們的工作成果，與急於暴露的中產階級意識形態之間的差別，就在於他們的理論表達了一種無產階級意識形態。他們的觀點為勞動階級的利益服務，所以拉回了平衡。

雖然如此，如果我們接受《德意志意識形態》裡表達的觀點本身就是具有意識形態的，這樣確實會造成一種後果：期待這些觀點對於所有物質環境下的所有人類都成立，會是一種錯誤。隨著社會的變遷，尤其是物質生產模式的改變，關於人性與社會的哲學理論也必須變化。

激發革命

《德意志意識形態》，就像馬克思與恩格斯的其他許多作品，不怕鼓吹革命。這本書的用意在於改變世界，而不只是描述世界。某些批評家認為這一步走太遠了。你可以體認到貨幣體系的缺陷，卻不必建議這個體系需要被暴力推翻。革命造成流血。人類為革命付出的代價，可能比革命後會隨之而來的任何好處更重大。再加上非常高的失敗風險，馬克思與恩格斯思想中的革命面向，可能看起來很不負責任。

這種批評與其說是損害了他們的論證，還不如說是質疑了鼓吹革命的道德性。只有在共產主義理想能夠真正達成的狀況下，革命所付出的人命代價才值得。最近幾十年來的歷史證據是，那個理想並沒有像它的仰慕者所相信的那麼容易達到，更不要說是維持了。

重要年表

馬克思

- **西元一八一八年**　生於普魯士的特里爾。
- **西元一八四五至四六年**　與恩格斯共同出版《德意志意識形態》。
- **西元一八八三年**　死於倫敦。

恩格斯

- **西元一八二〇年**　生於普魯士的巴曼。
- **西元一八九五年**　死於倫敦。

重要字彙

- **異化（alienation）**：讓勞動遠離一個人生活的其他面向，有一種削弱力量的效果。
- **勞力分工（division of labour）**：把不同的工作分配給不同的人。
- **歷史唯物主義（historical materialism）**：根據這個理論，你跟生產工具之間的關係，決定你的生活與思想。
- **意識形態（ideology）**：屬於一個特定經濟體系副產品的觀念。在意識形態掌握之下的人，通常把他們的思想看成是純粹思維的結果，然而實際上他們的思想是階級利益的產物。

- **無產階級（proletariat）**：除了自身勞力以外，沒有其他東西可以出賣的勞動階級。

進階閱讀

喬納森・沃爾夫（Jonathan Wolff）的《今日為什麼還要研讀馬克思》（*Why Read Marx Today?*），對於馬克思觀念在現代的重要性，作出清楚而中肯的評價。

大衛・麥克里蘭（David McLellan）的《馬克思》（*Karl Marx*，王珍譯，五南出版）對於馬克思的思想是簡短而可親的導論。

費雪（Ernst Fischer）的《馬克思與他的話語》（*Marx in his Own Words*）中對於馬克思思想中的關鍵概念提供了一個導論，大部分是透過選錄的引文。

法蘭西斯・惠蔭（Francis Wheen）的《資本主義的先知馬克思》（*Karl Marx*，洪儀真、何明修譯，時報出版）是讀起來非常有趣的傳記。

· 22 ·

《超越善惡》

尼采

Friedrich Nietzsche *Beyond Good and Evil*

根據佛洛伊德的說法，尼采透徹的自知之明，勝過過去或未來可能活著的任何人。這種深刻的自知，在他一系列作為文學與哲學都經得起時間考驗的著作裡被揭露出來。這些書性質獨特，零碎片段，讓人惱火，有時候還讓人振奮。這些作品抗拒簡單的分析，摘要無法公平處理其中內容的豐富與多元。必須先講的是，大多數文章裡包含的差不多就是一個狂人的叫嚷，預見了他將來的精神崩潰。反閃米人士與法西斯主義者選擇性地引用他的作品，從中找到支持自己立場的證據，讓他所有作品蒙上了陰影。然而某些納粹份子覺得非常吸引人的觀念，在大半狀況下，只是尼采哲學的拙劣諷刺畫。

《超越善惡》書中的種種觀念在搏動著，但並不是所有觀念都已經徹底成形，而且其中一些觀念還頗讓人不快。這是一個古怪天才寫的有缺陷巨作。書裡有許多深刻的哲學洞見；不過這些洞見旁邊就是各式各樣有厭女心態的嘲弄之語，還有對於國家人格特質與宗教的怪異歸納。尼采無疑是十九世紀影響力數一數二的哲學家。他的觀念影響了大量的二十世紀思想家，包括佛洛伊德、沙特與傅柯，除此之外還有小說家湯瑪斯・曼與米蘭・昆德拉。不過，儘管後來名聲顯赫，他還在世時，同時代的人只有極少數看出他作品的重要性與意義。

從這本書的摘要，你可能會想像這本書是一連串融貫、論證周全的相關論文，尼采在其中鋪陳他對真理、道德與心理學的立場。事實遠非如此。此書零碎不連貫，而且大部分都很難釋義改述。這本書比較像是思維的拼貼，而不是一個發展成熟的論證。有一整節完全由格言（言簡意賅的陳述句）組成。另外有一節是一首詩。最明顯富哲學性的章節，是由彼此有鬆散關聯的極短篇文章組成的。不過這些文字並不總是很容易讀，其中一些比激烈的長篇謾罵好不了多少；其他文字則可能是從筆記本上撕下來的某幾頁，沒編輯過就拿去出版了。然而透過這本書，任何敏感的讀者都很可能震懾於尼采洋溢的才華。

儘管尼采的思想有包羅萬象的性質，確實仍浮現一些重大主題，其中大多數透過章節名稱點了出來。其中一些與下一章會討論的書《道德系譜學》中表達的觀念互補。大體上來說，在《超越善惡》裡，尼采以診斷現代性的缺點開頭，然後進一步概略敘述讓人類得以進步的思維。他的目標是為他所說的「自由精神」，也就是未來的哲學家，清出一條路。在哲學的偉大傳統中，他關注的是真理與表象。不過他相信到當時為止的哲學家都沒看出實際狀況。他們被表象之外有個客觀的現實、一個絕對價值的世界，這個柏拉圖的觀點給引誘了。與此相反，他斷言真理必然是從某個觀點看來的真理。他揭露了他周遭所有人相信有內在重要性與價值的一切事物，有什麼樣的黑暗心理學起源，以此取代絕對的善惡。他的方法是診斷所處社會裡的弊病。大部分時候，他的立場相當於一個人類學家在檢視自己所處社會的文化價值，不過他不是個科學性的人類學家，他比較像是一個詩人預言家。

・書名

書名描述的是尼采預期要採取的立場：任何對真理有興趣的人，都會站在簡化黑白二分的善惡道德領域之外，而且會認清道德真正是什麼樣子。道德是基本生命力（他稱為權力意志）的表述。他的同代人珍視的價值，遠非源於同情與普世的愛，它們最深的根源在於殘酷與凌駕他人的欲望。未來的哲學家將會體認到這一點。他們會因此重估所有價值。

・權力意志

權力意志是驅策我們所有人的基本生命力量。尼采相信大多數人否認關於存在的真相，對於許多人來說，這是他們能夠應付生活的唯一辦法了。他們無法體認到剝削與壓迫是不可能消除的，因為這些都是自然界最基本的一部分。對尼采來說，強凌弱是生命的根本特徵。這種權力意志，是我們所具備的一切的源頭。所有被評價為美好或善意的事物，都是源於這種生命力。我們躲避這種難以接受的真理，不過未來的自由精神會擁抱它。

・論哲學家的偏見

尼采的《超越善惡》開場白，就是把他凝視的目光轉向哲學家自身，攻擊他們對理性的力量懷抱錯誤的信心。哲學家斷言理性會帶領他們，達到他們主張的結論。在一連串尖酸的批評之中，尼采論證說，在缺乏自覺的狀態下，哲學家只是把他們的偏見合理化，他們提供理由，支持他們剛好已經相信的事。被當成公正無私思維產物的東西，通常是無意識的自白，是他們意料之外的自傳。舉例來說，康德的道德哲學，只是他心中欲望的抽象化；史賓諾莎為他的道德哲學做出的貌似幾何學「證明」，掩飾的是他高度個人化的道德承諾，他把這番承諾呈現得像是中立邏輯的結論。對前輩的這番攻擊，間接證成了尼采公然表明有個人性質的哲學書寫途徑。尼采的聲音鮮少是中立的，也很少把話講得清楚明白。很難把他的哲學讀成一個冷淡超然理性知識份子的產物。這也合理解釋了他在此書序言裡表現出的野心，他在序言裡把一直以來的哲學看成要被超越的東西，是歷史上的某個時期，就像科學進步過程中的占星術一樣。

・真理

傳統哲學家的偏見之一是，真理比表象更重要。尼采取代真理或表象這個絕對對立的表達，是假設可能有一個色調濃淡不等的光譜，而不是絕對的黑白二分，就像在一幅畫裡一樣，有的是不同色調的「價值」。有時候尼采似乎在考慮真理的幾近主觀主義，在這種狀況下，「真的」就只表示「對我為真」；但大多數評註者把他的立場詮釋為觀點主義。根據這種說法，任何事情都有不同的觀點，沒有絕對中立的觀察觀點；然而某些觀點會比其他觀點更優越，因為各個觀點並不全都具備一樣的價值

（相對主義者則通常認為如此）。

哲學家進一步的偏見是，他們假定比起奠基於錯謬之上的生命，對真理的知識會產生比較好的結果。尼采再度質疑這一點，體認到可能有危險的知識這種東西，這種知識根本不會讓人生變得更美好，還可能讓人難以忍受。真理有許多面向是我們會避開的。他放在這個範疇裡的包括以下洞見：我們最敬重的種種價值，來源可能是無意識的歷程。表面的虛假可能是生存的先決條件。在他眼中，宗教立足於對現實的扭曲，而對於許多人來說，宗教扮演了很重要的角色，讓他們在面對尼采相信終究要靠權力意志的力量來解釋的世界時，保持樂觀的態度。在這個思想上，尼采呼應了馬克思著名的評論，宗教對人民來說有鴉片般的效果。

・無意識的驅力

尼采對於無意識驅力的發掘影響了佛洛伊德。尼采認為人類已經超越前道德階段（這時候唯一重要的就只有結果），正在穿越道德時期（在此強調的是意圖，最明顯的例證是康德的倫理學）。為了進展到人類的下一個重要階段，即超道德，我們必須超越善惡，承認我們的行動價值，在於無意識而非有意識的動機。

・宗教

就像之後的佛洛伊德，尼采相信宗教是一種精神官能症。在《超越善惡》之中，他攻擊他所謂的宗教傾向，在其中診斷出各式各樣的精神問題與偽善。他擁抱高貴、優越與自然階序等價值，還有少數能超越「牲口道德」的超凡入聖天才所獲得的勝利，都與基督教價值格格不入。所以，宗教就像所有其他既有的價值體系，對尼采來說是某種要加以解剖、到最後被解釋掉的東西。未來的哲學家會是超越宗教的，就像他們也超越了通常源於宗教的傳統道德領域。

・對於《超越善惡》的批評

反平等主義

對尼采來說，理想似乎是成為一個強大、英雄式的個人，反對他蔑稱為「牲口道德」的東西。他鼓吹力量與自由精神。對他來說，自由是強者的特權，而不是弱者的權利。他對於大多數人的整體福祉完全不關心。不僅如此，他似乎還鄙視普通人，他在《超越善惡》中評論說，給普通人看的書總是味道不佳，有著小人物攀附於其上的臭味。對尼采來說，牲口群存在的唯一價值是，可能在不經意間提供了似乎能讓天才茁壯的逆境。尼采思想的這個面向，特別吸引法西斯份子，還有任何有意相信自己遠比周遭他人更優越、所以不受多數人道德規範束縛的人。尼采的批評者認為他強化了反平等主義的偏見。另一方面，仰慕者傾向讚揚他膽子夠大，能拋開他們視為迷思的觀念，即人人價值平等。

反女性主義者

尼采的反平等主義最明顯的表現，或許在於他的厭女評論，還有他對平等對待兩性這個觀念的攻擊。對尼采來說，嘗試給女性與男性平等的待遇，就是淺薄的象徵。舉例來說，與他的前輩彌爾相比，彌爾在著作《女性的屈從》裡，為男女待遇平等熱烈辯護，尼采卻只是堅持某些相當令人不快的偏見，並且建議說要是女人停止主張她們的平等權利就好了。像這樣的評論，揭露了太常有人打馬虎眼掩蓋掉的事情：尼采的作品是不均衡的，他在透露出偉大哲學洞見的評論，以及可能為最糟糕的否認人類平權與自由思想火上加油的謾罵式歸納之間搖擺。

含糊不清

尼采在本書及其他地方的寫作風格，把實質上的詮釋工作交給了讀者。比方說，尼采鮮少清楚表明他在為什麼做辯護，他是意在諷刺還是認真的。尼采學者長期爭辯如何詮釋他的作品，在過程中常常產生新的哲學立場。就算是尼采對真理的基本立場，也並不清楚。他是個首尾一貫的觀點主義者，或者他的立場會崩潰到主觀主義的地步？

尼采觀念的橫掃力量可以很讓人振奮、很有啟發性。然而他呈現的思想拼貼面對不同的詮釋與重點時態度這麼開放，任何人如果想要簡單而直觀地了解他的主要論題，可能會覺得很挫折。

的確，尼采鮮少像休謨或者彌爾那樣，寫得很精確或很清晰。不過同樣這個特點也可以被當成是正面的特質，而不是一種批評。尼采的作品擁有跟想像文學相似的優點，而且因此從詮釋的多重性中得到力量。他的哲學是詩意的哲學，在許多方面就跟齊克果的哲學一樣。就像一個藝術品，尼采的書是開放的，而非封閉的。這些書有一股力量，能刺激讀者產生個人思想——要不是支持，就是反對他們在享受的觀念。

重要年表

- **西元一八四四年** 生於薩克森的羅肯。
- **西元一八八六年** 出版《超越善惡》。
- **西元一八八七年** 出版《道德系譜學》。
- **西元一九〇〇年** 在嚴重精神崩潰的十一年後去世。

重要字彙

- **觀點主義（Perspectivism）**：根據這個看法，真理永遠都是從特定觀點出發看到的真理。

- **主觀主義（Subjectivism）**：真理永遠都是對於某個特定個人而言的真理，無論如何沒有任何客觀性可言。
- **權力意志（Will to Power）**：無論我們有沒有領悟到這一點，都驅策著我們自身的一切、從根本激發我們所有行為的生命驅力。

進階閱讀

邁克爾・坦納（Michael Tanner）的《簡述尼采》（*A Very Short Introduction to Nietzsche*）提供了尼采主要作品的概述。

亞歷山大・內哈瑪斯（Alexander Nehamas）的《尼采：文學般的生命》（*Nietzsche: Life as Literature*）是一個迷人的嘗試，企圖把尼采產出的作品視為單一計畫的一部分來理解。雖然此書討論的觀念很複雜，卻以清楚易懂的散文寫成。

隆納德・赫曼（Ronald Hayman）的《尼采》（*Nietzsche: A Critical Life*）分析了他的發展與後來的心智衰退。

張伯倫（Lesley Chamberlain）的《激情尼采：漂泊在杜林的靈魂》（*Nietzsche in Turin*，李文瑞、蔡孟貞、王瓊淑譯，究竟出版）是針對尼采精神健全的最後一年所做的研究。

· 23 ·

《道德系譜學》

尼采

Friedrich Nietzsche *On the Genealogy of Morality*

尼采最重要的作品之一《道德系譜學》，在風格上最接近傳統的哲學論文，至少乍看之下如此。在其他的書，像是《查拉圖斯特拉如是說》裡，尼采訴諸於警句格言，某種言簡意賅的評論，會逼迫讀者暫時停下來反省，並且要求某種特殊的解讀。相反的，《道德系譜學》是由三篇論文組成，每一篇都有相關的主題。中心主題是道德的起源：這本書的書名字面直譯是《道德系譜學》，雖然有時候也被翻譯成《道德規範系譜學》。其中隱含的論證是，從基督教傳統中繼承下來的道德概念，現在已經過時了，而且比早於它們的異教徒道德概念更差。尼采已經在他更早的作品《歡樂的科學》裡，宣布了上帝之死：「上帝已死；但以人的做法來說，可能還會有好幾千年，祂的陰影仍然出現在洞穴裡。」（《歡樂的科學》，第一〇八節）《道德系譜學》有一部分是在解決任何神祇缺席帶來的意涵，還有在道德上的後果。我們繼承了以基督教錯謬信念為基礎的過時道德概念。尼采似乎相信，在苦澀怨恨的情緒中把這些概念的源頭袒露出來，會讓我們看出它們事實上就是箝制靈魂的指令，也會解放我們，讓我們用更能夠豐富人生的方法來取代這些概念。必須強調的是，在文本中這一點並不明確，反而很含蓄。這本書的大半篇幅，都耗費在分析幾個關鍵道德概念在心理與歷史兩方面的源頭。

不過尼采的目標不只是用一個道德觀來取代另一個道德觀；他想要質疑道德價值本身。如果道德上的善不比羨慕與憎恨情緒的產物高明多少，而且是特定群體對自身週遭環境的反應，不是自然界不會改變的某一部分，道德上的善有什麼終極價值呢？尼采有沒有提供這個問題的答案，並不清楚，但這是他的目標。他的基本方法論是系譜學式的。不過這是什麼意思呢？

・系譜學

系譜學就字面上來說，就是追蹤你的祖先、確定你家家譜的活動。尼采用這個詞彙來指追蹤特定概念的源頭，大半時候是透過檢視字義變遷史的方法。他在語文學（針對語言與詞彙起源的研究）方面的訓練，讓他有能力追蹤他研究的字詞意義上的變遷。他在《道德系譜學》中應用系譜學方法，是打算以此證明關於道德起源的公認見解是具誤導性的，而且在歷史上，像是道德上的善、罪咎、憐憫與自我犧牲等等概念，都源於用來對抗別人或者自己的激烈情緒。

然而系譜學的用意，不只是提供這些概念的歷史，還要對此提出批評。藉著發掘概念真正的源頭，尼采打算揭露它們可疑的家譜，從而質疑它們在他那個時代的道德觀中崇高的地位。道德概念有其歷史的事實，破壞了它們不容置疑、在所有時刻適用於所有人的觀點。這種道德哲學研究方法，就跟尼采大部分的思想一樣，不管是當成一種方法論，還是去檢驗它所謂的發現，都具有高度的爭議性。

・第一篇論文：「善（好）與惡」以及「好（善）與壞」

構成本書的三篇論文中，尼采在第一篇裡提出他的理論，說明我們表達贊成與否的基本道德術語，在道德脈絡下使用的「善」與「惡」這兩種詞彙的起源。他藉著批評英國心理學家的觀點，來發展自己的觀念——他們聲稱「善」本來是用在無私的行為，不是因為行為本身是好的，而是因為這些行為對從中獲益的那些人，也就是看到善意展現的人來說，是很有用的。逐漸地大家忘記這個詞彙的起源，開始認為無私的行為本身就是好的，而不是因為這些行為的效果。

尼采攻擊這個說法，這種說法就跟他的做法雷同，為道德觀念提供了一種系譜學。他主張「善（好）」這個詞彙一開始是貴族使用的，他們把這個詞彙用到自己身上，以便把自己跟普通人區別開來。他們有一種自我價值感；任何無法遵守他們那套高貴理想的人顯然比較低劣，所以是「壞的」。在這篇論文裡，尼采所使用的好／壞區別（相對於善／惡區別）總是從貴族的觀點來看：貴族的行為是好的；相對來說，普通人的行為就是壞的。

對於「好」這個字怎麼樣變成代表不自私的事物，他的解釋是從 ressentiment 說起。尼采用法文中的「怨恨」這個字，來談論「善」與「惡」兩個詞彙現代用法的心理起源。請注意，在尼采談到「善」與「惡」之間的對比時（與「好」跟「壞」形成對照），他是從普通人的觀點看事物，而不是從貴族的觀點出發。他把現代用法的「好」當成不自私的行動，「壞」則當成自私的行動。

・Ressentiment

Ressentiment 是被壓迫者感受到的情緒。照尼采的用法，Ressentiment 並不是「怨恨」的同義詞；

這個詞彙指的是一種特殊的怨恨，這是那些無力直接反抗壓迫的人所施行的想像式復仇。根據尼采的說法，從那些人在貴族壓制下感受到的憎恨與復仇欲望之中，出現了最高尚的同情與無私價值。他打算同時把這個說法當成實際發生之事的歷史敘述，也當成一種針對始作俑者心理狀態的洞見。一般人無法期望達到貴族的生活方式，他們在挫折中推翻了好／壞的價值體系。為了取代貴族對道德的觀點，一般人以他們的觀點取而代之，這種觀點是推翻現狀的。一般人的道德觀宣稱貴族的生活方式——奠基於權力與戰士的精神特質——是邪惡的；可悲、貧窮與卑微之人才是好人。

尼采把這種「徹底重估他們敵人的價值」，歸諸於猶太人與後來的基督教傳統，並且稱之為道德觀上的第一次奴隸反抗。我們在不明就裡的狀況下，繼承了這種反叛的結果，這是一個服務受壓迫者利益的反抗。對尼采來說，道德觀並不是某種固定的東西，一直在世界上等著被人發現；反而是一種人類的創造，因為如此，道德詞彙的歷史受到人類心理學、也受到特定團體利益影響。在尼采的隱喻中，羔羊認定猛禽是邪惡的，所以牠們自忖，猛禽的對立面，也就是一隻羔羊，一定是好的。他對此的評論是，要否認那些權力強大的人用自然的方式表述他們的權力，是荒唐的。他在整本書裡選擇的語言，把意思表達得很清楚，他同情的是猛禽這一邊，而不是羔羊那一邊。

‧第二篇論文：良心

第二篇論文的主要論旨是良心的演化，尤其是悔意的演化。悔意是造成現代人類負擔的罪惡感，然而卻是社會生活中必須要有的。

尼采論證的精髓是，罪惡感的精神起源是受挫的本能。人類本能地從充滿力量的行動中取樂，尤其是靠著施加痛苦。但透過社會化，出現障礙阻擋著我們對別人施暴的欲望時，欲望的表達受到阻撓而轉向內在。我們對內用罪惡感折磨自己，因為如果我們試圖折磨其他人，社會就會懲罰我們。這是尼采普遍原則中的一個特殊例子；所有沒有對外宣洩的本能都會轉向內在，這個原則後來會由佛洛伊德加以發揚光大。

在他討論良心起源的過程中，尼采指出懲罰本來是獨立於任何關於個人行動責任的概念之外：你會被懲罰，只是因為你打破了協議，不論這是不是你的錯都一樣。「罪惡」的德文原始意義是「債」。有罪者是那些沒有辦法償還自身債務的人。然而「罪惡」已經變成一種道德概念了。尼采揭露了這個概念的隱藏歷史，應該是要顯露出此概念在現代用法中的偶然性，本來有可能是別的樣子，這不是個自然而然的「已知事實」。關於這一點，還有先前討論過的「善」的起源，兩者未曾言明的含義似乎是：關鍵道德概念的意義並不是一直固定不變的，極具創意的刻意之舉可能會改變它們。

・第三篇論文：禁欲主義

第三篇論文不像前兩篇那樣焦點集中，而且在不同主題之間漫遊。雖然如此，中心主題算是相當清楚。尼采處理的問題是，鼓勵節制克己的人生哲學禁欲主義，是如何崛起的。禁欲主義者通常鼓吹貞潔、守貧、自我鞭笞（實際上或隱喻上的）等等行為；他們刻意迴避人生提供的樂趣與滿足。尼采指出藝術家、哲學家與教士身上的禁欲衝動。他甚至認為，從一個遙遠的星球上看地球，似乎擠滿了全身孔竅布滿自我憎恨與厭惡的生物，他們唯一的樂趣就是盡可能對自己施加越多傷害越好；不是傷害彼此，而是傷害自己。這樣大規模的趨勢怎麼可能演化出來？生命怎麼能夠這樣對抗自己？

尼采的答案，又是按照系譜學的方法而來。自我克制是幾乎沒有權力的人最後的手段。他們對世界施加影響力的嘗試受到挫折之後，非但沒有停止對任何事物的意欲，反而指引他們的權力對抗自身。尼采獨具特色的心理學洞見之一，就是人類會從施行殘酷行為得到樂趣。這種殘酷行為並不只是針對別人，我們甚至能在自殘中得到喜悅。禁欲的衝動——對尼采來說是一種看起來很荒唐的自我毀滅驅力——是一種自我折磨，這是無法在世界上行使個人意志的那些人最後的手段，然而卻變成了一種受到表揚的理想。

・對《道德系譜學》的批評

起源謬誤

對於尼采在《道德系譜學》中的方法論，有個針對基礎的批評是它犯了起源謬誤。起源謬誤指的是不可靠的推論方法，從某事物在某個階段的狀態，推論到它現在的狀態。舉例來說，「良好的」（nice）這個詞彙本意是「細緻的」（fine），就像在細緻的分別（fine distinctions）一詞裡的意義，但從這個事實無法推論出這樣會揭露這個詞彙在現代用法裡有任何重大意義。或者再舉另一個例子，從橡樹來自橡實這個事實裡，我們無法總結說橡樹就是小小的泛綠棕色果實，或者兩者之間有很多相似性。尼采的某些批評者論證，系譜學方法總是會犯下這種謬誤，所以對於道德詞彙的現代用法幾乎沒帶來多少啟迪，甚至毫無用處。

然而在《道德系譜學》裡，雖然尼采在某些地方確實看似在暗示，因為某些道德概念是源於痛苦不滿的情緒，它們的終極價值就受到損害（所以可能會被指控犯了起源謬誤），他的方法絕大部分是打算揭露道德概念並非絕對，價值的重估在過去就已經發生過，所以可以再來一次。系譜學方法特別擅長揭露我們認定一直固定不變的概念，是可能被改變的。這種方法運用並不涉及起源謬誤。舉例來說，為了對「好」這個詞彙的道德用途絕對性提出質疑，光是顯示出這個詞彙在過去的用法大有不同就很足夠了。沒有必要認為因為過去用法不同，這個詞彙過去的意義就一定以某種方式影響到現代的用法。

缺乏證據

對於尼采在《道德系譜學》裡的方法，有個批評更嚴重：在三篇論文裡，他對假設提供的證據少之又少。就算我們接受「好」這個詞彙可能在過去用法不同，或者良心與禁欲主義是從受挫的欲望演變而來，對於這些系譜學上的特定描述，尼采所提出的證據都極端薄弱。雖然他的討論在心理學上很精明敏銳，作為歷史陳述，實質上卻缺乏支持。少了歷史證據來支持他對道德概念起源的斷言，我們沒有理由相信他的陳述反映了實際發生的事情。在這一點上，能為尼采做的最佳辯護是：如果他已經為可能發生的狀況提出看來相當可信的說詞，那麼對於我們繼承的、據稱固定不變的道德概念，他就成功地種下懷疑了。或許重點在於了解道德概念可以改變其意義，它們是人類的創造物，而不是自然界有待發掘的一部分。

尼采觀念的誤用

或許對於尼采整體哲學最頻繁的批評是，反猶太份子與法西斯人士曾經滿心贊同地引用他的哲學。舉例來說，某些納粹份子覺得他的觀念跟他們很合拍。《道德系譜學》裡的某些評論如果單獨來看，可能被認為是反猶太的：雖然他對猶太人重新評估價值之舉表達了一種不情願的讚賞，他卻強調這是弱者的最後手段。他無法掩飾他對於強者的貴族式道德有認同感。在他的整個哲學裡，他重複地讚揚權力，就算這樣會讓弱者付出代價。

然而對於他的觀念被用在邪惡目的的批評，有兩個重要的論點得考慮。首先，許多以這種方式利用尼采哲學的人，必須加以扭曲才能達到目的。舉例來說，雖然尼采作品裡的隻字片語可能被當成是反猶太的，這些話卻必然會被其他明確反對反猶太主義的段落抵消。第二點是，他的觀念看起來像在光耀權力，並不因此就證明這些觀點是錯的。閱讀尼采作品為何會很有挑戰性，理由之一就在於他一直在侵蝕我們最珍視的信念。就算他沒有成功地損害這些信念，他的作品也逼迫我們反省賴以塑造人生的基礎與假設。

重要年表

・見前一章。

重要字彙

・**利他主義**（**altruism**）：為了別人好而幫他們的忙。

・**禁欲主義**（**asceticism**）：把克己當成一種生活方式。

・**悔意**（**bad conscience**）：從受挫本能中產生的罪惡感；內在的自我折磨。

- **系譜學（genealogy）**：透過分析一個概念的世系來源，來解釋這個概念的方法。
- **Ressentiment**：被壓迫者所感受到的一個特定種類的怨恨。由那些無力反抗壓迫者的人行使的想像式復仇。

進階閱讀

理查・沙赫特（Richard Schacht）編選的《尼采道德系譜學》（*Nietzsche, Genealogy, Morality*）是一本收錄範圍很廣的《道德系譜學》相關文選。某些文章頗為難讀。

布萊恩・萊特（Brian Leiter）的《尼采道德論》（*Nietzsche on Morality*）對於《道德系譜學》中的重大主題，提出了有用的批判分析，並把此書置於其知識背景脈絡裡。

阿宏・黎得雷（Aaron Ridley）的《尼采意識：系譜學的六形描繪》（*Nietzsche's Conscience: Six Character Sketches from the 'Genealogy'*）是對此書的原創性詮釋。

也請參考前一章結尾的進階閱讀。

· 24 ·

《哲學問題》

羅素

Bertrand Russell *The Problems of Philosophy*

羅素描述這本小書是他的「一先令恐怖小說」，這是一本廉價輕巧的書，為一般大眾讀者而寫，然而在將近一世紀以後，仍然持續刊行。雖然此書絕非他主要的哲學著作，但這本書跟他充滿個人意見的概論《西方哲學史》，在羅素著作中是最多人讀的。的確，一直到一九八〇年代初期為止，對於考慮在大學研讀哲學的學生來說，《哲學問題》是最佳的推薦讀物，儘管此書是寫於一九一一年，初版是在一九一二年。

這本書之所以一直有人用，除了很簡短以外，最有可能的理由，就是羅素在書中對於哲學是什麼所呈現的視野。這本書的許多部分是由笛卡兒、巴克萊、休謨、康德及其他主要哲學家作品的簡短摘要組成。書中也有一些原創性的貢獻。不過是在他詳細解釋對於哲學的限制與價值，自己是抱持何種觀點時，羅素對於這個主題的誠摯與熱情，才浮現出來。這本書就在此處進入一個更高的層次，而且很能激勵人心。相對來說，這本書的某些部分就像無聊而相當抽象的演講，已經對大學部學生講過無數次了。在某些段落，這本書也沒能達到作為導論書的目的，只有能牢牢掌握哲學基本概念的人，在閱讀羅素偶爾經過濃縮的論證時，才有辦法跟上其中的每一句話。

・書名

儘管書名如此，這本書涵蓋到的哲學問題範圍相當窄。它的主要焦點是我們可能知道的事物極限即知識論的哲學領域。倫理學、美學、政治哲學、宗教哲學及許多其他重要的領域，如果有提及，也都只是點到為止。

書名中的「問題」選擇寫成複數形式，暗示了這是數學問題的等價物：必須被解答的方程式跟其他類似物。不過羅素指出哲學跟那些可以有直截了當得到正確答案的學科不同。他在整本書裡都呈現了哲學視野中的這個面向，在此書最末兩章裡尤其如此。

・什麼是哲學？

許多人，包括某些過去的偉大哲學家，在接觸這個學科時希望它會解決關於現實本質、對與錯、美學以及其他等等主要形上學問題，不過羅素說，這種願望是徒勞的。哲學不會給個簡單的答案；哲學家提出問題，通常他們無法回答這些問題。羅素甚至承認，哲學家提出問題時，哲學並不是特別有辦法提出任何確定的答案。不過這並不表示哲學是浪費時間。藉著問出深刻的問題，生活會變得更有趣，也揭露出在安逸的假設表面之下更深入一點點的地方，還有個更奇特得多的世界。

所以任何走向哲學的人，要是期待它提供對於現實的知識，很有可能會失望。然而哲學能夠提供的，是為我們不怎麼確定的信念排出先後順序，並且對於我們獲得這些信念的方式得到一些洞見。就算哲學無法提供確定性，比起我們對自己的基本信念不加檢視的狀況，哲學讓我們在這方面比較不會犯錯。

在哲學與科學之間有一條清楚的界限，雖然在歷史上來說，許多哲學問題後來都變成了科學問題。就算我們從不研究科學，科學還是極端有用。不論我們到底了不了解支撐種種發明的科學，所有人都可能會受惠於醫藥科學，還有以科學為基礎的科技等等。哲學就不一樣了。研究哲學可以對透徹想過這些議題的學生有深遠的影響；不過對那些不研究這個主題的人，就只可能從研究哲學的學生得到的影響中獲益了。對於那些不研究哲學的人來說，不會得到來自哲學的直接好處。

然而羅素宣稱，哲學的真正價值在於不確定性。如果你從未質疑過你的信念，那麼你可能緊緊依附著永遠不必接受批判評估的偏見。但是，如果你開始質疑先前似乎毫無爭議的信念，在哲學方法的幫助之下，你會讓自己從「習俗的暴政」中解放，並且對世界的奇特之處與我們在其中的位置，產生一絲沒那麼教條式的驚奇感。這種可能性的開啟，豐富了我們的想像。哲學思維帶著我們脫離對自身生活的純粹個人關懷，帶我們走向「宇宙公民」。我們的心智藉著在無私精神中思索崇高之物，而變得偉大。這些元素的結合之中，蘊藏著哲學對人類的價值。

有一個傳統的哲學方法（通常稱為理性主義），一直嘗試光靠純粹理性本身來證明關於現實本質的真理是先天的，獨立於任何經驗之外。為了取代理性主義，羅素提供的東西更接近洛克的說法：哲學家是科學的「下級勞工」（雖然羅素並沒有指出這個觀念的出處在哪）。對羅素來說，哲學是一種活動，探究我們在科學與日常生活兩方面使用的原則，並且讓這些原則經歷能揭露出任何不一致的批判性審視。羅素相信，這樣做不該導致毀滅性的懷疑主義，讓一切都落入懷疑之中。的確，《哲學問題》

的主題之一，就是有些像是感知經驗存在的信念，是無需懷疑的。相對來說，物體真的就是眼前看起來的樣子，這個信念在哲學上就值得懷疑了。這本書的很多部分，重點都在於我們透過感官與理性，從世界獲得的知識所帶來的問題。

・表象與現實

有一種知識是確定到沒有任何通情達理之人可以質疑的嗎？這是羅素開門見山的第一個問題。如果我們看著一張桌子，它似乎有個特定的形狀、顏色與質地。不過我們真的知道它就是看起來的那個樣子嗎？如果我們更仔細地分析經驗，舉例來說，我們很快就會發現桌子「真正的」形狀，是從我們所見的景象推斷而來。一個長方形的桌子，幾乎從任何角度看都沒有看起來像是直角的角落。在我說我看到那裡有張桌子的時候，在某種程度上迴避了我到底看到什麼的問題。羅素用了更中性的詞彙「感覺與料」來指涉我們所見的東西──一塊塊的顏色與形狀。感官知覺是心理上的；感覺與料是我們看到的東西，而且他假定那不完全是心理上的。我所看見的，看起來像是在我眼前的東西，就是感覺與料。我有的是我認為屬於一張真正桌子的與料。我看到某個有特定顏色與特定形狀的東西，感覺與料是我們接近真正那張桌子的手段。不過感覺與料似乎並沒有完美對應到我們當成真實桌子的東西。桌子似乎並非感覺與料，我們認為桌子或許有長方形的桌面與棕紅的顏色，但在我體驗它的時候，感覺與料卻是屬於一個黃棕色的平行四邊形。

巴克萊對於這個問題的解答，是宣稱獨立於感覺與料之外的真正桌子不存在：物質並不存在。存在即是被感知。羅素拒絕這種觀念主義。他承認，認為除了我的心靈及其經驗以外別無他物存在，這樣的想法並沒有邏輯上的荒謬性。認為整個人生都是一場夢，也沒有任何邏輯上的荒謬性。但常識性的假設——物體獨立於我們而存在，而且跟它們的表象並不相同——這是他所謂的直覺性信念的一個例子，這樣的信念是比較簡單的解釋，所以我們應該比較喜歡這種解釋。（他在此順便評論道，關於道德價值的信念也是直覺性的，不過他後來改變了想法。）羅素相信，我們所有的知識到最後都是仰賴、並且建立在這樣的直覺性信念之上。

・親知的知識與描述的知識

「親知的知識」與「描述的知識」之間的分野，對羅素來說是很重要的。對他來說，很顯然我們擁有對於真理的知識與對事物的知識。我們對於事物的知識要不是透過親自熟悉（親知），就是透過描述。親知的知識是所有知識的基礎，意味著直接覺察到我們所知的事物。舉例來說，我對於我的感覺與料有直接的知識，即親知的知識。我認識我所見的東西。但我們也對記憶有親知的知識，而在內省的時候，我們對於自己的感官知覺也有親知的知識。

相對來說，描述的知識是超越個人直接認識範圍外的知識。描述的知識，包括一個從沒去過澳洲的人可能具備「澳洲首都是坎培拉」的知識。所以，對羅素來說，我們對於物體沒有直接的知識，只有感覺與料，所以我們對於真正物體（相對於感覺與料）的知識，也是描述的知識。我們就是透過描述的知識，才能超越個人的直接經驗，得以知道我們沒有體驗過的事物。在《哲學問題》裡，羅素宣稱，我們了解的每個命題，到頭來一定要仰賴某些我們透過親知而得知的事物。

・先驗知識

康德知名的論證是，我們可以透過純粹思維學到必然適用於所有經驗的原則，而這些原則就是任何思維存在的條件。所謂的先驗知識是不靠經驗就知道的事物，傳統上局限於分析知識這個範疇中，就是從定義上為真的知識，像是「所有單身漢都是沒結婚的」。康德反對此說，他宣稱，也可以有複合的先驗知識，即對於並非從定義上就為真的事物，我們所具備的先驗知識。他把我們對時間、空間與因果的知識，放在這個範疇裡。他相信這是我們的理解力的一個特徵，而不是這個世界的特徵，我們所有既有經驗與可能會有的經驗，都包含這些元素。然而羅素拒絕接受康德的結論，論證說先驗知識一直就只是關於關係與性質的知識，從來不是直接關於這個世界的事實。

・歸納

羅素在書的第六章裡對所謂的歸納問題做的概述，緊緊遵循休謨的路線。為什麼我們全都確信太陽明天會升起呢？就只因為它過去每天都升起。我們有好的理由相信未來會像過去一樣嗎？我們假定在這方面，有種自然的一致性。但想一想農夫每天餵的雞。如同羅素所指出的，在農夫擰斷雞脖子的那天，「比自然界一致性更精緻的觀點，對雞來說本來會很有用」。

在此之後，我們體認到過去的自然界一致性經驗，對於未來並非完全可靠的指引。就只因為我們在一個乍看明顯的自然界一致性裡，從沒找到一個例外，並不代表永遠不可能有例外。這樣只是意外不太可能發生而已。如同羅素指出的，這樣同時影響兩方面。我們無法運用經驗證明歸納原則的可靠性，因為這樣就要用歸納法來證成歸納原則，丐題了。但同樣的，我們也無法證明未來不會像過去一樣。

・對《哲學問題》的批評

搞錯了哲學的重點？

羅素把哲學的特徵描繪成一種方法，讓我們從個人憂慮往後退一步，揭露我們對自己的不確定感，而且也是對教條主義的解毒劑。這個主題的觀點是可以被挑戰的。羅素的學生維根斯坦，就很討厭《哲學問題》。一部分原因可能是，維根斯坦對於哲學是什麼有很不一樣的視野。對維根斯坦而言，至少對晚期的他來說，哲學是某個需要一種知性治療的東西：哲學性的問題，通常是起於以古怪的方式強逼語言去做它做不到的事。哲學應該是把謎團帶走的過程，而不是創造出神秘感的過程。

從不同的方面看，尼采在《超越善惡》裡的主張——哲學是一種不由自主的自傳，被包裝成看似無關個人。如果這個說法為真，就會損害羅素的看法，即哲學把我們從僅僅個人層次，帶到一個更普遍性的層次。如果尼采是對的，所有哲學都充滿了哲學家個人的偏見與由衷的欲望。

過度樂觀的書目註記

羅素在著作結尾處聲稱，想要多學點哲學的學生會發現讀某些偉大哲學家的原作，會比回去讀哲學手冊「更容易也更有益」。他列出了柏拉圖、笛卡兒、萊布尼茲、巴克萊、休謨與康德的作品。羅素的主張可能反映出一九一一年可以到手的入門書是哪種樣子。他推薦的某些文本，尤其是史賓諾沙的倫理學，對初學者或者任何人來說，都遠遠稱不上容易閱讀。

雖然話是沒錯，從研讀哲學的早期就閱讀一些原典，會讓大多數學生獲益，但就算採取這種做法，而非閱讀可取得的最佳導讀作品（就像我在每一章的「進階閱讀」中推薦的那些書），在以前是「更容易」也「更有益的」，現在也不再是這樣了。哲學對初學者來說可能有多難懂，專業哲學家更是惡名昭彰地難以領略。對許多學生來說，在沒有任何註解或主要論題導讀的情況下，嘗試閱讀史賓諾沙《倫理學》，就跟推薦你用頭去撞牆一樣「有益」。

重要年表

- **西元一八七二年** 羅素出生。
- **西元一九一一年** 寫下《哲學問題》。
- **西元一九一二年** 《哲學問題》出版。
- **西元一九七〇年** 去世。

重要字彙

- **先驗的（a priori）**：獨立於經驗之外的知識。
- **知識論（epistemology）**：關於知識的理論。
- **親知的知識（knowledge by acquaintance）**：我們從直接經驗得知的事情。
- **描述的知識（knowledge by description）**：我們間接得知的事情。
- **形上學（metaphysics）**：研究現實本質的哲學分支。
- **理性主義（rationalism）**：光靠思考發現現實真理的嘗試。
- **懷疑論（scepticism）**：對基本信念的質疑。

- **感官知覺（sensation）**：對我們所體驗之事的心理表徵。
- **感覺與料（sense data）**：我們看到與用其他方式感覺到的事物。

進階閱讀

雷・蒙克（Ray Monk）的《羅素》（*Bertrand Russell*，莊佳珣譯，麥田出版）是一本爭議性的傳記。某些批評家不喜歡蒙克對羅素的性格與私生活缺乏個人的同情心；其他人則欣賞蒙克的鉅細靡遺、文學風格，還有哲學理解與清晰度的結合。至於羅素對自己人生的描述，詳見他的《自傳》（*Autobiography*）。

· 25 ·

《語言、真理與邏輯》

艾耶爾

A. J. Ayer *Language, Truth and Logic*

大多數人在某些時候會講或寫些廢話，還有些人時時刻刻都在講跟寫廢話。不過要確切查出誰在什麼時候講廢話，可能很困難。在《語言、真理與邏輯》中，艾耶爾提出他相信有種絕對無誤的廢話偵測器，一種對於無意義的雙叉測試，他稱之為驗證原則。用這種測試，他展示了哲學文章裡有一大堆根本稱不上是哲學，不過是胡言亂語而已。他建議我們把廢話擺到一邊去，然後繼續做哲學裡真正有意義的部分，也就是釐清概念的意義。在使用過他的驗證原則以後，這個科目剩下的部分就比傳統想像的哲學更精瘦得多，舉例來說，就沒有留給形上學的空間了。

所以艾耶爾在二十六歲生日前出版的《語言、真理與邏輯》，是一本打破偶像的書，一本嘗試改變哲學與哲學思維本質的書。此書本身並不完全是原創的，因為其中大多數的觀念要不是可以在休謨的作品裡找到，就是出自所謂的維也納學派——一群在一九二〇年代晚期固定聚會討論哲學的知識份子，他們創立了人稱「邏輯實證論」的學派。雖然如此，艾耶爾是第一個綜合這些觀念並帶進英語世界的人，也是最知名的。

・證實原則

所有陳述非真即假，是很誘人的想法。然而還有第三種很重要的陳述，也就是既不真也不假，實際上毫無意義的陳述。艾耶爾的證實原則是設計來挑出第三類陳述。舉例來說，我在一台文字處理機上打字是真的；我用手在寫字是假的；說「沒有顏色的綠觀念憤怒地睡」則是無意義的。最後一句話跟喊一聲「哇啦」沒什麼兩樣，雖然同樣用了字詞，這句話卻不真也不假，因為不可能找出任何判準來決定這句話是真是假。

證實原則對於任何陳述都會問兩個問題。第一個是，「這句話是從定義上就為真嗎？」第二個是，如果並非如此，「這句話在原則上是可以證實的嗎？」也就是說，任何通過測驗的陳述要不是從定義上為真，就是原則上可證實的，這樣的陳述才是有意義的。任何無法通過這個測試的陳述都是沒有意義的，所以不該被認真看待。

事實上，艾耶爾通常說的不是陳述句，而是命題。命題是陳述之下隱藏的邏輯結構，重點是，「貓坐在墊子上」這個陳述，表示了用另一個語言也能一樣好好表達的命題。這段陳述是用法文還是史瓦希利語講的，都不影響它的真實性。所以用不同語言表達的陳述，可以表示同樣的命題。艾耶爾通常也會講到「推定的」命題，在這裡用「推定的」一詞，以便保留這些句子根本不是命題（換句話說，可能沒有意義）的可能性，因為「推定的」表示是「假定的」。

讓我們考量一下證實原則的第一個叉角：「這句話是從定義上就為真嗎？」一個命題從定義上為真的例子，就是「所有單身漢都是未婚男子」。沒有必要進行調查，才能確立這個陳述為真；任何聲稱自己是單身漢卻又結了婚的人，不過是誤解了「單身漢」一詞的意思。這個論述是同義反覆式的，也就是說，在邏輯上是真的。另一個從定義上為真的陳述句範例是「所有的貓都是動物」。這裡也一樣，沒有必要做研究去評估這句陳述是不是真的；這句話為真，只因為這些字詞的意義如此。這種陳述句有時候稱為分析真理（在此「分析的」是用在技術性的意義上）。

相對來說，像是「大多數單身漢都不修邊幅」或者「從沒有一隻貓活超過三十年」都是經驗性陳述。為了評估這些陳述是否為真，觀察是必要的。除非你對這些事做了些研究，否則無法分辨這些話是不是真的。這些陳述聲稱是事實。它們不只是關於字詞的意義，而是在報導字詞所指涉的、屬於這個世界的特徵。這些句子是證實原則的第二個叉角所涵蓋的陳述。

艾耶爾問，像前一段裡提及的那種經驗陳述：「它們在原則上是可證實的嗎？」在此「可證實的」只表示能夠被證明為真或為假。「可證實的」一詞有點混淆視聽，因為在日常語言裡，去「證實」某件事，就是去證明此事為真；然而艾耶爾容許「證明某事為假」也是證實的例子。他把「原則上」一詞納入其中，是因為非常多有意義的陳述，實際上是無法被檢驗的。舉例來說，在太空旅行以前，一個科學家聲稱月亮是石灰岩構成的。實際上這很難反駁；雖然如此，從原則上卻很容易看出可以怎麼樣反駁此說，取得一塊月球岩石的樣本，看看是不是石灰岩就行了。所以這是一句有意義的陳述，儘管事實上在說出這句話的當時不可能驗證。同樣地，就算「月亮是奶油起司做成的」這麼荒唐的陳述也是有意義的，因為這句話明顯有辦法可以被證明有誤。體認到艾耶爾對「有意義的」一詞有特定用法是很重要的，因為在日常語言中，我們很少說已知為假的句子是「有意義的」。關於過去發生什麼事的陳述，可能特別難以證實；具體指定這些句子只需要原則上可證實，就迴避掉在其他狀況下評估這種陳述句的真偽狀態會造成的問題。

因此對艾耶爾而言，在考慮任何推定命題的時候，只有三種可能性：有意義而且為真，有意義卻為假，以及完全無意義。最後一個範疇——完全沒有意義的發言，是他在《語言、真理與邏輯》中的主要目標。

根據艾耶爾的說法，許多哲學家上當了，相信自己在做有意義的陳述，但在實際上，如同應用證實原則後所顯示的，他們都在寫些沒意義的東西。在哲學領域的無意義詞彙中，艾耶爾的最愛是「形上學」。一個形上學句子，就是聲稱說了某件真實（就是有意義）之事的句子，但因為這既不是定義上為真也不是經驗上可證實的，所以這句話實際上沒有意義。

・強定義與弱定義上的「可證實性」

如果艾耶爾要求有意義但並非定義上為真的陳述，必須得到決定性的證實，他會面對的一個問題是，普遍經驗性主張不會出現決定性的證據。舉例來說，就拿「所有女人都是道德的」這句普遍陳述來看。不管你觀察多少壽命有限的女人，你永遠沒辦法一勞永逸地證明這句陳述是對的，只能說這句話非常有可能是真的。對於實用目的來說，這樣已經夠好了。不過要是艾耶爾採用的是他所謂的強定義可證實性，即任何經驗性普遍化陳述要有意義，就要有決定性的經驗證據，他訂下的標準就太高了。

所他反而採用弱定義的「可證實性」。一句經驗陳述要有意義，只要有某些能夠決定這句話真偽的切題觀察。這些觀察不需要確定這句話是真還是假。

艾耶爾作品的某些批評者已經指出，區分強定義與弱定義上的證實，這本身就是無意義的陳述，因為永遠沒有經驗性陳述能夠在實用上或原則上，達到強定義原則的嚴格要求。然而艾耶爾在此書第二版的導論裡提出，有些他稱為「基本命題」的句子可以得到決定性的證實。這些句子，是由像是「我現在在痛」，或者「我吃的這顆檸檬是苦的」這些陳述句所表達的那種命題。這些句子是不可修正的，意思是你不可能弄錯這些句子的真偽。

・形上學與詩歌

形上學的防線之一，是主張雖然從字面上看毫無意義，但形上學還是可以有跟詩歌同類的效果，所以它還是有價值的活動。對於嘗試這樣維護形上學的正當性，艾耶爾的反應很嚴苛。首先他指出，嘗試這樣辯護是奠基於對詩歌的誤解。詩歌鮮少是毫無意義的，雖然詩歌有時表達的是錯誤的命題。而就算詩歌毫無意義，之所以揀選這些文字，是因為韻律或聲音。形上學的目的是要有意義而且真實。而形上學家並不是企圖寫些無意義的東西，雖然他們確實寫出無意義的東西，這只是個不幸的事實而已。用形上學有如詩歌般的特質來做辯護，無法掩蓋這個事實。

艾耶爾在整本《語言、真理與邏輯》中的主要目標，就是消滅形上學。他把焦點集中在語言上，因為他相信語言經常誤導我們，在我們根本言語無理的時候，還相信自己在講有意義的事。這種對語言的專注，是二十世紀前半英美大量哲學文字的一項突出特徵，有時候被稱為哲學中的語言學轉向。

在此我們會檢視艾耶爾對於意義激進的研究方法所產生的後果。但首先，艾耶爾理解的「哲學」是什麼？

・哲學

對艾耶爾來說，哲學扮演的角色非常狹隘。哲學不是經驗性的學科，這就是它跟科學之間的分別。科學談的是關於世界本質的陳述，所以貢獻出事實性的知識，而哲學的角色是釐清概念定義的含意，特別是科學家運用的那些概念。哲學把焦點放在語言，而非語言描述下的世界。哲學在本質上是邏輯的一個分支。事實上艾耶爾在《語言、真理與邏輯》中進行的活動，也就是釐清我們對「有意義」的概念並且徹底探究其含意，是哲學活動的典型範例。

‧歸納問題

艾耶爾對於歸納問題的處理是個很好的例子，說明了他對傳統哲學爭論的切入方法。對於歸納問題，通常的理解是，為了替以過往觀察為基礎的經驗普遍化推論，在將來也會有效的這個信念找出滿意的證成理由，所產生的困難。我們怎麼能夠確定未來就會像過去一樣？太陽昨天升起了，之前的每一天都有人觀察到這件事，不過這並非決定性地證明太陽明天也會升起。然而我們全都很有信心地仰賴這種歸納普遍化原則，而這些原則正是所有科學的基礎。

既然是休謨在十八世紀第一次系統化說明了這個問題，哲學家一直嘗試要證成使用歸納推論的合理性。艾耶爾的方法非常不一樣。他的嘗試是消滅這個問題。他把這個問題當成假問題打發掉，不認為它是真正的問題。他這樣做的立場是，這個問題不可能會出現有意義的答案。既然每個真正的問題原則上都可以有意義地回答，這個問題卻不能，我們就應該擱置這個問題。

他的推論如下。只有兩種有可能有意義的歸納法證成方式，兩種都不可能成功。第一個是以從定義上為真的真理為基礎，給出一個證成理由，或許是分析「歸納」或者「真」的定義。然而這招行不通，因為嘗試這種證成方式會犯下一個基本的錯誤：假定任何事實性的結論，都可以從關於定義的陳述中導出。關於定義的陳述，就只是告知我們這個字詞或者其他符號的使用事宜而已。

第二種證成方式，是經驗上可證實的方法。舉例來說，某人可能論證說歸納法是可靠的推論方法，因為這個方法在過去對我們很有用。不過就如同休謨提出的，這個說法是用歸納法來證成歸納法。顯然這樣做也是不可接受的，因為會造成循環論證；而且這樣做假定了歸納法是可靠的，但這正是爭議中的重點。所以，艾耶爾做出結論，有意義的結論是不可能的。因此，所謂的歸納問題不是個真正的問題。

・數學

很明顯，在數學裡表達的命題就整體來說，必須是有意義的。如果數學命題在艾耶爾的分析結果裡是沒有意義的，就有很充分的立場拋棄他的理論。所以，他能夠怎麼樣證明這些命題是有意義的？他只有兩個選擇：這些命題要不是從定義上為真，就是經驗上可證實的（或者可能是兩者的混合）。

鮮少有哲學家聲稱，7+5=12 只是基於七樣物品加五樣物品每次都得到十二的普遍化推論。這是十分不可能為真的立場。所以艾耶爾只剩下一種結果：7+5=12 是從定義上為真，問題只在於我們要怎麼用「7」、「+」、「5」、「=」跟「12」這些符號。不過如果說「7+5=12」跟「所有單身漢都是沒結婚的男人」都是以同一種方式「從定義上為真」，那麼艾耶爾必須解釋數學上的「發現」怎麼會讓我們驚訝，因為根據這個理論，應該在講出問題的時候答案就蘊含在其中了。到頭來所有等式都會等同於明顯的同義反覆，A=A。所以我們怎麼可能會有在數學裡找出新發現的感覺？

艾耶爾的答案是，雖然數學陳述是從定義上為真，某些數學真理乍看卻不是顯然為真。舉例來說，91×79=7189。跟 7+5=12 相比，遠非如此明顯。然而這條算式仍然是從定義上為真的。我們必須動用計算來檢查這個陳述是否為真；這種計算到頭來不過就是個同義反覆的變化。不過因為我們無法立刻看出這個答案是對的，我們覺得它很有趣，雖然到頭來這個陳述並沒有給我們任何新的事實資訊。

・倫理學

艾耶爾對倫理學的處理，可說是《語言、真理與邏輯》中最爭議性的面向。他的基本信念是，關於對錯的判斷大半只是情緒表達，實質上就跟「呸！」還有「喔耶！」這種表達方式一樣沒意義。他用證實原則達到這個極端的結論。

檢驗倫理哲學的時候，他發現了四種類型的陳述。第一，有倫理學詞彙的定義；舉例來說，我們可能在倫理學書籍裡找到「責任」的一個詳細定義。第二，有道德現象及其成因的描述；例如說，一段關於良心譴責之痛，還有這種痛楚在早期道德或宗教訓練上可能有何種起源的敘述。第三，有艾耶爾所說的「訴諸道德價值的勸誡」。這種陳述的簡單例子之一是呼籲讀者遵守承諾。最後，還有「實際的道德判斷」。這種陳述是類似「折磨是一種道德上的惡」這樣的句子。

艾耶爾一一檢視四種陳述。第一類定義式的陳述，是他認為唯一一種可以當成道德哲學接受的陳述。這個種類（道德詞彙的定義）是由從定義上為真的陳述組成，所以通過了他的意義測試。第二類陳述，道德現象的描述，雖然通過了證實測試的第二個叉角，所以是有意義的，卻不屬於哲學範圍。這些句子是經驗上可證實的，所以對這些句子的處理工作屬於科學的一個分支，在目前的例子裡要不是心理學就是社會學。第三類陳述，訴諸道德價值的勸誡，無法為真也無法為假，所以實質上沒有意義。這些陳述無法屬於科學或哲學。

最後一類，道德判斷，艾耶爾用比較長的篇幅來處理。大家通常認為這些陳述構成了道德哲學，而且傳統上這些陳述被假定是有意義的。艾耶爾論證說，這些句子既不是從定義上為真，也不是經驗上可證實的，所以其實沒有意義。如果我說「你闖進我家，你這樣做錯了」，那麼我說的話等同於用某種特別聲調說「你闖進我家」。「你這樣做錯了」的主張，並沒有在這句陳述裡加上任何有意義的東西。如果我提出這個普遍化原則「闖入民宅是錯的」，而且假定「錯的」是用在道德意義上而不是法律意義上，那麼我就是寫了一個完全沒意義的陳述，一個既不真也不假的陳述。這只是對闖入民宅採取某種情緒態度的措辭，一個可能會激發聽者相同情緒態度的措辭。如果你轉回我這邊表示異議，說「闖入民宅沒什麼錯處」，我們之間不會決定任何事實。你只是對闖入民宅表達不同的情緒態度。

這種對於道德判斷的說明，被稱為情緒主義，採用的後果是，對於一個行為是否有錯，不可能產生真正的辯論。看來像是辯論的內容，結果總是會變成一系列的情緒表達；而沒有一種觀點可以讓我們從中判斷道德立場的真偽，因為這些立場無法為真或為假。它們根本沒有表達真正的命題。

・宗教

艾耶爾對於「神存在」這個陳述的處理方式，也跟他拋棄大半道德哲學一樣富爭議性。他聲稱這個陳述既不是從定義上為真，甚至也不是在原則上可證實的。這句話不可能從定義上為真，因為定義只是指出字詞的用法，所以無法證明任何事物的存在。艾耶爾拒絕神的存在可能有經驗證據的想法。所以他宣布，「神存在」其實是沒有意義的，不可能為真或為假。

這個觀點沒有名稱，卻跟神存在問題的傳統路線有很重大的差別。傳統上一個人要不是相信神的存在，就是無神論者（相信神不存在）或者不可知論者（認為沒有充分證據，可以決定這個議題的答案）。然而，艾耶爾的立場跟這三種立場全都不同，因為這些立場全都把「神存在」這個陳述視為有意義的，而且各自認為這句話為真、為假、或未經證明。所以「神存在」是一個形上學陳述，艾耶爾斷定這是完全沒意義的話，所以不該由哲學來處理。所以，神是否存在這個數千年來讓偉大哲學家們耗費心神的問題，就被一筆抹消，視為無法回答的問題，不值得耗費任何哲學能量在上面。

・對《語言、真理與邏輯》的批評

實用上的困難

就算我們接受艾耶爾的證實原則，是一種分辨有意義與無意義陳述的方法，還是有些嚴重的實用困難必須解決。舉例來說，我們要怎麼決定一個命題在原則上是可以證實的？換句話說，「原則上」在這種脈絡下指的是什麼？加上一點想像力，某人可能聲稱「現實是一」這個陳述（艾耶爾用來說明形上學陳述的一個例子），在原則上是可以證實的。想像現實的面紗一瞬間落下，我們得以一瞥現實的本質，然後我們就能夠做出一項適合評估「現實是一」是否為真或為假的觀察。這就表示「現實是一」在原則上是可證實的嗎？對於「在原則上可證實的」在實際應用上是什麼意思，艾耶爾沒有提供足夠資訊，得以決定在特定狀況下一句話是否算是形上學式的。

證實原則更進一步的應用困難，在於指認出不明顯的同義反覆。在討論數學的時候，艾耶爾接受某些句子可以是從定義上為真的，就算無法立刻體認到事實如此。這種觀點的後果之一，就是我們可能很容易就漏掉許多乍看像是形上學陳述的句子，有同義反覆的本質。

把命題看成彼此孤立無關的

針對艾耶爾的整體方法，有另一種不同的反對意見：這套方法把命題當作可以從複雜的意義網絡裡分離出來，然而實際上它們卻是嵌入其中。這是哲學家蒯因（W. V. O. Quine）曾經提出的觀點。

舉例來說，艾耶爾似乎認為，可以獨立於其他陳述，來決定這段陳述的真偽：「重力導致太空梭掉回地球。」然而為了決定這是不是一句形上學陳述，我需要利用科學理論，還有在一定範圍內的其他假設，其中許多假設都內建在我們使用語言的方式裡。

自我駁斥

對於艾耶爾的書，最嚴重的批評是：證實原則似乎並沒有通過自己設下的意義考驗。這個原則本身就是從定義上為真的嗎？並不是很明顯如此。它是經驗上可證實的嗎？很難看出怎麼可能。所以，根據這個原則自身的規定，它本身就是無意義的。如果這個批評成立，那麼艾耶爾的整個規畫就都崩盤了，因為他的計畫完全仰賴「任何有意義命題都會通過測試」這個主張的真實性。

艾耶爾對於這個批評的反應是，證實原則是從定義上為真的。就像數學等式 91×79=7189，證實原則並不是明顯看得出從定義上為真，這就是為什麼這個原則很有趣，而且算是個發現。然而艾耶爾並沒有證明他從這個證實原則裡導出了什麼，也沒有提供任何等同於數學計算的東西，可以讓我們驗算他是不是給了正確的答案。

或者證實原則只是一個提案，推薦我們應該用這個原則點出的方式來使用「有意義的」一詞。不過若是如此，根據這個原則的標準，它就會是一句形上學陳述，等同於一種情緒的表達，而這正是艾耶爾極力要從哲學中消滅的那種陳述。

所以，不管從哪一方面來看，他的證實原則會自我駁斥的批評具有毀滅性的破壞力。

重要年表

- **西元一九一〇年**　生於倫敦。
- **西元一九三六年**　出版《語言、真理與邏輯》。
- **西元一九八九年**　死於倫敦。

重要字彙

- **情緒主義（emotivism）**：根據這種理論，道德判斷是情緒的無意義表達，不可能為真也不可能為假。
- **經驗的（empirical）**：從經驗中導出。
- **邏輯實證論（logical positivism）**：主張嚴格運用證實原則的哲學學派。
- **有意義的（meaningful）**：要不是從定義上為真，就是在原則上可證實的。
- **形上學（metaphysics）**：對艾耶爾來說，這永遠都是被濫用的詞彙。對他而言這個字眼就等於「無意義廢話」。
- **歸納問題（problem of induction）**：證明我們大規模仰賴歸納推論有合理性的問題。邏輯上來說，我們無法保證未來會像過去一樣，然而我們的行為彷彿已經得到這種保證。
- **命題（proposition）**：一句話所表達的思維。同樣的命題可以用不同的語言來表達。
- **假問題（pseudo-problem）**：不是真正的問題；在傳統上被認為是問題，其實不是。
- **同義反覆（tautology）**：一個必然為真的陳述，像是「任何存在的東西都存在」，或者「所有單身漢都是沒結婚的男人」。

- **證實原則（Verification Principle）**：對於意義的雙叉測試，排除掉任何既不是從定義上為真，也不是在原則上可證實或否證的陳述句，並視之為沒有意義的廢話。

進階閱讀

史蒂芬・普利斯特的《英國經驗主義哲學家》其中有一章在談艾耶爾的作品。

布萊安・麥奇的《偉大概念》（*Men of Ideas*）包含一篇艾耶爾的訪談。

歐斯沃・漢夫寧（Oswald Hanfling）的《艾耶爾》（*Ayer*，陳瑞麟譯，麥田出版）簡潔地概述艾耶爾的哲學及其重要性。

班・羅傑斯（Ben Rogers）的《艾耶爾》（*A. J. Ayer: A Life*）這本傳記描繪了一幅敏銳的艾耶爾肖像，在這個過程中也介紹了艾耶爾哲學。

· 26 ·

《藝術原理》

柯靈烏

R.G. Collingwood *The Principles of Art*

藝術是什麼？這不是個容易的問題。有那麼多不同的東西都被稱為藝術，但其中某一些可能配不上這個稱呼。大多數人會承認，林布蘭的一幅自畫像與巴哈的一首賦格是藝術，但也有許多具爭議性的例子。杜象的名作《噴泉》是他在小便斗簽上「R. Mutt」這個名字，然後在一九一七年紐約某個公開藝展裡展示，甚至還得不到共識：對某些人來說，這是二十世紀藝術的核心範例，然而對其他人而言，這只是個聳動的姿態，比較像是對藝術展的批判，甚至是一個笑話，它本身不算是藝術。

有人問起「什麼是藝術」的時候，他們鮮少只是問這個詞彙是怎麼使用的。這就是為什麼字典無法解決這個問題。在問到這個問題的時候，比較常見的狀況是，他們在尋求關於下列問題的啟迪：是什麼讓某樣東西配稱為藝術，而且他們相信稱呼某樣東西是藝術品，就蘊含該物對我們有某種價值，或者至少有潛在價值。柯靈烏，一位在兩次大戰中間的和平期最為活躍的牛津哲學家，在著作《藝術原理》中，替剛好稱為藝術與值得被稱為藝術的事物之間劃下界線。許多被稱為藝術的事物配不上這個詞彙，這些東西不是「真正的藝術」，只是「名不符實的藝術」。真正的藝術牽涉到一個特定種類的情緒表達，在表達過程中澄清了那個被表達的情緒的本質。雖然柏拉圖、亞里斯多德、奧古斯丁、黑格爾、休謨、尼采及其他偉大哲學家曾經提及關於藝術的種種，但在一九三〇年代柯靈烏寫作此書的時候，對於一位英國哲學家來說，藝術不是個尋常的談論主題。他有一些靈感來自義大利哲學家克羅采。

・誰是柯靈烏？

柯靈烏是個不尋常的哲學家，興趣非常廣泛。除了《藝術原理》，他也寫了一本對歷史哲學影響深遠的書，並且大半時間在英國研究羅馬考古學。他父親是成功的水彩畫家，柯靈烏本人會素描也會彩繪圖畫，對於創作藝術的實際面與理論面都一樣清楚。他對於視覺藝術家怎麼工作的理解，影響了他在《藝術原理》裡採取的路線：這本書大半聚焦在藝術家的創意過程上，而不是其他方面，好比說觀者的經驗，雖然這個部分也有討論。柯靈烏還有另一個不尋常之處：他相信某些種類的「名不符實藝術」可能在道德上腐蝕人心，而「道德救贖」可以透過真正的藝術達成。

・藝術的技巧論

柯靈烏攻擊他所謂的「藝術的技巧論」。他用這個名詞來稱呼以下這種觀念：藝術只是一連串的技巧，用特別的方式轉化原料，以便引出特定種類的反應。技巧論把藝術當成一種工藝；在這種觀點下，藝術家把藝術的組成成分轉化成符合預想藍圖的某種東西。木匠創造出一張桌子，做法是先設計桌子，然後把像是木頭、釘子、亮光漆與黏膠這些原料，轉變成合乎他或她設計的桌子。同樣地，某些人把藝術家想成以藝術性的技巧為手段，把可能包含畫布與顏料、文字或者聲音等原料塑造成形，變成藝術品的人。

·但藝術不是牽涉到工藝嗎？

常有人把柯靈烏實際上沒主張過的立場強加於他，那就是真正的藝術絕對不牽涉工藝或計畫。這種立場顯然很荒謬，會招致各種反例攻擊。舉例來說，米開朗基羅在畫西斯汀禮拜堂天花板的時候，肯定在爬到鷹架上之前就計畫過執行辦法，而且用了種種技巧來操作顏料與灰泥原料，並按照預想中的配置結構。如果他沒有那樣做，結果可能會是一團亂，而不是偉大的藝術作品。然而柯靈烏的重點是，這種工藝不可能是藝術的精髓，因為大多數藝術不包含這個。原則上許多藝術品可以全都在心裡構思完成。所以工藝不可能讓一個物體或其他創造物成為藝術品的核心。不過在他的觀點裡，更典型的藝術家是個雕塑家，他在指間把玩一團黏土，逐漸地捏成一個跳舞男子的塑像，但是他是在製作的過程中設計，然後做出塑像，而不是遵循任何預想的計畫，把原物料轉變成有特定象徵的特定塑像。

有時候藝術家的確在動手以前，就精確知道自己要做什麼，這跟他們作為藝術家的工作無關，然而對一個工匠來說，他或她在建造物件以前先知道成品會是什麼樣，是很重要的。木匠知道桌子什麼時候做好；藝術家通常會覺得還有更多工作可以做。打算做張桌子的人會知道桌子精確的長寬高、組裝時需要的材料，還有不同部位會怎麼結合。根據藝術的技巧論，藝術家做的事情跟工匠類型相同。柯靈烏不接受這個理論，堅稱藝術家的作品是生出來而非做出來的，而藝術不只是技術，儘管事實上許多（甚至是所有的）偉大藝術家，在他們選擇的領域裡都有非常洗練的技術。他的重點是，並不是技術把他們造就成藝術家，也不是轉化原料成為預想物體的過程讓他們的創造物變成藝術。

・名不符實的藝術

巫術藝術

柯靈烏很熱切地要把名不符實的藝術跟真正的藝術區分開來。名不符實的藝術有兩個領域，「巫術藝術」與「娛樂藝術」。巫術藝術這種類型的藝術，是為了在激發情緒的儀式上使用，被激發的情緒則在導引下產生實際或宗教上的效果。這個範疇包括的不只是在其他文化中的重要儀式性藝術，還有屬於我們自己的儀式性重要藝術。像是「統治吧，不列顛尼亞」或者「星條旗」等愛國音樂，照他的主張會被視為巫術藝術。不過巫術藝術不是真正的藝術，因為這種藝術原則上是為了某個目的而採取的手段，用社交上合宜的方式宣洩情緒的一種方法，目的在於激發行動，而且本來在製作的過程中，心裡就抱著這個目的了。這種藝術的價值大半在於其工具價值。這跟真正的藝術非常不同。

娛樂藝術

娛樂藝術這個範疇對許多人來說，可能也像是真正的藝術形式，然而柯靈烏還是反對這個觀點。娛樂藝術，創造出來只為了娛樂我們的藝術，不是真正的藝術。柯靈烏警告我們娛樂藝術具腐化效果：

這種藝術會刺激特定種類的情緒反應，笑聲、樂趣或愉悅。不過它是藉著觸發一個反應來做到這點。相對來說，如同我們將看到的，真正的藝術要求觀眾經歷藝術家在創作藝術品時所經歷的過程。柯靈烏相信，娛樂藝術可能是腐敗的。它在道德上腐化人心，因為它把人從生活中引開，讓他們相信自身的愉悅是世界上主要的善，反之，真正藝術需要觀眾某種程度的參與，提高他們的自知與覺察程度。

巫術藝術與娛樂藝術在柯靈烏的觀點裡，這兩者都是工藝，都不是藝術，儘管與藝術在表面上相似。

・真正的藝術

藉著表達情緒來釐清情緒

柯靈烏的目標不是搞破壞。他對於真正的藝術，那些值得被稱為藝術的藝術到底是什麼，也提出了正面的說明，還指出配不上這個稱號的名不符實藝術的種種型態。與其從一個預想的目標或者藍圖開始，藝術家通常會從柯靈烏描述中的「初步」情緒開始，那是他或她想要釐清的。「初步」只表示「還未完全成形」。對柯靈烏來說，創造一個藝術作品的過程主要是與一個勉強理解的感受或情緒搏鬥，然後透過可能牽涉到操作一種媒介（像是顏料或黏土）的過程，逐漸把那個精確的情緒弄得更清楚。這就是表達一種情緒的過程。表達一種情緒跟透露出一個情緒是不一樣的。如果我在生氣，發紅的臉跟響亮的聲音，可能會向其他人揭露我正在生氣，甚至可能發生在我自己察覺到這一點以前。這些是我憤怒的徵兆。但柯靈烏所說的情緒表達並不是這個。換句話來說，藝術性的創造是一種自我理解。藝術作品的特徵，那個「從製作中設計」的過程，是把我們對於被表達的情緒所具備的理解，加以精緻化的過程，是用更精確的方式學習那個情緒是什麼的一種辦法。一直到情緒得到藝術性的表達之前，藝術家並不會真正明白它：這個情緒會是模糊而不精確的。所以，藝術創造是一種過程，是把藝術家完成工作前，只在潛意識中察覺到的某樣東西帶到意識層面的過程。

體驗藝術

在一個觀者注視著一幅畫時，他或她經歷的是類似藝術家創造這個作品時的經驗。觀者對於藝術品的經驗本身就是情緒表達，這是對於藝術家在作品中表達的情緒的一種感受性。

・對於柯靈烏藝術理論的批評

狹隘的本質主義

針對柯靈烏對藝術定義所採取的路線，有一種批評是本質主義。他假定所有藝術都有個本質，一個共享的特徵，他認定那是一種特別的情緒表達。某些後來的藝術哲學家論證說，最好把藝術理解成維根斯坦所謂的家族相似性詞彙。也就是說，在我們承認是藝術的那些事物之間，有一種模式是相似性部分重疊，不過沒有單一的根本定義特徵，沒有一種性質讓它們全部都配稱為藝術。根據這個觀點，柯靈烏的錯誤在於太過聚焦於情緒的表達上。這導致在他的真正藝術範疇內，許多應該被承認是藝術的事物，都被排除在外了。就算藝術常常等同表達，也不見得總是如此。柯靈烏的錯誤在於假定所有藝術都有共同特徵。

過度樂觀的說教

對柯靈烏來說，藝術並非芝麻小事：在容許文化進步的事物中，藝術也是其中一部分，方法是向觀眾揭露自己心中的秘密，並且容許他們透過與藝術品的交流，扼要地重述表達的過程。《藝術原理》中的許多地方，柯靈烏都用嚴苛的語氣對待名不符實的藝術產生的效果，好比說讓人分神，而且在他看來會腐化道德。電影與廣播成了他的攻擊目標：這個面向到現在似乎驚人地過時，而且時至今日，聲稱沒有電影藝術這種東西，是極具爭議性的。在此書的最後一句話裡，柯靈烏宣稱對於「心靈最危險的疾病」，即意識的腐化，藝術就是良藥。藝術不只是人生中很寶貴的面向，在他看來還是一種萬靈丹。許多讀者會發現，他對藝術本質的見解有些面向看起來很有道理，但他把藝術變成一種讓觀眾改頭換面的道德療法，能夠拯救文化免於道德與精神災難，這種傾向卻會讓觀眾敬而遠之。柯靈烏是在一九三〇年代，猶太人慘遭大屠殺之前寫下此書。其中某些暴行的執行者，既是納粹份子，也是品味高雅的歌德作品讀者，定期出席演奏莫札特與貝多芬樂曲的古典音樂會。考量到這個事實，很難堅持藝術具有護衛道德功能的觀念。

重要年表

- **西元一八八九年** 生於英國蘭開夏郡。
- **西元一九三八年** 《藝術原理》初次出版。
- **西元一九四三年** 死於英國坎布里亞。

重要字彙

- **名不符實的藝術（art so-called）**：柯靈烏用來稱呼可能被稱為藝術、然而卻配不上這個稱號的事物。
- **真正的藝術（art proper）**：柯靈烏用這個詞彙把藝術與名不符實的藝術中區分開來。
- **透露一種情緒（betraying an emotion）**：透過例如行為或者聲調等事物，來表現出一種情緒。這跟表達一種情緒非常不同，就柯靈烏的觀點，表達情緒牽涉到一種更細緻的、自我意識上的頓悟。
- **工藝（craft）**：藉著遵循某種藍圖或計畫，把原物料轉變成預想物件的過程。這樣的工藝通常需要可以被教導與改進的技巧。
- **表達（expression）**：澄清一種初步情緒的過程。
- **初步情緒（inchoate emotion）**：有待透過表達來變得精確的情緒。柯靈烏相信藝術家通常從一個初步情緒開始，他們使用某種讓他們可以表達那個情緒的媒介，藉此澄清這個情緒、讓它變得精確，從而促成觀眾表達相同情緒的過程。

- **藝術的技術理論（Technical Theory of Art）**：把藝術等同於工藝的理論。

進階閱讀

《柯靈烏自傳》（*An Autobiography*，陳明福譯，故鄉出版）是他在一九三九年首次出版的自傳，簡短且非常容易閱讀。

派翠克・德翰（Patrick Derham）與約翰・泰勒（John Taylor）編選的《文化奧林匹亞》（*Cultural Olympians: Rugby School's Intellectual and Spiritual Leaders*）中包含一篇內容廣泛、以柯靈烏為主題的文章。

阿宏・黎得雷的《柯靈烏》（*R. G. Collingwood*，李志成譯，麥田出版），對於柯靈烏藝術理論的檢視，優秀、簡短並且持同情立場。

我的著作《藝術問題》（*The Art Question*）更整體性地處理「什麼是藝術」這個問題，包含一個談柯靈烏理論的章節。

· 27 ·

《存在與虛無》

沙特

Jean-Paul Sartre *Being and Nothingness*

《存在與虛無》是存在主義的聖經。儘管此書在這個橫掃戰後歐洲與北美的運動中占據核心地位，它還是驚人地晦澀。鮮少有泡咖啡廳的存在主義者讀過此書，並了解其中的大半內容。導論尤其極端難以理解，要是缺乏歐陸哲學背景更是如此。然而大多數嘗試從頭讀到尾的人起初會嘗到絕望的滋味，堅持下去卻是值得的。二十世紀成書的哲學著作中，只有極少數作品誠心處理關於人類困境的基本問題，《存在與虛無》就是其中之一。就其中比較明白易懂的段落而言，此書可以同時給人啟迪又讓人興奮。對於某些特定情境的難忘描述，構成本書中大段的內容，在此明顯可以看到沙特身為小說家與劇作家的經驗。

《存在與虛無》的中心主題，就濃縮在這謎樣的一句話裡：「意識在它的存在中是其所不是，同時又是其所是的。」這句話可能乍聽像是假裝有深度，但實際上卻是概括了沙特對於何謂身為人類的解釋。這句話的全副意義，在這一章的進展中應該會變得很明白。

・現象學取徑

沙特在《存在與虛無》中的文字，有個顯著的特徵，他把重點放在描述得頗詳細的真實或想像情境上。這不只是行文風格上的怪癖，反而是沙特現象學取徑的一種特徵。沙特受到哲學家胡賽爾（Edmund Husserl）影響。胡賽爾相信，藉由描述意識的內容，擱置呈現在意識之前的事物是否真正存在的問題，直觀事物的本質，是有可能達到的。對胡賽爾來說，哲學中的一個重要部分是描述性的，我們應該描述我們的經驗，而不只是在一個抽象的層次上反省。

沙特接受了胡賽爾思想最後的這個面向，卻拒絕了以下假設：仔細觀察我們的意識內容，揭露的是被思索之物的根本性質。對沙特來說，現象學方法在應用上表示的是他專注於活過與感受到的人生，而不是科學或經驗性心理學描述中的人類。結果出現一種奇異的混合：高度抽象的討論之間，散布著讓人難忘的鮮明小說式場景與描述。

・存在

整本《存在與虛無》，奠基在不同存在形式之間的一個基本區別。沙特把注意力引向意識與無意識存在之間的差異。前者他稱為「自為的存在」；後者則是「自在的存在」。自為的存在是人類特別體驗到的那種存在，而《存在與虛無》的大半篇幅都是致力於解釋自為的存在的主要特徵。不幸的是，非人的動物是否可以合理地被劃入自為的存在的領域，視為其中的一個例子，沙特並沒有提供任何答案。相對而言，自在的存在是無意識事物的存有，就像是海灘上的一顆石頭。

・虛無

如同本書書名所指出的，虛無在沙特的作品中扮演了一個關鍵性的角色。他把人類意識的特徵，描述成我們存有核心的一個裂口，一個虛無。意識總是對於某個事物的意識；它從來就不只是它自己。就是這一點容許我們把自己投射到未來，並且重新評估我們的過去。

在我們認清有某個東西缺席的時候，就體驗到了具體的虛無。你安排好四點鐘要在一家咖啡廳見你的朋友皮耶。你遲到了十五分鐘，而他人不在那裡。你覺察到的他是一種空缺，一種缺席，因為你本來期待看到他。舉個例來說，這跟拳王阿里在咖啡廳裡缺席不同，因為你沒有安排好要在那裡見到他。你可以玩某種智力遊戲，列出所有不在咖啡廳裡的人，但在這個例子裡，只有皮耶的缺席會像是一種真正的缺乏，因為只有皮耶是你期待中的人。人類意識看出有什麼東西不見的能力，這個現象屬於沙特所謂的「意識超越性」的一部分。這跟他對自由的觀念是連結在一起的，因為我們有能力把事物看成未實現的，或者還有待完成的，這向我們揭露出一個充滿了可能性的世界。或者不如這麼說，在某些狀況下，它向我們揭露了這樣的一個世界。在其他狀況下，沙特稱為「錯誤信念」的一種獨特的自欺掌握控制，而我們不讓自己承認我們的自由實際上有多寬廣。

・自由

沙特相信人類有自由意志。意識是空虛的，它並沒有決定我們該選擇什麼。我們並沒有受限於過去所做的選擇，雖然我們可能會如此認為。我們有自由可以去選擇任何想做的事。的確，這個世界不會總是容許我們滿足自己的願望。不過，就像我們何時出生、父母是誰的事實一樣，在沙特口中，那只是我們的「事實性」，即我們人生中被賦予的那些面向的其中一面而已。就算無法改變這些事物，我們能夠選擇改變對待這些面向的態度。

沙特對於個人自由的問題採取了極端的立場，無視於任何指出人類完全受到個人基因天賦與教養形塑的理論。對沙特來說，人類的特色在於他們有能力選擇變成什麼樣。然而沙特確實指出，事情並不是那麼簡單，人類意識一直都在跟他所說的「錯誤信念」眉來眼去，錯誤信念基本上就是拒絕我們的自由。

・錯誤信念

沙特對於錯誤信念的討論，是二十世紀哲學中知名的經典段落之一。在此他身為一個哲學家、心理學家與小說家的技巧，最為成功地熔於一爐；在許多關於自欺的沉悶抽象討論都失敗的時候，他的現象學方法結出了果實。

重要的是我們必須理解，沙特對於作為一般性哲學議題的自欺並沒有興趣。錯誤信念是一種特殊的自欺，只有在假定有自由意志的理論中才有意義。錯誤信念是針對自己的謊言；選擇謊騙自己，是當成一種對自由的逃避。這是人類意識特別容易出現的狀況。

請思索一下沙特描述的狀況。一個女人跟一個對她有性意圖的男子初次約會。她察覺到他的興趣本質如何，卻對自己否認，用「我覺得妳好迷人」這類評語的意義謊騙自己，把這些話轉變成無傷大雅、與性無關的稱讚。她設法在對話中維持自欺。不過接著他握起她的手。把手留在他手心裡，會是跟他調情；把手抽走，會「打破賦予此刻魅力、卻令人困擾而不穩定的和諧」。她做了什麼？她把手留在那裡，卻了無生氣，就是一個物體，既不表同意也不抵抗，同時她高傲地談論她的人生，強調她自己是有人格的人，而不是一副身體。她的信念錯誤，是因為對於那男人的意圖本質，她欺騙了自己。她假裝他對她的心靈有興趣，是為了避免承認她回應他的欲望的可能性。不過她之所以有錯誤信念，也是因為否認她也是她的身體，而且在這麼做的同時，否認了她的行動自由，還有她對個人行為的責任。她嘗試讓她的手變成一個自在的存在，而不是接受他手裡的東西就是她的手。

沙特最有名的錯誤信念例子，是關於一個咖啡館的侍者。這位侍者似乎被他身為侍者的角色給決定了，好像他在表演一個角色。他朝顧客彎腰，或者平衡他那個托盤的方式，動作都很誇張。這全都是一種儀式，一種繁複的舞蹈。沙特指出這個侍者，不管他多努力試著融入他的角色，都不可能像「墨水池就是墨水池」那樣，就只是一位侍者。一個自為的存在不可能靠著意志之舉，變形成一個自在的存在（或許，只有在自殺的狀況下除外）。沙特的診斷是，這位侍者是個設法要拒絕自身自由的人，就好像他無法選擇待在床上而不是五點起床，即便這樣意味著被開除。他的機械化動作洩漏出一種欲望，要成為他不能成為的東西，一個自在的存在。所以侍者有錯誤信念，是因為對於他的自由極限，他正在欺騙自己。

在另一個不同的例子裡，沙特描述了一個同性戀男子，他不向他的朋友，甚至不對自己承認他是個同性戀。的確，他的行為模式一直是同性戀的行為模式。不過在他聲稱他不「是」個同性戀的時候，他玩弄「是」（is）這個詞彙的雙重意義。在自己眼中，他不可能是個同性戀，因為沒有一個人類個體是以「紅髮男人就是紅髮男人」這樣的方式，嚴格地受到他或她的過去所決定。身為一個自為的存在，他不可能就這樣把他的特色變成一個自在的存在。然而從另一個意義上看，從他的過往行為來看，他顯然「是」個同性戀：他過往一直都是跟男人發生性關係的。對於「你是同性戀嗎」這個問題，誠實的答案會是「在某種意義上說不是，在另一種意義上就是」。

他的朋友要求這位同性戀者誠實並且出櫃。然而這位朋友跟這位同志一樣有錯誤信念，因為對真誠的要求，是一種讓你自己成為自在的存在的要求，拒絕了你在將來做出跟過去不同行動的自由。所以真誠本身就是一種錯誤信念。

「錯誤信念」一詞暗示，處於這種狀況下有某種壞處，這種狀況可能是一個道德上的錯誤。這個詞彙也暗示了真實性（authenticity），即錯誤信念的反面，可能是一種美德。然而在《存在與虛無》中，沙特的方法是描述而非評斷，這不是教人如何活著的指導手冊，而是關於活著像是什麼樣的描述。沙特答應為《存在與虛無》寫一本續集，在續集中他會呈現出一個存在主義式的倫理學；然而他從來沒出版這樣的一本書。雖然如此，讀過沙特對錯誤信念的陳述以後，很難不跟著做出結論：沙特認為，整體來說錯誤信念是有罪的，而且對我們真正的身分，也就是自由的個人，是一種拒絕。

錯誤信念之所以有可能，是因為人類同時有超越性與事實性。超越性指的是我們有能力在思維中超越現在發生的事實，並且把自己投射到未來的可能性裡；事實性指涉到關於我們的過去與現狀的事實，我們無法任意改變的存在狀態中的既有事實。我們讓超越性與事實性彼此分離，把自己想成要不是完全跟自己的身體不同（拒絕我們的事實性中的一個面向，就像前面例子裡的女人對待約會對象的態度），就是跟我們的可能性完全不同（假裝自己是個自在的存在，就像例子裡的咖啡廳侍者）。

對於超越性與事實性的討論，花了些篇幅解釋這一章稍早那段關於意識的引言是什麼意思：「意識在它的存在中是其所不是，同時又是其所是的。」我們在一種意義上是我們的可能性，就是我們的超越性：並非現在的我們，而是我們可能會變成的樣子（換言之，意識「是其所不是」）。然而我們又不只是我們生於何處、如何被帶大、有什麼髮色、長得多高、多聰明等等事實性的產物。

．對佛洛伊德的批評

佛洛伊德的無意識理論，可能提供沙特一個方便的解釋，說明了一個人怎麼可能對自己撒謊。根據佛洛伊德，精神被區分成有意識跟無意識的部分。無意識的動機與思維在能夠進入意識以前，就受到審查與轉化。審查者把某些念頭完全壓制下去，容許其他念頭以經過偽裝的形式出現在意識裡，尤其是出現在夢境裡或者所謂的「佛洛伊德式失言」裡。精神分析師頻繁地談到，病患抗拒某些接近事實的詮釋，這些抗拒反應就是審查者的作為。如果沙特接受這種佛洛伊德式的說明，他就可以把錯誤信念解釋成出於無意識信念與有意識拒絕的產物。在這種模型之下，人類心靈在基礎上被劃分開來，幾乎等於是兩個人，所以相對來說容易理解怎麼可能有人對自己撒謊，又相信了這番謊話；這只是無意識在對意識撒謊。

沙特批評佛洛伊德勾勒出的心靈圖像。他論證說，如果在我們心靈的無意識與有意識面向中間有個審查者，那麼這個審查者必須意識得到分裂的兩邊。為了有效地審查，審查者必須知道無意識心靈裡有什麼，以便加以壓抑或轉化。如果審查者是無意識的一部分，那麼在無意識中就有個意識。佛洛伊德主義者就得面對這個荒謬的處境：有意識審查者作為心靈的一部分，會察覺到無意識部分裡有些什麼東西，這樣才能表現出對於無意識部分裡有什麼毫無覺察（也就是說，這樣才能壓制所有關於無意識的知識）。換句話說，審查者會發現自己有錯誤信念。所以對於佛洛伊德主義者來說，錯誤信念如何可能的問題仍舊存在；無意識的概念什麼都沒有解決，因為問題只是轉移到審查者這邊了。

・羞恥

羞恥是沙特特別感興趣的一種情緒，因為羞恥揭露了我們與其他人，或稱「他者」（他通常如此表達）之間的關係。我看到一個男人走過公園裡的幾張長椅。我察覺到他是另一個自為的存在，導致我重組了我對於公園的經驗；我突然察覺到，他從他自己有意識的觀點裡看見草地與長椅，這個觀點是我無法直接接觸及的。就好像他者把世界從我這裡偷走了。我本來很有信心，認為我處在我這個世界的中央，這個立場被動搖了。

其他人對於我們的意識產生的衝擊，在我們察覺到自己被觀察的時候最為明顯。被他者所見，逼著我察覺到我是被別人看到的物件，就像接下來出現在《存在與虛無》裡的例子所闡明的。在嫉妒的策動之下，我透過一個鑰匙孔凝望，想看門的另一邊發生什麼事。我完全沉浸於我所見的事物之中。在這種沙特稱之為「非正題的」或者「前反思式的」（pre-reflective）的意識模式下，我不是把我的自我當成一個自我來覺察，卻只是當成我所見或者思索到的事物。我的心靈可以說是完全在門後的那個房間裡。

突然之間，我聽到我背後的走廊有腳步聲。我察覺到有人在那裡注視著我。我被拋入羞恥感之中，被這個他人評判。我被震盪到一種覺察狀態，我覺察到的自己是被另一意識觀看的物體，在另外一人的注視把我變成客體的時候，我自己的自由逃離了我。

・愛

在愛之中，自由也有逃離我們的危險。對沙特來說，愛是一種衝突：一種掙扎，要在奴役另一人的同時卻不讓自己被奴役。然而戀人並不只想要占有，也想被欲求，所以需要鍾愛之人自由。意志的複雜運作可能導致受虐狂——為你的愛人成為一個物件的欲望。然而就算在受虐狂之中，把你自己轉變成一種自在的存在，也很明顯地不可能。或者，虐待狂——半認真地考慮把另一個人轉變成純粹肉身的念頭——就其目標來說，也是同樣徒勞的。朝著另一個人眼中一瞥，就揭露了他或她身為自由個體而存在著，那種自由的徹底奴役是不可能的。

・我的死亡

把死亡想成生命的一部分可能很誘人，或許就像是一段旋律的最後一個和弦，為先前已經出現過的東西賦予意義。沙特反對這個看法。他認為死亡是荒謬、毫無意義的。幾乎在每一種狀況下，都不可能完全確定你什麼時候會死。猝死總是一種可能性；但那不是我的可能性。還不如說，死亡是在「移除我的所有可能性」這種意義上，奪走了讓我成為人類的東西，即我把自己投射到未來的能力。它奪走對我來說的所有意義，因為我的人生能有的唯一意義，是我選擇賦予它的意義。在死亡之中，我們變成了「生者的餌食」。這表示的是，雖然在活著的時候，我們選擇了自己行動的意義，在死亡中，我們的行動是由其他人來詮釋並賦予意義：我們停止為這些行動負起任何責任，其他人則能夠照他們的意思去理解那些行為。

・存在主義精神分析

如同我們已經看到的，沙特立刻拒絕了無意識與有意識的心靈之間有個裂縫這個觀念。他想要用他以自由為基礎的方法切入心靈，取代佛洛伊德式的精神分析，他稱這個方法為「存在主義精神分析」。在這種精神分析的核心，是他對於存在的基本選擇（或稱為原初計畫）。我們每一個人就是圍繞著這個核心來組織人格，一種關係到我們基本上是什麼人的選擇。存在主義精神分析的目標，是坦露這個原初計畫，一種影響這個人隨後每一個選擇的選擇。存在主義精神分析跟大多數其他人類心理學方法的不同，在於這種方法讓個人完全為自己的存在選擇，負起完全的責任。根據沙特的說法，我們不單純是社會或基因的產物，反而是我們自身選擇的產物。也就是這一點讓我們成為人類。

‧對《存在與虛無》的批評

高估人類的自由

對於沙特的存在主義的主要批評之一是，它預設了人類實際上並沒有的那種自由程度。他有時候寫得好像我們可以選擇成為任何事物，好像我們可以靠著思考，超越社會環境與教養加諸於我們的限制。我們做出選擇，是因為我們是什麼人，而我們是什麼人，又因為已經發生在我們身上的事。沙特的焦點幾乎完全在於個人以及他或她做出的選擇，而不是在於一群的人生活的社會脈絡。對於許多人來說，社會、政治與經濟壓力遠比沙特看似承認的要更有限制力。

這種決定論式的批評不會讓沙特退縮。他只會否認這種說法的真實性，可能還會建議你反省自己的經驗，看看對你的人生來說是否真是如此，或者接受這種信念、認為事實如此，是不是面對極端自由時的一種錯誤信念。對此可能的回答之一是，感覺自由並不必然跟處於自由狀態是一回事。我們可能就只有自由意志的幻覺，而不是真正擁有它。或許我們所有的行動，都完全被先前發生在我們身上的事情所決定，然而我們有被誤導的感受，以為這些行為都是出於自由選擇。

太過悲觀？

雖然沙特對於人類自由的看法可能太過樂觀，他對人類關係的解釋卻是極端悲觀的。我們一直處於這兩種狀況的邊緣：要不是把他人變成物體、變成一個自在的存在，就是企圖為了別人把自己變成物體。他甚至還描述人性是「一種無用的激情」。對於身為人類是怎麼回事，這或許是過度陰沉無望的描述。在此必須為他做個辯護：對許多讀者來說，他對自由與錯誤信念的說明有解放的效果，也對他們的人生有直接的影響。他們為自己的現狀負起了責任，而不是為了自己沒在人生中達成想要的成就，而設法找藉口開脫。

重要年表

- **西元一九〇五年** 生於巴黎。
- **西元一九四三年** 出版《存在與虛無》。
- **西元一九八〇年** 死於巴黎。

重要字彙

- **錯誤信念（bad faith）**：一種特別的自欺，意味著否認你自己的自由。
- **自為的存在（being for-itself）**：沙特以此詞彙稱呼對於任何有自我意識能力的存有。
- **自在的存在（being in-itself）**：沙特以此詞彙稱呼無生命物體，以及任何缺乏自我意識之物。
- **存在主義（existentialism）**：一個哲學運動，奠基於以下信念：對有意識的存有來說，存在先於本質。

進一步的解釋請見下一章。

- **事實性（facticity）**：被賦予的、無法改變的那些事物，就像是你出生在何地，或者你的父母是何人。
- **非正題的意識（non-thetic consciousness）**：察覺到某事物，卻沒有察覺到你在覺察。
- **原初計畫（original project）**：你對於人生方向所做的基本選擇，影響了你大多數的其他選擇。
- **現象學取徑（phenomenological approach）**：一種哲學方法，奠基於以下觀念：如果你對自身經驗做出精確的描述，這個描述就會以某種方式揭露出你體驗到的那些事物的本質。
- **超越性（transcendence）**：自為的存在把自身投射到未來的能力。

進階閱讀

唐納德・帕爾默的《沙特入門》（*Sartre for Beginners*）是以漫畫形式寫成、易於閱讀的沙特作品導讀。

亞瑟・丹托（Arthur C. Danto）的《沙特》（*Sartre*）提供了沙特主要論題的導讀式概述。

卡塔拉諾（Joseph S. Catalano）的《存在與虛無評註》（*A Commentary on Jean-Paul Sartre's Being and Nothingness*）很有用，按章節解釋這部作品。雖然有些地方相當難，卻絕對沒有像《存在與虛無》本身那麼難。

麥克寇拉（Gregory McCulloch）在《沙特：早期思想主題分析》（*Using Sartre: An Analytical Introduction to Early Sartrean Themes*）中對於沙特在《存在與虛無》的某些主要思想路線，提供了一個生氣勃勃的導論。

馬修斯（Eric Matthews）的《二十世紀法國哲學家》（*Twentieth Century French Philosophy*）把沙特放在法國傳統的脈絡之中。此書對於一些難以理解到惡名昭彰的哲學家，提供了一個清楚而有趣的說明。

科恩—索拉（Annie Cohen-Solal）的《沙特傳》（*Sartre: A Life*）與隆納德・赫曼的《沙特傳》（*Writing Against: A Biography of Sartre*）針對沙特非常充實的人生，是兩本很引人入勝的記述。沙特自己寫的自傳要簡短得多，是《沙特自傳》（*The Words*，譚逸譯，志文出版）。

· 28 ·

《存在主義與人本主義》

沙特

Jean-Paul Sartre *Existentialism and Humanism*

遺棄、憤懣、絕望，這些是沙特的公開演講〈存在主義是一種人本主義〉（L'Existentialisme est un humanisme）之中的關鍵概念。這篇演講，首先在一九四五年十月於巴黎發表，後來被翻譯並出版成簡短的書《存在主義與人本主義》，在他的作品中可能是最多人讀的。他後來後悔出版此書。然而儘管此書有其缺點，還是能夠點燃想像力，並且對於人類選擇與責任的各個面向，提供了真實的洞見。此書對於他比較複雜的著作《存在與虛無》來說，也有橋樑的作用。

沙特在納粹占領過巴黎之後，發表他論存在主義的演講。這段時期裡，本來在其他狀況下可能過著平淡生活的大眾，才剛剛從以下情境裡脫身：在跟占領時期、抵抗運動與維希政府有關的事情上，他們無法迴避關於正直、背叛與承諾的問題。沙特曾是戰俘，後來才回到被占領的巴黎，大半戰爭期間他都在這裡度過。然而沙特的許多思想，都與今日決定他們想做什麼、想成為什麼的人息息相關。

‧什麼是存在主義？

存在主義是一種哲學運動，對於許多藝術還有哲學與心理學都有影響力。馬色爾（Gabriel Marcel）在談論沙特時，首先造出「存在主義者」一詞。後來過了許多年，沙特才準備好接受這個標籤。存在主義者之間有信念上的歧異。在《存在主義與人本主義》中，沙特提出，所有存在主義者的共通點，在於相信對人類來說「存在先於本質」。他這句話的意思是，沒有預先存在的人性藍圖，沒有我們必須遵循的人類本性。我們選擇我們成為什麼人。在沙特版的存在主義裡，沒有一個神可以讓我們將本質寄託在祂的心靈之中。我們先存在了，然後透過行動，把自己造就成我們所意欲的模樣。在我們的選擇之中，我們決定了我們各自是哪種存在。我們能完全自由去決定我們想變成什麼，但在此同時，如同我們接下來會看到的，對沙特來說，這種自由也附帶著一種無可逃避的負擔。

相對而言，一個人工製品，像是一把小刀，取決它的功能；如果這把小刀不能切又沒有可以摺疊的刀鋒，就不是一把小刀。一把小刀的本質，那些讓它成為小刀，而不是其他物件的東西，在這把刀做出來以前，就已經在製刀者心裡了。人類在這方面就不同了：我們沒有預先決定好的功能，也沒有「神聖工匠」充當製造者，可以在祂心中決定我們的本質。舉個例來說，沙特不像亞里斯多德，並不相信有可以當作道德基礎的人類共同本質。

強調人類選擇我們是什麼人、成為什麼樣的自由，是所有存在主義思想家的特徵。雖然沙特是無神論者，其他存在主義者，像是馬色爾，就是基督徒。

・什麼是人本主義？

沙特演講的主要動力，在於證明他自己這種存在主義是一種人本主義。「人本主義」是一個有許多相關意義的詞彙，所以弄清楚沙特如何使用這個詞彙是很重要的。在某種意義上，這個詞彙就是單純用在任何把人類置於世事核心的理論。所以，舉例來說，文藝復興時期的人本主義特色，就在於這個運動遠離對神性的推測，趨向關懷人類的作品，特別是在藝術與文學方面。人本主義也有符合人道的正面內涵。這也是用來稱呼世俗化運動的詞彙——這些運動反對有作為道德來源的神存在。

在沙特宣稱存在主義是一種人本主義的時候，有一部分是在強調人類的尊嚴，人類的選擇是所有價值創造的核心。這是用另一種方式來說人類創造出他們自己，甚至創造出道德。在某種重大的意義上，我們要為我們是什麼樣、是何許人，還有我們重視的價值負起責任。不過他想要指出存在主義是一種人本主義，也是為了要回應批評者。批評者嘲弄他的方法是一種對於人類精神與人類潛能的悲觀主義，黑暗而危險。

・回應批評者

沙特的某些批評者，認為存在主義是一種只能導向「絕望的寂靜主義」的哲學。換句話說，他們認為這是一種不行動哲學，一種只是思索性質的哲學，會勸阻人不要投入任何行動。其他人則責備存在主義者過度悲觀，而且把注意力全都放在人類狀態中可恥的面向上。沙特引用了一位天主教批評家梅西耶女士的看法，她指控他忘記了一個嬰兒如何微笑。

還有針對其他方面的批評，認為存在主義因為太過聚焦於個人的選擇，忽略了人類的團結性。存在主義把個人視為一座島嶼，而不是融合在更廣大的社會裡。馬克思主義者與基督徒同樣提出這個論點。有些人提出進一步的攻擊，他們認為存在主義以自由的存在性選擇之名，准許最惡劣的犯罪。既然存在主義者反對神賜道德律法的概念，看似順理成章的結果，就是人人都可以為所欲為。

沙特對於這些批評的回應，聚焦於他對遺棄、憤懣與絕望的概念分析之上。對沙特來說，這些詞彙有特定的意義——它們是術語，作為術語的內涵與日常用法有重要的差異，雖然術語還是會用到這些日常內涵。全部三個詞彙在日常用法中（至少在英語形式裡），通常蘊含著各種類型的無助與苦難。然而對沙特來說，這些詞彙也包含一種樂觀的面向，對於文本的膚淺解讀可能會遺漏這一點。

‧遺棄

對沙特來說，「遺棄」意味著特定的「被神遺棄」。這並不代表作為形上學實體的神在某一刻曾經存在，然後又離開了。沙特是在呼應尼采在《查拉圖斯特拉如是說》之中的著名宣言：「上帝已死。」尼采的論點是，在十九世紀末，對神的信念再也站不住腳了。透過以隱喻方式使用「遺棄」這個詞彙，沙特強調了領悟到沒有神為我們的道德抉擇背書所造成的失落感，沒有神性賜給我們確保救贖的原則。他對這個詞彙的選擇提醒我們，在尋求應該如何行動的指引時，我們在宇宙間是孤獨的。

遺棄的主要結果，是任何客觀的道德來源都付之闕如。我們必須從主觀的立場做出道德抉擇，雖然對沙特來說，這並不表示任何獨斷的選擇都跟其他選擇一樣可以接受，我們在下面會看到。

沙特強烈反對一種無神論道德家：他承認神不存在，卻又緊抓著沒有神背書保證的世俗版基督教道德不放。這種人本主義者沒有把遺棄的邏輯蘊含貫徹到底，卻在某種一廂情願的思維裡尋求避風港。相對來說，沙特式的存在主義者體認到造物主不存在的全副衝擊。某個人為自己的人生做決定的立場，是憤懣的立場。

・憤懣

沙特全心相信意志的自由。對於人類的選擇，他是強烈的反決定論者。相信你被迫選擇這條路或那條路，幾乎永遠都是一種被他稱為「錯誤信念」的自欺——向你自己拒絕你的真自由。雖然他反對人類有任何本質，卻宣稱人類基本上是自由的。這就是我們身為我們的核心所在。然而在沙特幾乎似是而非的話裡，我們不只是自由，還是「被判處得自由」。這不是解放，知道並體驗到我們有自由可以選擇我們的行動、還有對這個世界的態度，隨之而來的是責任的重擔。

所以，憤懣有一部分就是承認我們孤零零的，沒別的藉口。我們的苦境無法怪到別人頭上。我們要為我們所是的一切負起責任。顯然我們無法選擇我們的父母是誰、在哪出生、會不會死等等。不過沙特確實還進一步聲稱，我們對於自身處境的每一個面向有什麼樣的感覺，都要負起完全的責任。我們選擇了我們的情緒，否認這一點就是錯誤信念。

沙特甚至還推得更遠。我不但要為我的一切負責，在選擇任何特定行動的時候，我還免不了「以一個為全人類做決定的立法者」的身分行動。在沙特的例子裡，如果我選擇結婚生子，我就不只是個人全心支持這種單偶制生殖的實踐形式，也認為全人類都該支持。這呼應到康德對於道德判斷普世性的概念：如果去做某件事情對一個人來說是道德上正確的，對於任何處於類似相關情境下的別人來說，一定也是道德上正確的。對沙特而言，在我們領悟到我們的任何選擇有什麼樣的言外之意時，「憤懣」一詞的完整意義就會變得很明確。不管選擇什麼，我們都在描繪一幅圖畫——身為人是怎麼回事。領悟到這一點，我們會感覺到一個人的行動對他人有深遠含義時，會產生的那種巨大責任感。就像聖經裡得到神的指示，要犧牲獨子的亞伯拉罕，我們處於一種憤懣的狀態，因為就像他一樣，我們「被判處」要選擇我們的行動，而選擇當時我們不可能知道會發生什麼事，等知道的時候又已經太遲，做什麼都無法改變了。然而這就好像全人類都在注視著我們，看我們會怎麼樣造就這個人生。

・絕望

絕望就像遺棄與憤懣，是一種情緒性詞彙。對沙特來說，絕望只是對世界頑固的特徵所產生的反應。我可以欲求任何事物，但不必然能夠取得我所欲求之物。舉例來說，我可能想要當個開演奏會的小提琴手，卻弄斷了我左手的幾根手指，這不是我的錯，卻因此永遠不可能達到專業音樂家所需要的協調性與速度。其他人物、事件、環境都可以阻止我實現目標。不過沙特並不相信，就只因為事情的結果可能不是我們所希望的，我們就該放棄自己，不採取任何行動。他反而鼓勵行動與獻身，因為我們就是我們實際作為的一切總和，而不是在不同狀況下可能會有的作為。而且，對於達成欲求會碰到的不幸阻礙，我們還是選擇了我們要如何反應。

・沙特的弟子

沙特在《存在主義與人本主義》中使用的核心例子是真人實事。在法國被占領期間，沙特的一位弟子面對了真正的道德兩難。在他看來有兩種選擇：留在法國照顧慈愛的母親，或者出發去加入位於英國的自由法國，為解放法國而戰。他知道他離開的後果會對母親非常不好；然而在此同時，他加入自由法國的企圖可能到頭來會完全失敗，而以他的生命來做些值得的事，這番嘗試可能會「像水落入沙地一樣消失無蹤」。這是在身為兒子的忠誠，還有為解放家鄉而戰的企圖之間做嚴峻的選擇。

沙特一開始先說明，不管是基督教式還是康德式的道德信條，都不可能指引這個學生。基督教的教誨會叫這年輕人行動時以慈善為念，愛他的鄰人，準備好為了他人而犧牲自己。然而這並沒有解決問題，因為他還是要在愛他的母親與愛他的國家之間做抉擇。康德式的道德教他絕對不要把其他人當成達到目的的手段。不過這也沒多大幫助，因為留下來陪母親會是把她當成一個目的，但在此同時卻把那些別人代替他進行的戰鬥，變成達成目的的手段。可是如果他加入自由鬥士，他就是把他們當成目的，但卻有把他母親變成達成目的的手段的風險。

這名學生體驗到遺棄的意義：他被迫在一個沒有穩固天定價值的世界裡，做出重大的選擇。沒有簡單的解答。到頭來他被迫自己做選擇。就算他去找某個人尋求建議，也可以選擇拒絕這個建議。而他對建議者所做的選擇，在某種程度上，可能就反映了他預期會從這些人身上得到哪種建議。沙特給那位弟子的建議很直接，但或許不是特別有幫助。他留下這番話，讓這個學生去承受人類困境導致的全副憤懣重擔：「你是自由的，所以去選擇吧。」

・對《存在主義與人本主義》的批評

高估了人類的自由

在《存在主義與人本主義》中，就像在他較早的書《存在與虛無》裡一樣，沙特斷言人類是自由的，我們的自由選擇決定了我們是什麼。然而許多哲學家很懷疑他對意志自由程度的假定（請見前一章對於《存在與虛無》的相同批評）。打個比方，你不必是個完全的決定論者，才會相信我們對於個人情緒的自由度，比沙特認為的來得少。

太個人主義

沙特的存在主義光強調個人，他或她要為自己做的一切負責，不受任何人性本質、或決定一個人類應該做什麼的社會習俗束縛。然而這種路線是很原子論式的。沙特寫得好像我們並沒有融入特定的社會，沒有隨之而來的義務與責任。社會塑造了我們，而且有許多人相信，社會也制約了我們怎麼想、怎麼做。沙特的方法擺明了是主觀的：他從個人開始。在他後來的著作《辯證理性批判》裡，他嘗試調和個人存在主義與馬克思主義，承認人類困境中有社會、政治與歷史的面向，那是他在早期作品裡不重視的東西。不幸的是，那本書的大部分幾乎無法理解，或許是因為他寫下那本書大半內容的時候，都受到於安非他命的藥力影響。

為什麼我的選擇應該適用於全人類？

為了反駁批評者，沙特需要證明他的存在主義並不支持最糟糕的那種主觀主義。在這種狀況下，道德抉擇真的是個人品味的問題，而任何行動選擇在道德上都跟別的選擇一樣好。如果他的存在主義崩壞到這種立場，那麼這樣批評他的理論就很公平了——根據這種理論的結果，只要有人真心欲求實踐最恐怖的酷刑、謀殺與虐待狂實例，這樣做都是道德上可以接受的。

然而他用來證成那種普世適用性的論證——他的整體論證架構就建立在這上面——卻是相當薄弱的。他一開始先聲稱，我們選擇做某件事的時候，選擇的永遠都是我們相信較佳的行動方式。但接下來惹人爭議的是，他繼續主張，除非某件事對每個人來說都是比較好的，否則就沒有一件事情可以算是對我們比較好的。所以對沙特來說，因為我選擇在我看來最佳的作法，這在某種程度上就暗示了這樣一定對每個人都最好——想來這意思是，這樣做對於處境相同的每個人來說都比較好。在我做出選擇時，我創造出的人類形象，一定適用於一整個時代的任何人。所以我們的責任應該是延伸到遠超過個人以外。然而在這個論證裡，從個人選擇迅速地推廣到對一整個時代中全體人類的責任，這個步驟看來並不像是合理得證了；說實話，這甚至不像是可以證成的。

誠心卻邪惡之人的例子

就算沙特的立場有很好的支持，可能還是有某些極端讓人不快的結果，是他沒有考慮到的。舉例來說，假設有個誠心誠意卻很邪惡的人，就像希特勒。從存在主義觀點來看，希特勒令人反感的反猶主義、對猶太人的大屠殺、優生學計畫，這些選擇他全都誠心誠意付諸實踐。希特勒對自我圖像的塑造，確實塑造了一幅人類在一個世代裡可能像什麼樣的圖像。一個存在主義式的希特勒可能聲稱，他的選擇是在一個沒有既有價值的世界裡做出的，而這些選擇不但約束著他，也約束著全人類。

《存在主義與人本主義》確實提供了材料，可以對這種批評做出回應。沙特在此斷言，某個誠心選擇自由的人不可能不希望其他人也自由。很清楚的是，希特勒並不尊重那些不同意他的人的自由。他謀殺了數百萬猶太人、同性戀者、政治對手、吉普賽人，以及有嚴重精神病的人。如果沙特的原則被接納了，就可以駁斥以下反對意見：他的哲學無法提供批判希特勒不道德的立場。然而這個原則——任何選擇自由的人，一定想要其他人自由這個原則，只有在以下狀況下才合理：你假定從邏輯上來說，不管你希望自己有什麼，一定都希望別人也有。然而就像我們先前看到的，沙特並沒有提供適切的論證，從個人推論到整體人類之上。

重要年表

・見前一章。

重要字彙

・**遺棄（abandonment）**：指涉上帝缺席的隱喻說法。

・**憤懣（anguish）**：自由選擇，並背負為全人類做選擇的責任重擔的經驗。

・**絕望（despair）**：領悟到世界可能以各種方式抗拒我們的意志，所以我們的計畫可能因為我們控制之外的世界而無法實現。

・**本質（essence）**：讓某物成為某物的特徵，少了這個特徵，它就會是別的東西。

・**存在主義（existentialism）**：哲學與文學運動，特別認同強調對人類來說存在先於本質的沙特。

・**人本主義（humanism）**：讓人類成為世間價值來源的世俗運動。

- **寂靜主義（quietism）**：不行動並且從世界退縮的一種哲學。

進階閱讀

史蒂芬・普利斯特編選的《沙特基礎文集》（*Jean-Paul Sartre: Basic Writings*）包含《存在主義與人本主義》的完整文本，再加上從沙特其他主要文本裡抽出的摘文。普利斯特清晰又簡潔的導讀，在設法了解這位相當難讀的作者時極端有用。他對於沙特的哲學生涯所做的傳記式摘要，也非常有幫助。

關於沙特的進階閱讀，參見前一章結尾的建議。

· 29 ·

《開放社會及其敵人》

波普

Karl Popper *The Open Society and Its Enemies*

波普的人生中經歷過第二次世界大戰的混亂，還有奧地利在與德國合併以前的政治動盪。在希特勒勢力抵達以前，他就設法離開了土生土長的奧地利，然而這個事件觸動波普寫下《開放社會及其敵人》。他是猶太人後裔，雖然在宗教上並非如此，他卻明白其中的含意。當時他住在紐西蘭，他把精力灌注在重新思考政治思想史，寫下論辯式著作，在書中診斷出極權主義的知性根源，以及或許可以抵抗極權主義興起的社會形態。《開放社會及其敵人》表面上聚焦於哲學家柏拉圖、黑格爾與馬克思，但事實上涵蓋範圍之廣，遠超過這些名字可能暗示的。波普的文字從他寫作的戰時條件中，掙得一種急迫與沉痛之感，此時歐洲的命運懸而未決，法西斯主義的興起還未受阻。此書初次出版是在一九四五年，此時歐洲人正在設法使用能夠免於重蹈覆轍的方法，同時處理政治獨裁主義的毀滅力量，以及重建社會的需要。出版此書之後不久，他就到倫敦政經學院就職了。

波普在科學哲學（見第三十一章）與政治哲學兩方面都有重大貢獻。「波普式的」（Popperian）這個形容詞，通常用來指涉他對科學的看法，視為一連串推測與駁斥，而不是假說的確認，這個立場被稱為「否證論」（與「確證論」相對）。波普反對科學是找尋肯定性證據的過程；他反而認為，科學家是透過公式化大膽卻可否證的假說來工作，隨後他們會著手去駁斥。在邏輯上來說，不管多少支持證據都不可能完全肯定一個經驗假說，但觀察可以駁斥一個普遍化原則。科學家是有想像力的思想家，會產生他們測試到崩壞為止的假說，藉著批評舊假說來建立新的假說。所以科學是透過漸進的修改來產生進步。

波普的《開放社會及其敵人》，如同書名所暗示的，是為了捍衛一個開放社會的視野，對抗各種導致社會封閉的威脅所做的強勁嘗試。他看出在政治上就跟在科學上一樣，需要一個以批判對抗現狀為基礎的模型。明確地說，他的政治哲學是一種嘗試，要把科學的批判與理性方法應用到社會的組織過程上。波普相信，民主政體是唯一一種容許這種合理批判性辯論與改革的政治安排。他主張柏拉圖、黑格爾與馬克思是三個知識上的重要罪犯，罪過在於為現代的極權主義打下基礎。這本書有很大部分是對他們的觀念與影響做出持續的攻擊。這三位哲學家，全都是大規模烏托邦式社會的鼓吹者；波普視為基礎性的錯誤，他想用一種他稱為「漸進式社會工程」的承諾，取代這種思維風格。

・波普所謂的開放社會是什麼意思？

對波普來說，開放社會容許個人質疑並拒絕那些只因為承襲傳統、或者身為既有建制一部分，而握有權力的人。開放社會的成員嘗試建立奠基於人道、自由、平等與理性評估的新傳統。他們讓推出的政策接受批評，如果有必要，在事實證明這些政策沒有帶來期望結果的情況下，就會加以廢除。相對來說，封閉社會習於服從權威，他們控制了能想、能說、能做的一切。

・柏拉圖的極權主義傾向

《開放社會及其敵人》是反對偶像的，而且是刻意如此。波普相信我們不該只因為「偉人」（他的用語）占據的地位，就對他們太過恭敬。他相信，如果我們不願批評屬於知識傳承一部分的思想家，就是冒著把這個傳統完全終結的風險。

波普嘗試從高台上打落的第一個哲學偶像是柏拉圖，毫無疑問，他是歷史上數一數二受到尊崇的哲學家。但是波普論證說，柏拉圖要負起在歐洲思想裡散播極權主義種子的責任。波普之前的評論者在解說柏拉圖的《理想國》（見第一章）時，傾向於不做批判；柏拉圖在這本書裡鋪陳了他對於理想社會應該如何運作的看法。波普強調柏拉圖在理想國中不遺餘力地阻撓自由思想，而且任何藝術及其他情報交流方式，如果在他眼中扭曲了現實或者鼓勵不恰當情緒涉入，加以審查都是合法的。雖然柏拉圖聲稱重視真理，他也主張應該透過一個高貴的謊言，讓較低階級的人安於其位：告訴他們，那些生來統治的哲學家階級，血液裡流著黃金，而輔佐階級成員血液裡有白銀，勞工階級則留著鐵與銅。柏拉圖不只是建議一個國家怎麼樣善加經營。他聲稱發現了理想國家的理型或本質，某種不變又可發現的東西。

・黑格爾的歷史主義

在攻擊柏拉圖對社會的願景以後，波普轉向十八世紀的德國人黑格爾。他論證說，黑格爾是當代歷史主義的主要來源。對波普來說，歷史主義是一種不科學的傾向，宣稱某些結果是不可避免的。這種錯誤的觀念，認為歷史有某種可預測又無可避免的前進路線，是以假定的法則為基礎，歷史會按照這個法則展開。《開放社會及其敵人》的許多內容，是針對這種預言風格的嘲弄。歷史主義的部分麻煩在於，它沒留下任何批判論戰、或者靠證據反駁的空間，它宣稱事情就是會以某一個方式發生，並且排除了人類能靠著經驗塑造自身政治未來的可能性。歷史主義是黑格爾哲學的核心，看似是無害的知性立場，但波普相信這是一種鼓勵二十世紀中期歐洲極權主義的決定論思維。波普沒有委婉其詞，宣稱黑格爾歷史主義是一種知性上的贗品，它的影響力則是一齣鬧劇，雖然是個很危險的鬧劇，尤其是對於波普相信孕育出國族主義、讚頌國家與民族天命的這些方面。叔本華批評黑格爾哲學是「龐大的騙人把戲」，而黑格爾本人是個江湖郎中，波普深有同感。

・馬克思

波普對馬克思不像對黑格爾那樣，充滿攻擊性的輕視。馬克思採用了黑格爾的歷史主義，而且相信資本主義將面臨無可避免的崩壞與階級鬥爭的結束。對馬克思來說，政治活動的角色是讓這種狀況平順地發生，減少生產的陣痛。雖然波普瞧不起馬克思的歷史主義，還攻擊馬克思賦予它一種在波普眼中無法匹配的知性可信度，他卻真心敬重馬克思嘗試為社會問題找尋理性的解決之道。他只是認為馬克思想到的是錯誤的答案，這些答案傷害了人類。所以，馬克思就像之前的柏拉圖與黑格爾一樣，在波普眼中是開放社會的敵人。

・對《開放社會及其敵人》的批評

誇大醜化了柏拉圖、黑格爾與馬克思

某些波普作品的批評者主張，他扭曲了柏拉圖、黑格爾與馬克思，用一種誇張諷刺的形式呈現他們的觀點，雖然合乎他的目的，卻沒有公平對待他們的實際看法。波普對於黑格爾的思想尤其侮辱輕蔑，他認定這位哲學家要為極權主義與危險的國族主義興起負責，身為一個在二戰期間寫作的流亡維也納人，他會表達憤怒並不怎麼讓人意外。

重要日期

・**西元一九〇二年**　生於維也納。

- **西元一九三七年** 在紐西蘭基督城任職。
- **西元一九四五年** 《開放社會及其敵人》初次出版。
- **西元一九九四年** 死於英國克羅伊登。

重要字彙

- **否證論（falsificationism）**：波普對科學的解釋，他主張科學進步是透過一連串科學家著手反駁的大膽假說。只有可否證的陳述才是真正科學的。
- **歷史主義（historicism）**：任何讓結果無可避免的歷史理論，像是黑格爾的理論。認為歷史有可預測行進路線的觀點。
- **開放社會（open society）**：一個開放社會，就是公民有自由可以透過批判性辯論挑戰權威，從而帶來漸進式社會改革的社會。
- **極權主義（totalitarianism）**：封閉社會的一種，在其中掌權者控制了人民大範圍的日常活動，自由開放的辯論是不可能的。

進階閱讀

《無止盡的探索》（*Unended Quest*）是波普的自傳。

布萊安・麥奇的《波普》（*Popper*）對於這位思想家的作品，是簡短而非常清楚的導論。

大衛・愛德蒙茲與艾丁諾合著的《維根斯坦的撥火棒》（*Wittgenstein's Poke*，曾佳琦譯，時報出版）是一本出色又極容易閱讀的論述，處理波普與維根斯坦之間非常著名的一次爭執，把雙方都置入他們背後廣大的文化脈絡裡。

· 30 ·

《哲學研究》

維根斯坦

Ludwig Wittgenstein *Philosophical Investigations*

維根斯坦不想替其他人省下為自己思考的麻煩。《哲學研究》的本意，在於刺激他的讀者擁有自己的想法，而不是給他們看預先包裝好、容易入口的觀念。這一點反映在寫作風格上，零碎又難以捉摸，從一個主題跳到下一個主題，然後又跳回去。對於哲學問題並不直接了當的回答，反而是透過特殊的例子與故事來暗示。線索是提供了，但其中的含意通常並沒有表明；隱喻豐富，但要由讀者來拆解。

維根斯坦沒有分章，反而用編號分成比較短的小節。這本書的組織並不是完全照維根斯坦的意思：此書出版於一九五三年，他死後兩年，而且是以他寫了好幾年的一份草稿為基礎。

・與《邏輯哲學論》的關係

維根斯坦唯一一本在生前出版的著作是《邏輯實證論》，一九二一年問世。這一連串風格樸素、加了編號的陳述，設法結合詩意的風格，以及對邏輯與人類思維極限的嚴肅論述。此書最著名的是總結的宣言：「對於無法談論之事，就必須保持沉默。」這不是個實用的格言，反而概述了他對於思維極限的看法。在人類生活中大多數重要的事，都處於能夠有意義談論的領域之外；這是無可言傳的，但並不因此就變得不重要。在許多方面，《哲學研究》是對於他在《邏輯哲學論》中表達的觀點所做的批評，維根斯坦甚至建議《邏輯哲學論》應該被當成《哲學研究》的前言一併出版，以便闡明他晚近的觀點有何特殊之處。

・哲學的本質

在《哲學研究》裡，維根斯坦認為他的角色是讓捕蠅瓶裡的蒼蠅飛出來。他這麼說的意思是，忙成一團的哲學家被自己的嘗試——讓語言去做它做不到的事情——給困住了。他們中了語言的魔咒。照他的說法，「哲學問題是在語言放假去的時候冒出來的」（第三十八節）。換句話說，哲學問題是出於在不恰當的脈絡裡使用文字。

維根斯坦的方法就是設計出來解消這樣的問題；注意語言的實際用法，從而讓蒼蠅飛出捕蠅瓶。所以他的哲學方法通常被形容成具有治療性：哲學是必須被治癒的疾病。哲學檢視「理解力因為撞上語言極限而長出的腫包」（第一一九節）。療法是仔細看語言如何實際運作，而不是我們想像中它必然如何運作。不過他對於語言實際用法的分析，可不是社會人類學的一種演練。透過詳細標出語言的某些使用方式，維根斯坦把注意力引向思想與意義的極限。他的這項工作，有很大部分意味著消除對於語言本質具誤導性的理論。把焦點放在語言特定用法的另一個理由，在於他相信大規模的理論化是有誤導性的，因為這種做法的基礎，建立在錯誤的假定上，即我們可以發現被探索事物的本質。

・作為用法的意義

《哲學研究》有很大一部分，是針對維根斯坦認為很簡化的語言本質說開刀。他把聖奧古斯丁對語言學習的解釋——指向物體並且為它們命名，視為這個觀點的代表。支持奧古斯丁式語言圖像的人相信，文字就是物體的名字，文字的結合只有一個功能，就是描述現實。

舉例來說，根據這個觀點，為了學習「蘋果」一詞的意義，我們給一個孩子看蘋果，然後說「這是蘋果」。這稱為透過直指定義來教學：指向叫這個名字的物體。維根斯坦並不否認這樣的直指定義行得通，但他注意的是以此作為所有語言學習基礎的觀點，會碰到的幾項困難。例如說，這樣的直指定義需要某種程度的舞台佈置。孩子可能不了解指向一個物體的習慣做法，或者可能認為你指的是蘋果的顏色或形狀。每一種直指定義，對於被挑出來的是什麼，都容許好幾種不同的詮釋。更進一步來說，就算這個孩子明白直指定義的特定例子，他或她可能無法從這個特例轉換到其他類似的例子去。

語言不只是我們用來表徵世界的媒介，反而更像是一個工具組，裡面包含我們用在不同目的上的種種工具，範圍很廣。或者，我們借用維根斯坦的另外一個隱喻，語言就像是一個火車頭駕駛艙裡的操縱桿。文字彼此相似，所以我們傾向於認為它們全都做同一種事情。然而就像火車頭裡的操縱桿，相似性只在於表面：一根操縱桿是操作一個氣閥，另一根操縱煞車；有一根只有兩種位置，「關」與「開」；另外一根卻可以連續移動。

如果我們檢視實際語言的本質，我們很快就會發現奧古斯丁式的圖像是不精確的。文字的意義是由它們的用途，而不是被它們可能指涉的東西所賦予的。語言並沒有潛在的本質、一個共同的起源、一個獨特的功能。如果我們檢視語言，反而會發現，在語言為不同脈絡服務的時候，有一種功能彼此部分重疊的模式。維根斯坦講到了「語言遊戲」。他用這個詞彙並不是要說運用語言是好玩的事情，而是說在語言功能之中，有許多受到規則控制的不同活動。語言被嵌入我們的生活形式，即在語言的種種運用方式周遭成長起來的社會習俗之中。文字的意義，受制於我們碰巧運用它們的方式；要是孤立於一個使用脈絡、一種生活形式之外，文字就沒有意義了。

・家族相似詞彙

有一種被語言所惑的常見方式，是假定如果我們正確使用一個詞彙指涉某個範圍內的例子，每個例子一定都跟其他例子有共通點。舉例來說，我們通常假定遊戲有個本質，所以不管我們何時使用「遊戲」這個詞彙，我們都是在暗示被提到的這個活動與其他遊戲共有的特徵。維根斯坦相信這是個錯誤。假定必定有個所有遊戲都有的本質，就跟假定所有語言使用一定都有共通點一樣，是一種錯誤。

維根斯坦對這個觀點的辯護，是以家族相似性的類比為基礎。血親通常彼此相像。不過這並不表示家庭裡的每個成員都共有一個或多個共同特徵：通常是一種相似性部分重疊的模式，而不是在全體都能找到單一的共同特徵。你可能在髮色方面像姊姊，眼睛顏色像母親。你姊姊跟母親可能有同樣形狀的鼻子。在這個簡單的例子裡，沒有一個特徵是家庭全部三個成員都有的，但這一點並不妨礙一種顯而易見的家族相似性。同樣地，我們稱為「遊戲」的所有事物：桌上遊戲、足球、單人牌戲、把一顆球扔向牆壁等等，它們之間並沒有一個共同本質。不過我們還是可以有意義地使用「遊戲」這個詞彙。維根斯坦用「家族相似性」一詞指涉這種部分重疊、彼此交錯的相似性。

・私人語言論證

《哲學研究》顯然最具影響力的部分，是一批被稱為私人語言論證的評論與例子。雖然對於維根斯坦講到這些例子的時候到底是什麼意思，還有一些爭議。值得放在心上的是，維根斯坦沒有用過「私人語言論證」這個說法，只是評論者認為，他的一連串評論應該被詮釋成逐漸累積起來的論證。雖然如此，把他的思想用這種方式分組歸類，並且從這些思想的進展中提取論證，似乎確實很合理。為了能夠開始了解這個論證，我們需要弄清楚維根斯坦在攻擊什麼。

從笛卡兒以降的大多數哲學家都假定，對於心靈性質的恰當研究，一定是從考慮第一人稱例子開始，也就是說，從一個人自己的經驗開始。舉例來說，我可以比你更確定我在痛。我對於自己心靈的內容有特殊的接觸管道，並不會延伸到你的心靈內容裡。這就好像我有個特別管道可以去一家私人戲院，我的思緒與感受會在這個戲院裡播放；別人對於我的戲院裡發生什麼事，沒有任何概念。我的經驗對我是私密的，你的經驗對你也是私密的。沒有人可以真正知道我的痛或者我的思緒。我可以對自己描述我的內在經驗，沒有別人可以判斷我的描述是否準確。

維根斯坦的私人語言論證，破壞了我的思緒與感覺基本上是別人無法觸及這個觀念的基礎。這個觀念的基礎在於，相信可能有私人語言存在。維根斯坦證明，這種語言是不可能的。講到「私人語言」的時候，他的意思不是一種私人密碼，也不是指一種只有一個人講的語言。好比說有個魯賓遜一樣的人物，可能在荒島上發明一種語言，對自己講述自己的生平。對維根斯坦來說，私人語言其實是一種原則上無法分享的語言，因為它是用來指涉一個人據稱是私密性的經驗。

某個相信有這種私人語言存在的人，可能會論證說我寫日記記錄感官知覺。我有某種特別的感官知覺，我決定稱之為「s」。我在日記裡寫下一個「s」。下次我有同一種感官知覺的時候，又在日記裡留下一個「s」，如此一直繼續下去。維根斯坦論證說，這個說法中有不融貫之處。「沒有正確性的判準」可以用來再度辨識出我的「s」感官知覺。在任何狀況下，我認為我又一次辨識出「s」的感覺時，我都沒有辦法證明我說對或說錯了。這就像是靠著喚醒自己對火車時刻表的記憶，來查核火車離站的時間，但在世界上沒有真實的火車時刻表，可以當成正確性的試金石。要是不可能有辦法查核我是不是正確運用了一個詞彙，那麼這個辭彙就不可能有任何意義。因此，維根斯坦的結論是，透過私人直指定義行為來替你的私人經驗命名，是毫無意義的概念。語言是公共的，詞彙的應用與再應用判準也是公共的。前面設想的私人語言是不可能的。

當然，這並不是否認人有感官知覺與經驗。然而從語言意義的角度來看，如果這些經驗一定是私人的，那些經驗就不相干了。想像一種情境：每個人都有自己的箱子，裡面有某樣東西，我們稱之為一隻「甲蟲」。沒有人可以看到別人的盒子內部，而且每個人都聲稱因為看到自己的盒子內容，所以知道什麼是甲蟲。維根斯坦說，在這種狀況下，每個人的盒子裡是不是有同一種東西、或者根本什麼都沒有，並不重要。盒子裡的東西並不影響「甲蟲」的意義。

維根斯坦的論證結果是，笛卡兒提出的心靈圖像是站不住腳的。我們並不是個個都住在自己的私人戲院裡。更確切的說，語言替我們的思想設定了極限，而且語言在本質上是公共的現象。這個論證也損害了經驗主義傳統下呈現的心靈觀點，其中包括洛克與休謨提出的看法。就像笛卡兒，這些哲學家有個不言自明的假設，用私人語言描述個人感官知覺是有可能的，尤其是洛克對語言的觀點，靠的就是我們有可能重新辨識出經過私密歸類的感官知覺。

維根斯坦的私人語言論證，並不完全是負面的。我們的經驗與我們用來描述經驗的語言之間有何種關係，他提供了不同的假說，來取代傳統的解釋。或許像是「痛」這樣的詞彙，不是私密感官知覺的名稱，而是我們習得的疼痛行為的一部分，有公共判準可以確定有沒有正確使用。一個小孩弄傷自己，哭了起來；大人會教小朋友清楚表達這種痛。這表示這孩子學會喊，取代哭泣。然而喊痛，並不只是描述一種感官知覺而已。根據維根斯坦的看法，喊痛是表達痛的另一種方式。

・看見種種面向

在《哲學研究》的第二部分，維根斯坦討論的一個主題牽涉到大家熟悉的鴨兔圖，一個可以被詮釋成鴨子或兔子素描，卻不能同時兩者皆是的圖形。我注視著這個圖形，把它看成一隻鴨子；然後，又看到它的新面向：看起來像隻兔子。這種面向上的轉換，並不是由反映在我視網膜後方的任何事物改變所帶來的。讓我的感官認為我在注視一張鴨子圖的視覺刺激，就跟我看到一隻兔子的視覺刺激是一模一樣的。這看來似是而非：圖像裡沒有一條線改變，觀看面向卻變了。這表示「看見」意味著一種判斷，判斷被看見的是什麼，而且可能被我們期待看見的東西所影響。

・對《哲學研究》的批評

哲學問題並沒有全部解消

許多哲學家仍然不相信，所有哲學問題是在語言「放假去」的時候冒出來的。舉例來說，鮮少有探究人類意識本質的當代心靈哲學家會覺得，只要指向我們使用語言的幾種方式，就能永遠擺脫物質怎麼可能產生思想與自覺的哲學問題。維根斯坦的讓蒼蠅飛出捕蠅瓶外的主張是很誘人；但儘管他嘗試用「受語言所惑」來解釋所有哲學問題，傳統哲學辯論還繼續困惑並挑戰著哲學家們。對於這一點，維根斯坦的回應想必會指出：在此討論到的哲學家，仍舊受到語言的奴役，他們設法要逼語言去做它根本做不到的事。

玄之又玄的宣言

對於維根斯坦在《哲學研究》裡的風格，有一個相當嚴重的批評是：這種風格導致這本書可能有許多彼此衝突的詮釋。在許多地方，一個例子或寓言的確切重點是什麼一點都不清楚，他似乎在攻擊的某些觀點是否成立過，也並不總是很明確。通常我們似乎只了解冰山一角，只能自己去想一句評論底下必然藏著什麼。雖然在近年來，維根斯坦的筆記本跟他學生的講座筆記已經處處可得，對於他的某些中心信條還是出現火熱的辯論。

維根斯坦當然要為他作品中的模稜兩可與不確定負責，並不是所有不清晰之處，都可以歸咎於引介這種激進原創觀念的困難，某些困難是出自他零碎拼湊的方法。毫無疑問，維根斯坦的例子很優雅，又有充滿想像力的迷人之處，但缺乏融貫的論證或澄清性質的段落，他把大量的工作都留給讀者了。

在此為維根斯坦說句話：他很公開地表達他急欲讓讀者為自己思考，而不是由某個權威把觀點塞給他們。所以在這種意義上，當代對於此書詮釋的辯論，正是向他的成功致敬，因為這就指出哲學家們必須仔細思索維根斯坦可能是什麼意思，才能理解這個作品的意義。

雖然如此，維根斯坦拐彎抹角又詩意的風格還是吸引到門徒了。他從來不乏熱情的追隨者，以宗教狂熱份子的全副熱忱，引用《哲學研究》的段落編號。這些追隨者大半樂於從大師那裡得到二手觀念，顯然沒察覺到這正是維根斯坦說過不希望發生的事。《哲學研究》大半內容的玄妙風格，似乎招攬到虔誠而非批判性的研究取向，所以可能會損害讓讀者為自己思考的目標。

維根斯坦對於《哲學研究》的草稿從來就不夠滿意，沒有在生前出版這本書。所以，與其把此書目前的形式當成是他最希望就此問世的決定版觀點，或許把它當成一部半成品還比較公平。

重要年表

- **西元一八八九年** 生於維也納。
- **西元一九五一年** 死於劍橋。
- **西元一九五三年** 《哲學研究》出版。

重要字彙

- **鴨兔圖（duck-rabbit）**：一幅素描，可以被詮釋成一隻鴨子或一隻兔子，但不能同時兩者皆是。維根斯坦以此為例，解釋看見不同面向。
- **本質主義（essentialism）**：一種信念，舉例來說，相信某個特定詞彙指涉到的所有事物都一定有某種共同點。

- **家族相似性（family resemblance）**：部分重疊、彼此交錯的相似性模式，卻沒有一個共同特徵是家族所有成員都有的。
- **生活形式（form of life）**：語言遊戲鑲嵌於其中的文化與社會習俗。
- **語言遊戲（language game）**：一組用在特定脈絡的語言使用習俗。
- **直指定義（ostensive definition）**：透過指向事物、並且說出它們的名稱來定義事物。
- **私人語言（private language）**：對維根斯坦來說，是一種必然無法被其他人理解的語言。他認為這樣的語言是不可能的，不過某些錯誤的心靈圖像仍然暗示有這種東西。

進階閱讀

大衛・愛德蒙茲與艾丁諾合著的《維根斯坦的撥火棒》，講述維根斯坦與波普之間的一場爭執。此書是一本優秀的傳記與哲學分析。高度推薦。

格勞克（Hans-Johann Glock）的《維根斯坦辭典》（*A Wittgenstein Dictionary*）是解釋維根斯坦中心觀念的極端實用指南。

瑪莉・麥金（Marie McGinn）《維根斯坦與「哲學研究」》（*Wittgenstein and the Philosophical Investigations*，李國山譯，五南出版）對於維根斯坦作品的主題，是本清楚的指南。

雷・蒙克的《維根斯坦：天才的職責》（*Ludwig Wittgenstein: The Duty of Genius*）是一本出色的傳記。書中對於這位非常之人的思想與個人生活，提供了令人信服的敘述。

· 31 ·

《科學革命的結構》

孔恩

Thomas Kuhn *The Structure of Scientific Revolutions*

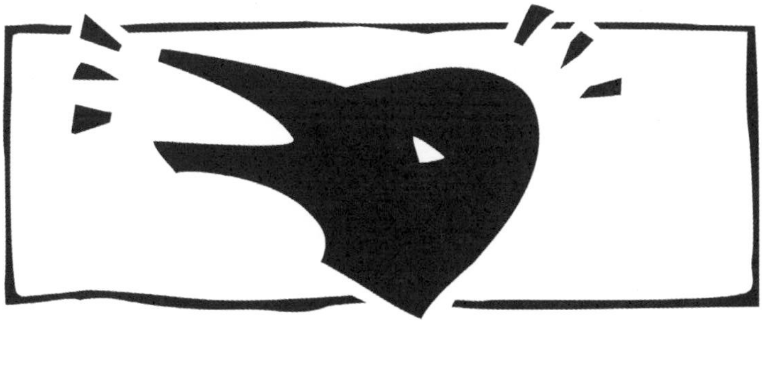

科學是對於世界的經驗研究。科學對理論與觀察的獨特結合，是我們生活中醫學、計算、運輸及許多其他面向進步的基礎。科學讓我們可以把人送進太空。科學在十七世紀的興起，是人類歷史中最重大的發展之一。不過科學進步是靠著知識的逐漸累積，隨著每一代的科學家把他們對世界的理解更精緻化，給出一個更加精確的現實圖像嗎？直到一九六〇年代早期，這都是科學哲學家之中的主流觀點。然而孔恩覺得，這個說法對於科學實際上如何起作用，勾勒出一個誤導性的圖像。這個過程比過去體認到的更不漸進，而且可能甚至沒有比較接近真相。他論證說，在交替的常態科學時期後面會跟著出現危機時期，然後常常（但不是無可避免）會出現科學革命。在常態科學中，科學家同意科學研究的規則、方法與標準，而且對於在任何特定領域裡怎麼樣做研究有許多共識；在革命時期，這些規則與預期都會轉變。在方法與解釋上的獨占權解消了，其他的假定與方法論變得重要。這是孔恩極有影響力的科學史研究《科學革命的結構》中傳達的主要訊息，此書對科學哲學有深遠影響，而且銷售超過百萬本。孔恩的取徑根植於史學研究，不過本質上是哲學性的。他提出一個理論性的說明，解釋科學家如何工作，還有如何根據他所謂的新典範，從根本上改變了他們的觀點。對於他所謂的典範轉移之後理解如何改變，他也提出了較廣的冷說明。孔恩在職業生涯之初是一位物理學家，後來把注意力轉向科學史，還有從中浮現的哲學議題，而他的寫作中有豐富的科學實例。不過，因為他對於科學研究本質做出非常普遍性的主張，這部作品從核心來說是一篇哲學論述。

・孔恩論證反對的是什麼

在孔恩出版著作之前的許多哲學家與科學史家，相信科學是以一種線性的方式進步，新資訊的增加依序導致新的發現。他們認為，每個優秀的科學家都對科學的累積貢獻了一些東西，科學社群的知識增增加則是結果。根據這種說法，科學是零碎漸進的，隨著前後相繼的世世代代，一點一點地增進人類的理解。波普曾經給出一個比較精緻的說法，就是以這個概念為基礎：如果科學假說是用歸納普遍原則的方式表示，在邏輯上是不可能證明為真的，與其設法達到，科學家的目標反而應該是用相反證據來反駁這些假說。在波普的描述中，科學的進步是一連串大膽的猜測與反駁，讓科學家得到一個比較好的世界圖像。他相信科學進步是透過相繼反駁一個個更精緻的經驗假說達成的。孔恩不接受用這些被他稱為「累積發展」的解釋，也無法支持他的模型：一波波連續的常態科學，後面跟著知識危機與隨之而來的革命。對孔恩來說，科學並不是遵循一個完全合乎邏輯的改善過程，反而最好以社會學詞彙來描述，聚焦於科學家的社群、他們的信念模式，還有他們的行為舉止。

・常態科學與革命

根據孔恩的看法，大多數時候科學家做的都是常態科學。這種科學處於科學社群接受的既存架構裡。良好科學實踐工作的限制，是由共識來設定的：在常態科學的階段，對於在特定領域裡工作的科學家應該怎麼做研究，哪種方法與技術是恰當的，要用什麼樣的語言來描述，有一般同意的看法。在這樣的時期裡，對於什麼構成良好的科學沒有太多爭議。研究者對於怎麼樣詮釋結果也有相同意見。常態科學無意把激進原創性當成目標，或者是達到這種境界；常態科學反而是一種解謎，在現行科學觀點設定好的一組參數之內運作。在常態科學階段裡工作的科學家，傾向於發現的東西多少都是他們預期會發現的；本質上來說，這是一種根據典範進行的「清理」工作，而不是嘗試挑戰典範本身。

舉例來說，根據托勒密典範，地球理所當然是宇宙中心，在這種典範下工作的科學家，是照著這個假設所設定的架構來進行研究，透過這個觀點提供的濾鏡，來詮釋任何新的天文資訊。任何明顯矛盾的讀數，大都被當成測量不精確打發掉；這些數字會被解釋過去，而不是被看成對科學現狀的挑戰。托勒密體系在觀察的預測上表現極佳，因為該體系對於星球彼此的相對位置給出非常好的估計值。但在托勒密式假設基礎上無法得到解釋的異常觀察結果數量還是在增加，特別是關於春分秋分。

漸漸地，最好的天文學家開始領悟到既有典範的缺陷，造成一種知識危機，並且讓人對研究的方法以及從中得出的結論失去信心。這並不是不可避免的，因為常態科學常會產生需要解釋的異常結果。不過在歷史上的某一刻，異例累積的方式會讓既有科學陷入危機。在這個時刻，事情可能往好幾種方向的其中一個發展。科學家可能找到一種方式，解釋異常的結果其實不是真的異常，也就是說，他們或許能夠讓這些結果與現行典範彼此調和。或者，就像有時候會發生的，他們可能只是註記異例，然後把精力專注於其他的議題，以後再回來檢視這些異常發現。但事實上發生的狀況是，異常觀察觸發了尋找較佳解釋的嘗試。尤其是哥白尼，認清某些觀察不可能被解釋成錯誤，而他尋求一個脫離這種知性混亂的辦法，急切地尋求其他解釋與典範。他發現這些可取得的資料有個更好的解釋，以極端不同的假說為基礎的解釋，也就是，宇宙的中心並非地球，而是太陽。到最後，儘管天主教教會盡了最大努力，這個解釋還是變成新的典範，常態科學可以再度在這個典範之內進行。所謂的哥白尼革命，改變了人類對於星球、還有我們與星球之間關係的理解，地球是宇宙中心的信念不再是值得尊敬的看法了。天文學必須重新調整，開始新的常態科學時期。一個類似而且同樣影響深遠的典範轉移，是隨著達爾文的天擇演化論而來的，過去確立的動植物探索方式被顛覆，而隨著在達爾文理論之後進行工作的常態科學家，訂出相應的工作事項，對於生物世界的全新理解也變得有可能了。

・典範轉移改變了能被觀察的事物

孔恩相信，這樣的典範轉移不只是把科學家震出了他們的自滿狀態，也能夠創造出新的觀看方式。再從天文學歷史中舉個例，赫雪爾（William Herschel）在十八世紀發現天王星。不過在此之前，至少在十七種不同場合裡，都有天文學家看到星星出現在我們現在知道天王星占據的位置。然而這些天文學家既有的知識架構，並不容許他們把那個物體看成一個行星。在很大的程度上，他們的預期影響了他們看到的東西，對於那是什麼、距離有多遠形成誤判。赫雪爾做了更仔細的觀察，不過他一開始也認為他在觀察一顆彗星，而不是過去沒被人發現的行星。一旦天文學家開始了解到這是一顆行星，他們就體驗到視野的轉移，讓他們有可能在後來幾年發現一連串較小的行星。在容許天文學家認清可能有更多行星的典範轉移以前，每個新觀察內容都用別的方式被解釋過去；在那以後，就能以不同的方式看待太陽系，並且認出更多行星真正的樣貌。他們在此之前早就看到證據了，卻沒看出有行星，反而看到彗星或者遙遠的恆星。修正過的預期，容許赫雪爾跟後繼者第一次看到新的行星，就算這些新行星出現的證據已經存在多年了。孔恩相信，這是觀看的轉型，稱為知覺上的格式塔轉換。舉例來說，就像是給某人看一張紅心五的樸克牌，但上面的心形被塗成黑色而不是紅色，這個人可能無法把這張牌看成紅心五點以外的任何東西，因為他對可能出現的牌型範圍有預期。一旦他或她領悟到這是一張黑色的紅心五，他或她看到的東西就產生戲劇化的改變，雖然就他的視網膜接觸到的東西來說，一切都完全一樣。維根斯坦用知名的鴨兔圖，也指出了同樣的論點（見前一章）。

・競爭典範的不可共量性

孔恩的科學革命史研究路線，有個很重要又很具爭議性的面向，就是他主張不同科學世界觀是不可共量的。也就是說，它們之間沒有比較基準，實際上，沒有共通單位可以衡量兩者。這種觀點的結果之一，就是我們不可能說一項理論是對另一項理論的改進。這似乎威脅到典範轉移代表進步的觀念。這似乎暗示，典範就只是彼此相異，而且因為它們通常重新定義了科學討論時的用詞，也抗拒彼此之間任何有意義的比較。

・對《科學革命的結構》的批評

這是相對主義的一種形式

孔恩的理論通常被視為一種相對主義。對孔恩來說，一個科學理論的價值似乎就由科學家社群的評價來決定，不在於它是否恰當地描述了世界，或者至少對於稍早的描述做出改進。不同典範之間的不可共量性，導致沒有客觀標準可以讓一個典範優於另一個典範。這樣造成一種不幸的結果，不同的典範即使被取代了，也都仍處於同等地位。沒有一個獨立的世界可以讓我們印證科學結果，因為針對世界作出的解釋到底有什麼意義，是由典範本身所賦予的。新的典範肯定跟它們所取代的舊典範不同，而且處理了在較早典範中造成問題的異常證據，不過對於世界是什麼樣貌，新典範不必然更接近真理。實際上，孔恩質疑客觀真理這個觀念是否合理。

對於孔恩理論的這種挑戰，孔恩本人並不完全認為這是批評，而且他已經列出好科學理論的判準，像是精確、一致、解釋範圍廣、簡潔與成果豐碩。不過某些評論者還是論證說，他說的許多內容都不可避免地導向一種缺乏吸引力的相對主義，隨之而來的結果是，在競爭典範之間做決定，被降為群眾心理學的問題。某些人甚至聲稱這種說法把科學轉變成不理性的活動，在科學與其他理解世界的常識相比的時候，毀掉了科學的名譽。

重要年表

- **西元一九二二年** 生於美國俄亥俄州。
- **西元一九六二年** 《科學革命的結構》出版。
- **西元一九九六年** 死於麻州劍橋。

重要字彙

- **異常觀察內容**（**anomalous observations**）：在既有典範中無法輕易相容的科學資料。
- **哥白尼革命**（**Copernican revolution**）：體認到宇宙的中心是太陽而非地球，排斥托勒密式的世界觀是一種拒斥。
- **格式塔轉換**（**Gestalt shift**）：儘管刺激物沒有改變，被觀看之物卻發生了改變，這是用不同方式組織視覺資訊的結果，就像是在注視鴨兔圖時，從看到鴨子素描，轉換到看成兔子素描的立場。
- **不可共量**（**incommensurable**）：如果兩個理論是不可共量的，就沒有客觀方式拿其中一個理論跟另一理論較量；實際上，就是沒有共通比較單位。

- **常態科學（normal science）**：這是孔恩的用詞，指的是大多數科學家多數時候做的事，也就是在一個已確立的科學典範裡解答難題，運用或多或少已有共識的方法與詞彙來描述他們的成果。
- **典範轉移（paradigm shift）**：孔恩以這個詞彙來說明，在一段時間的科學危機後帶來的戲劇化革命，此時科學家社群採用了一組大家同意的新方法、新假設與新術語。
- **托勒密體系（Ptolemaic system）**：地球是宇宙中心的觀點。
- **相對主義（relativism）**：根據這個觀念，沒有客觀價值存在，價值反而是相對於特定社會或團體而產生。孔恩通常被指控主張相對主義，因為他的理論似乎意味著不同科學典範是不可共量的，只能被描述成跟科學社群的假設與實踐方式有關。

進階閱讀

歐卡夏（Samir Okasha）的《科學哲學》（*Philosophy of Science: A Very Short Introduction*）。

約翰・洛西（John Losee）的《科學哲學歷史導論》（*A Historical Introduction to the Philosophy of Science*）。

· 32 ·

《正義論》

羅爾斯

John Rawls *A Theory of Justice*

如果你不知道你會處於社會中的什麼地位，你會選擇住在哪種社會裡？羅爾斯的《正義論》，藉著想像一個理性人對這個問題會有的反應，提供了建立一個公平正義社會的原則。這本書在一九七一年初次出版，改變了政治哲學。此書讓霍布斯、洛克與盧梭建立的社會契約傳統重現活力。雖然這本書很複雜，某些地方還滿枯燥的，在二十世紀政治哲學作品中幾乎是讀者最多的。此書最獨特的面相，在於運用「原初立場」這個概念，應該如何在我們的社會制度中達成公平與正義的結論。

・原初立場

如果你要為有可能存在的最佳社會，選擇應有的管理原則，可能在各種不同的方面偏袒自己的階級、職業、性取向等等。羅爾斯繞過這個問題的辦法，是建立一個思想實驗，一個假設情境，在其中所有關於你的事實，還有你的特定欲望，都擋在一面無知之幕後頭，你看不到。你必須想像不知道自己是否有工作，是哪種性別，有沒有家庭，住在哪裡，人有多聰明，是樂觀派、悲觀派還是毒蟲。然而同時，你對於政治與經濟、社會結構的基礎與人類心理學法則有良好的掌握。你知道有些基本物資是幾乎任何生活型態都需要的，而這些物資包括自由、機會、收入與自尊。這種對個人的社會地位一無所知的情境，羅爾斯稱為「原初立場」。

在這個原初立場的假設狀態裡，對一個人來說，採用哪些原則來組織社會是合乎理性的？之所以問這個問題，是為了消除我們實際生活裡所有不相干的特徵，若非如此，這些特徵傾向於影響我們評估社會應該是什麼樣子。羅爾斯假定，在原初立場的條件之下以理性選擇的原則，會格外有權主張是合乎正義的，而在其他條件都相同的狀況下，我們應該採用這些原則。

從這個過程裡浮現的原則不該是具有爭議性的，如果我們已經有效執行了這個思想實驗，參與其中的任何個人之間應該都沒有差別。這是因為在原初立場裡，讓我們彼此有別的所有元素應該都被移除了。所以這些原則應該是理性參與者都會同意的。在實行這個思想實驗時，羅爾斯想出兩種基本原則，一個與自由有關，另一個則與合乎正義地分配物資有關。這些原則體現了他的基本政治結論，是自由派與平等主義的。

跟某些社會契約理論家不同，羅爾斯沒有說我們一定都默許這些原則；他反而用原初立場的思想實驗，來當成一種為正義社會的秩序產生基本原則的方法，然後拿這些原則與先前就有的直覺比較，以便做細微調整。羅爾斯相信一起出現的有序社會原則，配得上「作為公平的正義」之名，因為這些原則是透過理性無私的過程達成的。如此產生的兩個原則之中，第一條稱為自由原則。

・自由原則

自由原則說：「每個人都有平等權利，享有最廣泛的整體平等基本自由權體系，這個平等基本自由權體系要跟所有人享有的同類自由權體系相容。」換句話說，在無知之幕後面做選擇的時候，一個理性人會希望社會中的每個人都跟其他人一樣，有同樣的權利享受基本自由，否則此人可能就會變成歧視待遇的受害者。舉例來說，對於你可能覺得很有說服力的任何宗教或世俗信念，都能去相信的自由，也就是良心的自由，是國家沒有正當理由縮減的基本自由。只有在你的行動威脅到他人自由時，國家干預才能正當化，因為你在這方面的自由，此時就跟其他人的平等自由不相容了。就算是偏執份子也有自由權利，一直到他們為害到其他人的平等自由權為止。為了保障一個社會的每個成員都擁有的各種自由權，法律規定是必要的。

羅爾斯規定，他提出來的原則，也是任何人在原初立場中都會理性選擇的原則，是照辭典式順序排列的。這意味著按照這些原則的排列方式，第一條原則要先滿足，才能考慮第二條原則；第二條原則滿足以後才考慮第三條原則，然後依此類推。這表示平等的自由權利，在他的理論中是最基本的原則，而且永遠優先。這條原則的要求必須最先滿足，而且比第二條原則的要求更重要。所以羅爾斯對於正義社會的想像，是一個人人的平等自由權受到法律維護並執行的社會。

・機會的公平均等原則與差異原則

羅爾斯的第二條原則，即與公平分配基本物資有關的原則，其實是由機會的公平均等原則與差異原則所組成的。整體而言，第二條原則比任何效率原則都優先。這表示正義比效益更重要。

機會的公平均等原則說，與特定職位或工作有關聯的任何社會或經濟不平等，只有在這些職位與工作，在機會公平均等的條件下向所有人開放時，才能夠存在。舉例來說，沒有人應該基於不相關的立場考量（像是性取向或者種族），而被排除在薪水最好的工作機會之外。對羅爾斯來說，機會平等不只是反對歧視而已。比方說，這也包括提供教育，讓所有人都能發展才智。機會平等原則優先於羅爾斯第二條原則的另一個部分：差異原則。

差異原則堅持，只有在能為社會中處境最不利的成員帶來最大利益的時候，才可以容忍任何社會或經濟不平等。這是所謂「最小最大化」策略的實踐。最小最大化是「最大化最少數」的縮寫，表示選擇對處境最糟者能得到最佳待遇的選項。我們以正義社會裡的公平薪資為例，可能比較容易理解。想像兩種情境。在第一個情境裡，大多數人賺得高薪，但人口中有百分之十只能勉強糊口。在第二種狀況裡，雖然平均生活水準低得多，處境最差的百分之十人口有合理的生活水準。羅爾斯聲稱，對於某個處於原初立場的人來說，兩種處境中的第二種更為可取，因為這樣保證社會中的每個人都會達到合理的生活水準，處境最差者的狀況也沒那麼糟。然而在第一種例子裡，雖然你很有機會是富有的，卻也有很大的風險會拿到只能勉強維生的薪水。採用最小最大化策略之後，我們應該會最小化最糟糕的風險，所以應該選擇第二種狀況。冒險過赤貧生活，不值得一賭。

• 對《正義論》的批評

原初立場

對於原初立場這個概念的一個重大批評是，你在心理上根本不可能擺脫你是誰、你是什麼樣的人的知識，就算在思想實驗裡也不可能。你的偏見免不了會躲過審查。某些批評家聲稱，羅爾斯真正用原初立場這個思想實驗做到的事情，就只有肯定他既有的自由主義偏見，然後賦予這些偏見理性選擇原則的光環。認為你可以靠想像就擺脫你所知的事情，還有對你個人存在來說如此核心的事情，是很不實際的。

要為羅爾斯辯護，或許可以主張：這一切只顯示出有效使用思想實驗的困難。這可能還是我們用來替有序社會產生原則的最佳手段——就算因為人類心理學上的特徵，這個做法在許多方面很可能不盡完美。羅爾斯從來沒聲稱他的方法是不會錯的。不過很容易看出來，這個假設可以去除某些不可能成功的偏狹原則。

雖然如此，原初立場內建了某些基本假設。羅爾斯從中導出的原則呈現出一種自由、容忍社會的遠景，在這個社會中人可以並肩生活，追求他們對於良善與正確的概念。這個思想實驗建立的方式，把很高的優先順位留給自治——我們自行決定生活該怎麼過的能力。來自高度強調階級、慣例與順從的文化或宗教傳統社會的人，可能沒多少理由參與原初立場的思想實驗，因為這個思想實驗有內在的偏見，對於怎麼樣算是一個理性道德主體，有傾向於自由派與康德式的概念。

效益主義式的反對

效益主義可能反對羅爾斯的原則，理由是這些原則不必然最大化快樂。效益主義者相信在任何情境下，道德正確的行為都是最有可能產生最大量快樂的行為。羅爾斯在寫《正義論》時的主要目標之一，就是發展出這種效益主義式計算之外的融貫選擇。為範圍廣大的種種自由權辯護，並且實施差異原則，不太可能讓快樂最大化。堅持不平等的唯一理由在於這樣做對處境最糟的人有利，但直接的結果就是：有許多社會問題的解決方案，會製造出整體來說更大量的總體快樂或累計快樂，但它們會被排除在外。

對於效益主義面對社會的方法，羅爾斯的反應是，既然你在原初位置做選擇的時候，你不知道你會在社會裡占據什麼位置，理性的作法就是消除任何過著不愉快人生的風險。效益主義，至少就其最簡單的形式來說，並沒有保護到基本人權與自由權；對你來說，在原初立場裡選擇效益主義並不理性。羅爾斯的方法強調，比起達成可能擁有的最高累計快樂，人可能還有更重要的目標。

放手一搏與謹慎行事的比較

採用最小最大化策略，是謹慎行事的作法。這樣保證狀況最糟的人，會從任何內建於社會制度裡的不平等中獲益。然而我們許多人看得出賭博的意義在於，冒著忍受某些不適的風險，換取得到實質回報的機會。在原初立場裡，選擇有很高可能性過得非常好的社會，儘管實際上可能過得很糟，但這樣為什麼是不理性的？對於一名賭徒來說，這可能比打安全牌，接受從應用差異原則中產生的受限不平等更可取。

羅爾斯的回應是，賭徒的策略太冒險了；但賭徒會認為羅爾斯的作法太保守了。

放任自由主義的反駁

放任自由主義哲學家，像是諾齊克（Robert Nozick）曾經論證過：除了保留某些基本權利之外，國家不該深入控制社會制度。諾齊克主張，只有最小限度的國家才是正當的，這樣的國家保護個人對抗盜竊並且實行契約，不過範圍比這更廣的活動，就會侵犯某些人不受脅迫的權利了。舉個例子，相對而言，羅爾斯的正義社會為了矯正財富分配，會用某種方式對財產課稅。

在此諾齊克假定，不受脅迫的權利比各種平等權利更基本，像是財產權這樣的權利凌駕任何其他的考量。羅爾斯則有不同的假設：他認為他的原則，尤其是對於平等自由權利的原則，是一個正義社會的基石。這代表兩種形成對照、互不相容的政治哲學取向。

重要年表

- **西元一九二一年** 出生。
- **西元一九七一年** 出版《正義論》。
- **西元一九九三年** 出版《政治自由主義》，他在其中進一步發展正義論。
- **西元二〇〇二年** 去世。

重要字彙

- **差異原則（difference principle）**：根據這個原則，任何社會或經濟上的不平等，只有在它們為社會中最弱勢成員帶來最大利益的狀況下，才應該被容忍。
- **放任自由主義（libertarianism）**：自由主義的一種形式，強調自由選擇高於一切。放任自由主義者反對由政治制度強加於自由選擇上的限制，並且主張最小化的國家，只保護人免於暴力與盜竊之害。
- **最小最大化原則（maximin principle）**：「最大化最少數」的簡稱，意思是選擇在最糟狀況下得到最佳待遇的選項。
- **原初立場（original position）**：對於你在社會中的位置一無所知的狀態，這是羅爾斯的思想實驗起點。
- **基本物資（primary goods）**：過著合理生活的基本需求，像是食物與遮風避雨處，不過也包括各種自由、機會與自尊。
- **效益主義（utilitarianism）**：根據這種觀點，在任何情境下，道德正確的行為等於讓快樂最大化的行為。

- **無知之幕（veil of ignorance）**：在羅爾斯的思想實驗中，我們選擇想要哪一種社會的時候，我們不知道我們會在那個社會中處於什麼地位：他運用了用帷幕隱藏起來的意象。

進階閱讀

庫克瑟斯（Chandran Kukathas）與貝堤（Philip Petit）合著的《羅爾斯正義論及其批評》（*Rawls: A Theory of Justice and its Critics*）對於羅爾斯的作品，是很清楚的導論；其中包括對他在《正義論》之後的某些出版品的評價。

丹尼爾斯（Norman Daniels）編選的《認識羅爾斯：正義論的核心研究》（*Reading Rawls: Critical Studies of A Theory of Justice*）是一本範圍很廣的文章選集，其中一些文章頗為困難。

《政治自由主義》（*Political Liberalism*）是羅爾斯對自己的理論所做的修正。

班・羅傑斯在文章〈帷幕之後：羅爾斯與自由主義再起〉（Behind the Veil: John Rawls and the Revival of Liberalism）裡，列出羅爾斯生平中的顯著特色，也對他的哲學做出一個概述。

哲學經典的32堂領讀課
最會說書的哲學家，帶你從《理想國》到《正義論》，輕鬆吸收2000年偉大思想精華，享受暢快淋漓的哲學辯證
Philosophy: The Classics

作　　者　奈傑爾·沃伯頓(Nigel Warburton)
譯　　者　吳妍儀
繪　　者　傑佛瑞·湯普遜(Jeffrey Thompson)
封面設計　莊謹銘
版面構成　張凱揚
行銷企劃　蕭浩仰、江紫涓
行銷統籌　駱漢琦
業務發行　邱紹溢
營運顧問　郭其彬
責任編輯　劉文琪、周宜靜
總 編 輯　李亞南

出　　版　漫遊者文化事業股份有限公司
地　　址　台北市103大同區重慶北路二段88號2樓之6
電　　話　(02) 2715-2022
傳　　真　(02) 2715-2021
服務信箱　service@azothbooks.com
網路書店　www.azothbooks.com
臉　　書　www.facebook.com/azothbooks.read

發　　行　大雁出版基地
地　　址　新北市231新店區北新路三段207-3號5樓
電　　話　(02) 8913-1005
訂單傳真　(02) 8913-1056
初版一刷　2016年5月
二版一刷　2024年6月
定　　價　台幣480元

ISBN　978-986-489-966-1

國家圖書館出版品預行編目 (CIP) 資料

哲學經典的32 堂領讀課 : 最會說書的哲學家, 帶你從<< 理想國>> 到<< 正義論>>, 輕鬆吸收2000年偉大思想精華, 享受暢快淋漓的哲學辯證 / 奈傑爾. 沃伯頓(Nigel Warburton) 著 ; 吳妍儀譯. -- 二版. -- 臺北市 : 漫遊者文化事業股份有限公司 : 大雁出版基地發行, 2024.06
　面；　公分
譯自 : Philosophy : the classics
ISBN 978-986-489-966-1(平裝)
1.CST: 西洋哲學
140　　113007902